بسم الله الرحمن الرحيم

Au Nom

d'ALLAH

le Miséricordieux, le Compatissant

La Grande Résurrection

- Titre: ***La Grande Résurrection***
- Auteur: Dr Omar S. AL-ACHQAR
- Traducteur: Ahmad AYAD
- Edition Française 1ère édition - 2007
- Mise en page: Hicham Challah
- Cover Design: Samo Press Group
- Filming: Samo Press Group

LA FOI ISLAMIQUE - **6**/8

à la lumière du Coran et de la Sunna

La Grande Résurrection

القيامة الكبرى

Dr Omar Souleiman AL-ACHQAR

Traduit par:

Ahmad Ayad

INTERNATIONAL ISLAMIC PUBLISHING HOUSE

King Fahd National Library Cataloging-in-Publication Data

Al-Ashqar, Umar S.
La Grande Résurrection ./ Umar S. Al-Ashqar; translated by Ahmad Ayad ., - Riyadh, 2007

...p ; 22 cm, - (Serie: la Foi islamique / 6)

ISBN Hard cover: 9960-9748-6-3

1- Islamic creed 2- Resurrection 3- Last Judgement, The day of
I-Ahmad Ayad (translator) II-Title III-Series

243 dc 1427/1687

Legal Deposit no. **1427/1687**
ISBN Hard Cover: **9960-9748-6-3**

AL-ACHQAR, Omar S.
La Grande Résurrection ./ Omar S. AL-ACHQAR; Traduit par Ahmed AYAD ., - Riyadh, 2007

(Série: la Foi islamique / 6)

1- Islam 2- Foi islamique 3- La Grande Résurrection
I-Ahmed AYAD (traducteur) II- Titre III- Série

International Islamic Publishing House (IIPH)
P.O.Box 55195 Riyadh 11534, Saudi Arabia
Tel: 966 1 4650818 – 4647213 – Fax: 4633489
E-Mail: iiph@iiph.com.sa – iiphsa@gmail. com
www.iiph.com.sa

PREFACE

Louange à Allah (﷾) à qui rien n'est impossible, Lui qui est Capable de toute chose. Il embrasse de Sa science Ses créatures; Il les domine en puissance et jugement: il a créé Ses serviteurs à partir du néant, et Il les fera retourner au néant. Ensuite Il les ramènera à la vie une nouvelle fois. Puis, quand Il le voudra, Il les ressuscitera et les rendra à la vie.

Le Salut et la Prière sur Son serviteur élu et Envoyé choisi entre tous, le détenteur de la grande Intercession et de la position de Gloire, ainsi que sur sa famille, l'ensemble de ses Compagnons, et sur ceux qui les suivent sur le droit chemin jusqu'au Jour de la Rétribution.

Ceci est le deuxième ouvrage consacré au Jour Dernier, *et plus précisément à la* Grande Résurrection. *Il contient quatorze chapitres, précédés par le préambule. Ce préambule est réservé à la définition de la Résurrection.*

J'ai fait mention dans le premier chapitre des différents noms donnés au Jour de la Résurrection et j'ai défini les plus célèbres d'entre eux. J'ai mis en évidence le secret de la multitude des noms de ce jour-là.

Le deuxième chapitre est consacré à l'évocation de la destruction qui frappera la race humaine au premier son du Clairon, lorsque Allah (﷾) anéantira les vivants. J'y ai cité les textes qui définissent la Trompe, l'Ange qui y soufflera, le jour où l'on y soufflera, le nombre de souffles qui y retentiront, et, enfin, j'ai mentionné ceux qui ne seront pas foudroyés, lorsque toutes les créatures le seront.

Le troisième chapitre décrit la Résurrection et l'état des êtres humains à ce moment-là.

Le quatrième chapitre est réservé à la description de la terre sur laquelle le Rassemblement aura lieu.

Dans le cinquième chapitre, j'ai cité les preuves qui indiquent que la Résurrection aura bien lieu et j'ai répondu aux objections de ceux qui la démentent.

Le sixième chapitre fait mention du Jour Dernier tel qu'il a été annoncé par les Prophètes, et montre que tous sans exception ont abordé ce thème dans leur message. Il y a dans ce chapitre une partie qui traite de la résurrection dans les livres des Gens du Livre.

Le septième chapitre est consacré aux événements effroyables qui accompagneront le Jour de la Résurrection, et passe en revue les textes décrivant la pulvérisation de la terre, la destruction des montagnes, l'éclatement et l'embrasement des mers, l'agitation et la rupture du ciel, l'obscurcissement du soleil, l'éclipse de la lune, et la dispersion des étoiles.

Le huitième chapitre distingue les différents sorts qui attendent les hommes, qui s'y divisent en trois catégories: les mécréants polythéistes, les croyants désobéissants ayant commis des péchés, et les pieux vertueux.

Pour ce qui est des mécréants, on montrera leur avilissement, leurs querelles et l'anéantissement de leurs œuvres. Concernant les croyants désobéissants, l'on évoquera les péchés pour lesquels ils seront punis dans ce Grand Emplacement. Quant aux gens pieux, enfin, il sera fait mention de leur tranquillité en ce Jour de grande angoisse, ainsi que des œuvres pour lesquelles leurs auteurs méritent la sécuritéet la délivrance.

Le neuvième chapitre fait allusion à la grande Intercession et la Position de gloire par lesquelles le Prophète (ﷺ) se distingue particulièrement du reste de l'Humanité; en effet, il intercédera auprès de son Seigneur (تعالى) pour délivrer les serviteurs des situations du Rassemblement dans lesquelles ils se trouvent. Alors, Allah (تعالى) tranchera entre Ses serviteurs. Puis l'on mènera les gens du Paradis au Paradis et ceux de l'Enfer en Enfer.

Le dixième chapitre, qui est un chapitre long, fait allusion au jugement et à la Rétribution. J'y ai parlé de la définition du jugement, sa scène, ceux qui seront interrogés ce Jour-là, et les règles sur lesquelles le jugement aura lieu, les affaires sur lesquelles les questions seront posées, le premier acte à propos duquel le serviteur devra rendre des comptes. Aussi ai-je éclairci dans ce chapitre les trois sortes de jugement: le débat, l'exposition, le blâme.

J'ai exposé dans le onzième chapitre la punition des injustices entre les créatures et comment elle se réalisera.

J'ai réservé le douzième chapitre à la définition de la Balance, à la clarification de la croyance de la Sunna et de la Communauté à cette Balance, la mention de ce qu'on y pèsera, et les actes qui y pèseront lourd.

Dans le treizième chapitre, j'ai cité, les Hadiths qui font allusion au Bassin de l'Elu (ﷺ), sa grandeur, le délice de son eau et de sa clarté, ceux qui s'en abreuveront et ceux qui en seront repoussés.

Le quatorzième chapitre fait état de la scène du Rassemblement au Paradis et en Enfer. Il y a un sous-titre sur le Pont, et la clarification de la croyance des gens de la Sunna et de la Communauté à ce Pont.

Je demande à Allah le Très-Haut (سبحانه وتعالى) de faire que nous fassions partie des gagnants et des sauvés, ce Jour-là, et qu'Il nous pardonne nos fautes, qu'Il nous absout de nos péchés, qu'Il élève nos degrés et qu'Il nous abrite sous Son Ombre le jour où il n'y aura d'ombre autre que la Sienne. Il est, certes, le Proche, l'Audient et le Répondant.

Et qu'Allah (سبحانه وتعالى) salue et prie sur Son serviteur et envoyé Mohammed (ﷺ), sa Famille et ses Compagnons.

Dr Omar Souleiman AL-ACHQAR

AVANT-PROPOS:

DEFINITION DE LA GRANDE RESURRECTION

Viendra le jour où le Vivant (ﷻ), Celui qui subsiste par Lui-Même (ﷻ) fera disparaître la vie et les vivants, conformément à Sa Parole:

﴿Tout ce qui est sur elle *[la terre]* doit disparaître. Seule subsistera la Face de ton Seigneur, pleine de majesté et de noblesse.﴾ *[Coran 55: 26-27]*

﴿Tout doit périr, sauf Son Visage.﴾ *[Coran 28: 88]*

Puis viendra un moment où Allah (ﷻ) ressuscitera et rendra la vie à Ses serviteurs et les fera comparaître devant Lui (ﷻ). Il les placera devant Lui et les jugera sur les actes qu'ils auront accomplis. Les serviteurs éprouveront ce jour-là une terreur immense. Il n'en sera épargné que celui qui aura préparé pour ce Jour ses provisions de foi et d'œuvres pieuses.

A la fin de ce Jour, on mènera les humains à la demeure de la pérennité: le Paradis ou l'Enfer.

Ce Jour est le Jour de la Résurrection.

CHAPITRE PREMIER

LES NOMS DU JOUR DE LA RESURRECTION

Allah (ﷻ) a désigné ce Jour - où le monde sera détruit et sera suivi par la résurrection pour la Rétribution et le Compte - par de multiples noms. Certains savants ont accordé une attention particulière à ces diverses appellations. Les imams Al-Ghazali et Qortobi, notamment, les ont inventoriées. Leur nombre total atteint cinquante, comme l'a affirmé Ibn Hajar Al-'Asqalani. [1]

Qortobi les a citées dans son livre et les a commentées. Cependant, il s'est inspiré pour ses commentaires du livre de Ibn Al-'Arabi *Siraje Al-Mouridine.* Il est fort possible que Qortobi y ait rajouté des éléments qui se trouvent dans *Ach-charh wa at-tafsir.* [2]

D'autres les ont inventoriées sans toutefois fournir de commentaire. Parmi eux, figurent Ibn Najah dans son livre *Sayl Al-Khayrate*, Abou Hâmed Al-Ghazali dans *Al-Ihia'*, et Ibn Qoteiba dans *'Ouyoune el Akhbar.* [3]

---

1 *Fat'hou El-Bâri,* vol. 11, p. 396.

2 *At-Tadhkira* de Qortobi, p. 233.

3 *At-Tadhkira*, p. 232.

Dans le cadre de cette section, nous nous limiterons à la mention des noms les plus célèbres, en faisant suivre chacun d'une courte définition.

Les noms les plus célèbres de ce Jour

1- Le Jour de la Résurrection *(yawm Al-qiyama)*

Ce nom apparaît dans soixante-dix versets du Coran, Paroles du Très-Haut (ﷻ):

﴿Allah, pas de divinité à part Lui! Très certainement Il vous rassemblera au Jour de la Résurrection, point de doute là-dessus.﴾ *[Coran 4: 87]*

﴿Et au Jour de la Résurrection, Nous les rassemblerons [traînés] sur leurs visages, aveugles, muets et sourds.﴾ *[Coran 17: 97]*

﴿Les perdants sont certes ceux qui, au Jour de la Résurrection, causent leur propre perte et celle de leurs familles.﴾ *[Coran 42: 45]*

الْقِيَامَةُ = *Al-qiyamatou* = (la résurrection), en langue arabe, est le nom correspondant au verbe قَامَ = (*qâma* = il s'est levé), يَقُوم = (*yaqoum* = il se lève), et l'on a rajouté à ce nom la marque du féminin (ة) afin d'amplifier sa signification, selon la coutume des Arabes.

Il a été dénommé ainsi à cause des grands événements, annoncés par les Textes, qui s'y dérouleront, et parce que les gens se tiendront debout ce jour-là devant le Seigneur de l'Univers.

2- Le Jour Dernier *(Al-yawm Al-akhir)*

Exemples pris dans les Paroles du Très-Haut (ﷻ):

﴿Mais la bonté pieuse consiste à croire en Allah, au Jour Dernier, aux Anges, au Livre et aux Prophètes.﴾

[Coran 2: 177]

﴾Voilà à quoi est exhorté celui d'entre vous qui croit en Allah et au Jour Dernier.﴿ *[Coran 2: 232]*

﴾Seuls sont habilités à servir les mosquées d'Allah ceux qui croient en Allah et au Jour Dernier...﴿ *[Coran 9: 18]*

Parfois, ce Jour est appelé l'Au-delà ou la Demeure Dernière, comme par exemple, dans les paroles suivantes du Très-Haut (ﷻ):

﴾Très certainement, Nous l'avons choisi en ce monde, et dans l'Au-delà, il est certes du nombre des gens du Bien.﴿ *[Coran 2: 130]*

﴾Que combattent donc dans le chemin d'Allah ceux qui troquent la vie présente contre la vie future!﴿ *[Coran 4: 74]*

﴾Cette Demeure Dernière, Nous la réservons à ceux qui ne recherchent ni à être hautains, ni à y semer la corruption.﴿ *[Coran 28: 83]*

﴾Et la Demeure de l'Au-delà est assurément la vraie vie. S'ils savaient!﴿ *[Coran 29: 64]*

Ce Jour a été appelé le Jour Dernier, car il n'y aura pas d'autre jour après celui-ci.

3- L'Heure *(As-Sa'a)*

Le Très-Haut (ﷻ) dit:

﴾Et l'Heure arrivera certainement! Pardonne donc d'*[un]* beau pardon.﴿ *[Coran 15: 85]*

﴾L'Heure va certes arriver, Je la cache à peine.﴿ *[Coran 20: 15]*

﴾Ô hommes! Craignez votre Seigneur. Le séisme de l'Heure est une chose terrible.﴿ *[Coran 22: 1]*

L'imam Qortobi a dit: l'heure est un nom qui désigne, dans la langue arabe, une partie du temps illimitée. Dans l'usage ordinaire, c'est l'une des 24 parties du jour et de la nuit, qui constituent la base du temps... et la réalité de l'accompagnement de l'heure par le *alif* et le *lam* (ا ل) en langue arabe [الساعة], définit la réalité du temps où tu te trouves, et qu'on nomme 'le moment'. L'on a désigné la Résurrection par le terme *Heure*, soit à cause de son imminence, car tout futur se situe dans l'imminence, soit pour attirer l'attention des hommes sur les grands événements qui y auront lieu, ceux qui brûleront les peaux. Et l'on a dit également: on l'a appelé l'Heure car elle arrivera subitement...[4]

4- Le jour de la Résurrection *(Yawm Al-ba'th)*

Le Très-Haut (ﷻ) dit:

﴾Ô hommes! Si vous doutez au sujet de la Résurrection, c'est Nous qui vous avons créés de terre...﴿ *[Coran 22: 5]*

﴾Ceux à qui le savoir et la foi furent donnés, diront: vous êtes demeurés, d'après le Décret d'Allah, jusqu'au Jour de la Résurrection. Voici le Jour de la Résurrection. ﴿ *[Coran 30: 56]*

Ibn Mandhôr a dit: la résurrection désigne le fait de redonner vie aux morts, acte accompli par Allah (ﷻ). Et la Résurrection des morts, c'est leur rappel à la vie le Jour de la Résurrection.[5]

5- Le Jour de la Sortie *(Yawm Al-khourouj=* يوم الخروج*)*

Le Très-Haut (ﷻ) dit:

﴾Le jour où ils entendront le Cri en toute vérité, voilà le Jour de la Sortie.﴿ *[Coran 50: 42]*

---

4 *At-Tadhkira,* p. 216.

5 *Lissanou El-'Arab:* racine (ب ع ث), vol. 1, p. 230.

﴾Le jour où ils sortiront des tombes, rapides comme s'ils couraient vers des pierres dressées.﴿ *[Coran 70: 43]*

﴾Ensuite, lorsqu'Il vous appellera d'un appel, voilà que de la terre vous surgirez.﴿ *[Coran 30: 25]*

Ce jour a été dénommé ainsi, car les créatures sortiront de leurs tombes, lorsque l'on soufflera dans la Trompe.

6- Le Fracas *(Al-Qari'a)*

Le Très-Haut (ﷻ) dit:

﴾Le Fracas. Qu'est-ce que le Fracas! Et qui te dira ce qu'est le Fracas.﴿ *[Coran 101: 1-2-3]*

﴾Les Thamoud et les 'Ad avaient traité de mensonge le Fracas.﴿ *[Coran 69: 4]*

Qortobi a dit: on l'a dénommé ainsi, car les cœurs seront fracassés par la frayeur. L'on dit: ''Ils ont été atteints par les fracas du temps'': c'est-à-dire par ses frayeurs et ses calamités. Al-Khansaa a dit:

L'époque m'a connue déchirée et blessée,
Et le temps m'a fait souffrir, subitement, par ses fracas.

Elle a voulu dire que le temps l'a fait souffrir par ses épreuves, grandes et petites.[6]

7- Le Jour de la Décision *(Yawm Al-Fasl)*

Le Très-Haut (ﷻ) dit:

﴾C'est le Jour de la Décision que vous traitiez de mensonge.﴿ *[Coran 37: 21]*

﴾C'est le Jour de la Décision, où Nous vous réunirons ainsi que les anciens.﴿ *[Coran 77: 38]*

---

6 *At-Tadhkira*, p. 209.

﴾Le Jour de la Décision a son terme fixé.﴿ *[Coran 78: 17]*

On l'a dénommé ainsi car Allah (ﷻ) tranchera entre Ses serviteurs à propos de leurs sujets de dispute et de divergence. Allah le Très-Haut (ﷻ) dit:

﴾Ton Seigneur, c'est Lui qui décidera entre eux, au Jour de la Résurrection, de ce sur quoi ils divergeaient.﴿

[Coran 32: 25]

8- Le Jour de la Rétribution *(Yawm Ed-dine* = يَوْم الدِّين*)*

Le Très-Haut (ﷻ) dit:

﴾Et les libertins seront certes dans une Fournaise. Où ils brûleront le Jour de la Rétribution. Incapables de s'en échapper. Et qui te dira ce qu'est le Jour de la Rétribution? Encore une fois, et qui te dira ce qu'est le Jour de la Rétribution? Le jour où aucune âme ne pourra rien en faveur d'une autre âme. Et ce jour-là, le commandement sera à Allah.﴿ *[Coran 82: 14 à 19]*

﴾... Et ils diront: malheur à nous! C'est le Jour de la Rétribution.﴿ *[Coran 37: 20]*

Le mot *dîne* = (دين) en langue arabe désigne aussi la récompense et le jugement.

Un poète a dit:

Tu récolteras un jour ce que tu as semé, et seulement
Le jeune homme sera rétribué, un jour, comme il a rétribué.

On a dénommé ce Jour ainsi, car Allah (ﷻ) rétribuera Ses serviteurs et dressera leurs comptes ce Jour-là.

9- Le Cri *(As-Saakha)*

Le Très-Haut (ﷻ) dit:

﴾Puis quand viendra le Cri.﴿ *[Coran 80: 33]*

Qortobi a dit: 'Ikrima a dit: le Cri est le premier souffle *[dans la Trompe];* quant au Grand Cataclysme [الطَّامَّة], c'est le deuxième souffle. Tabari a déclaré: je crois que c'est lorsqu'une personne crie à une autre, et que de ce fait, elle la rend sourde.

Ibn Al-'Arabi a dit: le cri est celui qui entraînera la surdité. Quant à ce Cri, il se fera assurément entendre.

C'est ce qu'il y a de plus éloquent, si bien que certains jeunes gens ont dit: ''Par Allah, le Cri de la Résurrection se fera entendre! Alors elle assourdira le bas monde et elle fera entendre les choses de l'Au-Delà.'' [7] Ibn Kathir a dit: Al-Baghaoui a dit: le Cri c'est-à-dire celui du Jour Dernier. Il a été appelé ainsi car il frappera les ouies de surdité, c'est-à-dire qu'il sera si intense qu'il rendra presque sourd.'' [8]

10- Le Grand Cataclysme *(At-Tâmmatou Al-koubra)*

Le Très-Haut (سبحانه وتعالى) dit:

﴿Puis quand viendra le Grand Cataclysme.﴾ *[Coran 79: 34]*

On l'a dénommé ainsi, car ce jour-là dépassera toute chose en frayeur et en épouvante, conformément à la parole d'Allah (سبحانه وتعالى):

﴿... Et l'Heure sera plus terrible et plus amère.﴾

[Coran 54: 46]

Qortobi a dit: *Tâmmatou* [الطَّامَّة] désigne une chose qui prédomine. Dans cette expression: طَمَّ الشَّيْءُ [*tamma ech-chay'ou*], cela signifie qu'elle est supérieure [s'élève] et qu'elle prédomine. Et quand cette chose prédomine sur tout, alors elle prend tout son sens de cataclysme, et rien d'autre. Al-Hassen a dit: le Cataclysme est le deuxième souffle. On a dit: c'est quand on conduira les gens de l'Enfer vers l'Enfer. [9]

---

7 *At-Tadhkira,* p. 227.

8 *Tafsir* d'Ibn Kathir, vol. 7, p. 217.

9 *At-Tadhkira,* p. 227

11- Le Jour du Regret *(Yawm Al-Hasra)*

Le Très-Haut (ﷻ) dit:

﴿Et avertis-les du jour du Regret, quand tout sera réglé; alors qu'ils sont inattentifs et qu'ils ne croient pas.﴾

[Coran 19: 39]

On l'a dénommé ainsi à cause de l'ampleur du regret et de la peine qu'éprouveront les serviteurs ce Jour-là. Quant aux infidèles, ils regretteront de n'avoir pas eu la foi:

﴿Et quand soudain l'Heure leur viendra, ils diront: malheur à nous pour notre négligence à son égard...﴾ *[Coran 6: 31]*

Ecoute le regret des mécréants lorsque le châtiment les atteindra:

﴿... Afin qu'une âme ne dise: malheur à moi pour mes manquements envers Allah. Car j'ai certes été parmi les railleurs. Ou qu'elle ne dise: si Allah m'avait guidée, j'aurais certes été parmi les gens pieux. Ou qu'elle ne dise, en voyant le châtiment: ah! S'il y avait un retour pour moi! Je serais alors parmi les bienfaiteurs.﴾ *[Coran 39: 56 à 58]*

Ce regret, des mécréants, atteindra son summum quand les chefs et les leaders désavoueront leurs suiveurs:

﴿Et les suiveurs diront: ah! Si un retour nous était possible! Alors nous les désavouerions comme ils nous ont désavoués! Ainsi Allah leur montrera leurs actions, source de remords pour eux; mais ils ne pourront pas sortir du Feu.﴾ *[Coran 2: 167]*

Quant aux croyants, ils éprouveront des regrets pour n'avoir pas cherché à augmenter les actes d'obéissance et de piété.

12- L'Enveloppante *(Yawm Al-Ghâchiya)*

Le Très-Haut (ﷻ) dit:

﴾T'est-il parvenu, le récit de l'Enveloppante?﴿

[Coran 88: 1]

On l'a dénommée ainsi car elle enveloppera et couvrira les hommes de frayeur. L'une de ses significations est que le feu entourera et enveloppera les mécréants d'en haut et sous leurs pieds, comme le Très-Haut (ﷻ) le dit si bien:

﴾Le jour où le châtiment les enveloppera de sur *[leurs têtes]* et de sous leurs pieds. Il dira: goûtez à ce que vous faisiez!﴿

[Coran 29: 55]

﴾L'Enfer leur servira de lit et, comme couverture, ils auront des voiles de ténèbres.﴿ *[Coran 7: 41]*

13- Le Jour de l'Eternité *(Yawm Al-Khouloud)*

Le Très-Haut (ﷻ) dit:

﴾Entrez-y en toute sécurité, voilà le Jour de l'Eternité.﴿

[Coran 50: 34]

Ce jour-là, on l'a dénommé le Jour de l'Eternité car les gens finiront à la Demeure Eternelle. Les mécréants demeureront éternellement en Enfer, et les croyants resteront éternellement au Paradis. Le Très-Haut (ﷻ) dit:

﴾Et ceux qui ne croient pas et qui traitent de mensonges Nos Révélations, ceux-là sont les gens du Feu où ils demeureront éternellement.﴿ *[Coran 2: 39]*

﴾Et quant à ceux dont les visages s'éclaireront, ils seront dans la miséricorde d'Allah, où ils demeureront éternellement.﴿ *[Coran 3: 107]*

14- Le Jour des Comptes *(Yawm Al-Hissâb)*

Le Très-Haut (ﷻ) dit:

﴾Ceux qui s'égarent du chemin d'Allah, auront un dur châtiment pour avoir oublié le Jour des Comptes.﴿

[Coran 38: 26]

﴾Moïse dit: je cherche protection, auprès de mon Seigneur et Le vôtre, contre tout orgueilleux qui ne croit pas au Jour des Comptes.﴿ *[Coran 40: 27]*

On a dénommé ce jour-là, Jour des Comptes, car Allah (ﷻ) y jugera Ses serviteurs.

Qortobi a dit: le mot compte signifie qu'Allah (ﷻ) dénombrera les actes des créatures, qu'ils soient bons ou mauvais, ainsi que les bienfaits dont Il les a comblées. Puis Il opposera les uns aux autres. On jugera le bien pour le bien, le mal pour le mal, et chaque acte pour l'acte dont il se rapproche. L'on a rapporté que le Prophète (ﷺ) a dit: *«Il n'y a personne parmi vous à qui Allah ne s'adressera pas,* [et] *sans qu'il y ait d'intermédiaire* [ou de traducteur] *entre vous et Lui.»*

15- L'Evénement *(Al-Waaqi'a)*

Le Très-Haut (ﷻ) dit:

﴾Quand l'Evénement arrivera!﴿ *[Coran 56: 1]*

Ibn Kathir a dit: on l'a dénommé ainsi, car il existe et se concrétisera.[10]

16- Le Jour de la Menace *(Yawm Al-wa'îd)*

Le Très-Haut (ﷻ) dit:

---

[10] *Tafsir* d'Ibn Kathir, vol. 6, p. 507.

﴾Et l'on soufflera dans la Trompe: voilà le Jour de la Menace.﴿ *[Coran 50: 20]*

Il a été dénommé ainsi, car c'est le jour par lequel Allah (ﷻ) a menacé Ses serviteurs. En réalité, la menace est l'avertissement d'une punition en cas de désobéissance.

17- Le Jour qui approche *(Yawm Al-Azifa)*

Le Très-Haut (ﷻ) dit:

﴾Et avertis-les du Jour qui approche, quand les cœurs remonteront aux gorges, silencieux...﴿ *[Coran 40: 18]*

On l'a dénommé ainsi à cause de son imminence, comme le Très-Haut (ﷻ) le dit si parfaitement:

﴾L'Imminente *[l'Heure]* s'approche? Rien d'autre en dehors d'Allah ne peut la dévoiler.﴿ *[Coran 53: 57-58]*

L'Heure est très proche, et chaque instant qui arrive est proche, quel que soit le laps de temps qui nous en sépare. L'Heure, après l'apparition de ses signes avant-coureurs, sera encore plus proche.

18- Le Jour du Rassemblement *(yawm Al-jam'i)*

Le Très-Haut (ﷻ) dit:

﴾Et c'est ainsi que Nous t'avons révélé un Coran arabe afin que tu avertisses la Mère des Cités *[la Mecque]* et ses alentours, et que tu avertisses du Jour du Rassemblement - sur lequel il n'y a point de doute...﴿ *[Coran 42: 7]*

On l'a dénommé ainsi car ce jour-là, Allah (ﷻ) rassemblera tous les hommes, conformément à ce qu'Il (ﷻ) dit:

﴾C'est un jour où les gens seront rassemblés.﴿

[Coran 11: 103]

19- Celle *[l'Heure] qui montre la Vérité (Al-Haaqqa)*

Le Très-Haut (ﷻ) dit:

﴾Celle qui montre la Vérité. Qu'est-ce *[l'Heure]* qui montre la Vérité?﴿ *[Coran 69: 1-2]*

On l'a dénommée ainsi - selon Ibn Kathir - car ce Jour-là la promesse et la menace se réaliseront.[11]

Boukhari a expliqué dans son *Sahih*: ''C'est celle qui montre la vérité, car l'on y verra la récompense et la véracité des choses.'' Ibn Hajar, dans son explication des paroles de Boukhari, a dit: il a rapporté ces paroles d'Al-Fara' qui, en expliquant le sens des versets coraniques, a dit: «Celle qui montre la vérité, c'est la Résurrection. On l'a dénommée ainsi car l'on y verra la récompense et la véracité des choses.»

Tabari a dit: on l'a dénommée *«celle qui montre la vérité»* car elle apportera la confirmation de toute chose en ce Jour. Il en est de même dans les paroles suivantes: l'évidence que la nuit est.

Un autre a dit: on l'a dénommée *«celle qui montre la vérité»* car elle fera connaître le Paradis, avec certitude, à certains hommes, et elle fera connaître l'Enfer, avec certitude, à d'autres.

D'autres ont dit: elle a été dénommée *Al-Haaqqa*, car elle amènera les mécréants qui ont désobéi à leurs Prophètes à se disputer. En langue arabe on dit: حققته = (*haqaqtouhou*) = je me suis disputé et je l'ai emporté sur untel, c'est-à-dire: فحققته = je me suis querellé et j'ai eu le dessus dans la dispute.

On a dit aussi: ce Jour est une Vérité et il n'y a pas de doute.[12]

---

[11] *Tafsir* d'Ibn Kathir, vol. 7, p. 99.

[12] *Fat'hou El-Bâri,* vol. 11, p. 395.

20- Le Jour de la Rencontre *(Yawm At-Talâq* = يوم التلاق)

Le Très-Haut (سبحانه وتعالى) dit:

﴿Il est Celui qui élève les degrés, Possesseur du Trône, Il envoie, par Son ordre, l'Esprit sur celui qu'Il veut parmi Ses serviteurs, afin que celui-ci avertisse du Jour de la Rencontre.﴾ *[Coran 40: 15]*

Ibn Kathir a dit que Ibn Abbas (رضي الله عنهما) a dit: «C'est le jour où Adam rencontrera sa descendance, du premier jusqu'au dernier.»

Ibn Zeyd a dit: c'est le jour où les serviteurs se rencontreront. Qutada, As-Suddi, Bilal Ibn Sa'd et Soufiane Ibn 'Ouyeina ont dit: c'est le jour où les gens de la terre et les gens des cieux se rencontreront, le Créateur et les créatures. Quant à Meimoune Ibn Mahrane, il a dit: c'est la rencontre de l'opprimé et de l'oppresseur. On peut dire que ce Jour englobe tout ceci. Il englobe également le fait que toute personne qui aura agi rencontrera ce qu'elle a fait qu'il soit bon ou mauvais, comme rapporté par d'autres sources.[13]

21- Le Jour de l'Appel Mutuel *(Yawm At-Tanâdî)*

Le Très-Haut (سبحانه وتعالى) dit, en rapportant le conseil d'un croyant de la famille de Pharaon adressé à son peuple:

﴿Ô mon peuple! Je crains pour vous le Jour de l'Appel Mutuel...﴾ *[Coran 40: 32]*

On l'a dénommé ainsi car, ce jour-là, se produiront de nombreux appels: l'on appellera chaque personne par son nom pour le Compte et la Rétribution; les gens du Paradis et les gens de l'Enfer s'interpelleront les uns les autres, et il en est de même des gens d'*Al-A'raf*.

---

[13] *Tafsir* d'Ibn Kathir, vol. 6, p. 130.

22- Le Jour de la Grande Perte (*Yawm At-Taghâboun)*

Le Très-Haut (ﷻ) dit:

﴾Le jour où Il vous réunira pour le Jour du Rassemblement, ce sera le Jour de la Grande Perte.﴿ *[Coran 64: 9]*

On l'a dénommé ainsi car les gens du Paradis oublieront les gens du Feu: car ceux-ci rentreront au Paradis et ils trouveront ce qu'Allah (ﷻ) leur a préparé, et ils hériteront en outre de la part de Paradis des mécréants.

Ces noms constituent les noms les plus célèbres du Jour de la Résurrection. Cependant, certains savants ont mentionné d'autres noms que ceux précédemment cités. Ces noms sont dérivés de l'étymologie des mots trouvés dans les Textes. Ce jour a été appelé le Jour de la Sortie séparée. Il a été tiré de la parole d'Allah (ﷻ):

﴾Ce jour-là, les gens sortiront séparément.﴿ *[Coran 99: 6]*

23 - Le Jour de la Plaidoirie

Tiré de la parole d'Allah (ﷻ):

﴾Le jour où chaque âme viendra plaidant pour elle-même...﴿
[Coran 16: 111]

Ils l'ont ainsi appelé en utilisant les qualificatifs par lesquels Allah (ﷻ) a décrit ce Jour. Ils dirent que, parmi ces noms, il y a: le Jour pénible, le grand Jour, le Jour mémorable, le Jour terrible et catastrophique, le Jour grave.

Parmi les noms eux aussi cités, outre ceux qui précèdent, il y a: le Jour du Retour, le Jour de l'Exposition, le Jour qui abaisse et qui élève les gens, le Jour de la Sentence, le Jour de la Récompense, le Jour du Souffle, le Jour de la Secousse, le Jour du Tremblement au son du Clairon, le Jour du Clairon, le Jour de la Séparation, le Jour de la Fente, le Jour de l'Eparpillement, le Jour du Regret, le Jour de la Fuite...

Il y a également: le jour où les cœurs dévoilent les secrets, le Jour où aucune âme ne pourra rien faire en faveur d'une autre, le jour où ils seront violemment poussés au Feu de la Géhenne, le Jour où les regards se figeront, le Jour où l'excuse des injustes sera inutile, le Jour où ils ne pourront pas parler, le Jour où l'argent et les enfants ne seront d'aucune utilité, le Jour où aucune conversation ne sera cachée à Allah (ﷻ), le Jour où personne ne pourra se détourner d'Allah (ﷻ), le Jour où il n'y aura ni rachat ni amitié, le Jour au sujet duquel il n'y a point de doute...

Les savants ont ajouté d'autres noms à ceux-là. Et l'on peut donner à ce jour en utilisant des termes qui s'en rapprochent.

Qortobi a dit: il n'est pas interdit de le désigner sous des noms *[autres que ceux cités]* selon les situations qui seront celles des créatures en ce Jour, tel que les bousculades, la gêne, l'entremêlement des pieds, l'humiliation, l'abaissement, l'avilissement, le besoin, l'impuissance, le Jour au terme fixé, le Jour aux aguets et bien d'autres noms. [14]

Le secret de la multitude de ses noms

Qortobi a dit: chaque fois qu'une chose acquiert une certaine importance, le vocabulaire qui lui est relatif et les descriptions qui s'y rapportent augmentent. Telle est la richesse de la langue arabe. N'as-tu pas vu que lorsque l'épée prit une grande place chez les Arabes, que son profit et sa position se furent renforcés, ils recensèrent cinq cents noms pour la désigner? Et il y a d'autres cas semblables.

Aussi, lorsque la question de la Résurrection devint importante et que les sujets de frayeur à son propos se multiplièrent, Allah (ﷻ) la désigna dans Son Livre sous divers noms et la décrit avec de multiples descriptions. [15]

---

[14] *At-Tadhkira,* p. 233.

[15] *At-Tadhkira,* p. 214.

CHAPITRE 2

L'ANEANTISSEMENT DES VIVANTS

SECTION PREMIERE

LE SOUFFLE DANS LA TROMPE

Ce monde prodigieux et étrange dans lequel nous vivons fourmille de vie et de vivants que nous percevons et que nous ne percevons pas, et qui sont constamment en mouvement, sans interruption. Cet état demeurera jusqu'au Jour où Allah (ﷻ) fera périr tous les êtres vivants, sauf ceux qu'Allah (ﷻ) voudra épargner:

﴾Tout ce qui est sur elle *[la terre]* doit disparaître.﴿

[Coran 55: 6]

﴾Tout doit périr, sauf Sa Face.﴿ *[Coran 28: 88]*

Lorsque ce Jour viendra, on soufflera dans la Trompe: ce souffle fera cesser toute vie sur terre et dans les cieux:

﴾Et l'on soufflera dans la Trompe, et voilà que ceux qui seront dans les cieux et ceux qui seront sur la terre seront foudroyés, sauf ceux qu'Allah voudra *[épargner]*.﴿

[Coran 39: 68]

Ce sera un souffle terrifiant et destructeur que l'homme entendra. Il ne pourra ni faire de testament ni revenir vers sa famille et ses amis intimes:

﴾Ils n'attendent qu'un seul Cri qui les saisira alors qu'ils seront en train de se disputer. Ils ne pourront donc ni faire de testament, ni retourner chez leurs familles...﴿

[Coran 36: 49-50]

Un Hadith dit: «*Puis on soufflera dans la Trompe, et celui qui l'entendra aura juste le temps de baisser sa tête et de la relever.*» Puis, il a dit: «*Le premier homme qui l'entendra sera un homme qui réparera le bassin de ses chameaux avec de la glaise.*» Avant de clore, il a dit: «*Il sera foudroyé ainsi que les autres gens.*» [1]

Le Messager d'Allah (ﷺ) a évoqué pour nous la rapidité de l'anéantissement des serviteurs au moment où l'Heure arrivera. Il a dit: «*L'Heure se lèvera certainement alors que deux hommes auront déployé leurs vêtements entre eux, et ils n'auront même pas le temps de les marchander, ni de les plier; l'Heure se lèvera certainement alors qu'un homme s'éloignera avec le lait de sa chamelle laitière, et il n'aura pas le temps de l'avaler; l'Heure se lèvera certainement alors qu'un homme sera en train de réparer son bassin avec de la glaise et il n'aura même pas le temps d'en puiser de l'eau; l'Heure se lèvera certainement, alors qu'un homme aura levé une bouchée vers sa bouche et il n'aura même pas le temps de la manger.*» [2]

---

[1] *Sahih* de Muslim, livre des discordes et des calamités, chapitre dela sortie de l'Imposteur. Vol. 4, p. 2259, n° 2940.

[2] *Sahih* de Boukhari, livre des discordes et des calamités, chapitre: faites aumône...; *Fat'hou El-Bâri*, vol. 13, p. 82; Hadith rapporté d'après Abou Houraïra.; ainsi que le livre des *Riqaq* (ce qui adoucit le cœur); *Fat'hou El Bâri*, vol. 11, p. 352.

SECTION 2

LA TROMPE DANS LAQUELLE L'ON SOUFFLERA

La trompe désigne le cor, le clairon. Le Messager (ﷺ) a été interrogé à propos de la Trompe, alors il l'a expliquée en se référant à ce que les Arabes connaissaient de leur langue. Dans les *Sunan* de Tirmidhi, d'Abou Daoud, d'Ibn Hibbane, dans le *Musned* d'Ahmed et dans le *Moustadrak* d'Al-Hâkim, on a rapporté qu'Abdallah Ibn 'Amr Ibn Al-'As (رضي الله عنه) a dit: un bédouin est venu vers le Prophète (ﷺ) et a dit: qu'est-ce que la Trompe? - Le Prophète (ﷺ) a répondu: *«C'est le Cor dans lequel on soufflera.»* [3]

Al-Hâkim a dit: la chaîne de transmission du Hadith est authentique. L'imam Dhahabi l'a approuvé. Tirmidhi a dit à son propos: c'est un Hadith bon, authentique.

L'on a cité qu'Al-Hassan Al-Basri, lorsqu'il a lu le mot (*sôr*) = صور = [la Trompe], l'a prononcé (*sowar* = صَوَر) qui est le pluriel du mot (*soratou* = صُورَةٌ = image), et que de ce fait, il a interprété le souffle dans la Trompe comme étant un souffle sur les corps, par lequel leurs âmes leur seront rendues.

Il a été rapporté que Abou 'Obeida et Al-Kalbi, lorsqu'ils ont lu le mot *(sôr)* = الصُّور = [la Trompe], ils l'ont prononcé *(sôr)* = الصُّوَر en l'interprétant comme étant le pluriel du mot (*soratou* = صُورَةٌ = image) comme on dit:

– (*Sôr el madina*): سُورُ المَدِينَة = [le rempart de la ville],

– *(Sôf)* = صوف = [les laines], qui est le pluriel du mot *(soufatoun)* = صُوفَةٌ = [une laine].

---

[3] *Silsilate al-ahâdith assahiha*, vol. 3, p. 68, n° 1080.

– *(Bousroun)* = بُسرٌ = [dattes pas mûres], qui est le pluriel du mot *(bousratoun)* = بُسْرَةٌ = [une datte pas mûre].

Ils ont interprété la signification du Souffle dans la Trompe comme étant un souffle sur les corps qui rendra les âmes aux corps. Mais les arguments qu'ils ont avancés sont faux, comme le montrent les précisions suivantes:

- **Premièrement:** Il n'est pas juste d'attribuer aux grands savants dont on se sert pour cette thèse, la lecture attribuée à Al-Hassan Al-Basri.

- **Deuxièmement:** Le mot (صُورَة) a comme pluriel le mot (*sowar*) = صُوَر et non le mot *(sôr)* = صُور comme l'ont rapporté Abou 'Obeida et Al-Kalbi. Le Très-Haut (ﷻ) dit:

> ﴿... Et Il vous a donné votre forme, et quelles belles formes...﴾ *[Coran 40: 64]*

(*souwarakoum* = صُوَرَكم)...

On ne connaît aucun savant parmi les grands Lecteurs du Coran qui ait lu les mots صُوَرَكم = *(sowarakoum)* en les prononçant (*sorakoum*).

- **Troisièmement:** Les mots qu'ils ont cités ne sont pas des mots mis au pluriel, mais ce sont des pluriels indéclinables. On fait la différence entre les pluriels et les indéclinables en regardant leurs singuliers qui se terminent par la marque du féminin (*ta* = ة).

- **Quatrièmement:** Ces paroles vont à l'encontre de la position des gens de la Sunna et de la Communauté: la Trompe est le Cor dans lequel on soufflera.

- **Cinquièmement:** Ces paroles vont à l'encontre de l'interprétation qu'a donnée le Messager d'Allah (ﷺ); en effet, il a interprété la Trompe comme étant le Cor dans lequel on soufflera. De même, qu'elles vont à l'encontre de nombreux Hadiths qui indiquent ce sens.

- **Sixièmement:** Allah (ﷻ) dit:

﴾Et l'on soufflera dans la Trompe, et voilà que ceux qui seront dans les cieux et ceux qui seront sur la terre, seront foudroyés, sauf ceux qu'Allah voudra *[épargner]*. Puis on y soufflera de nouveau, et les voilà debout à regarder.﴿ *[Coran 39: 68]*

Ainsi Allah (ﷻ) nous informe que l'on soufflera deux fois dans la Trompe. Si donc le sens de la Trompe signifiait que l'on soufflera dans les corps, alors la Parole divine:
﴾Puis on y soufflera de nouveau...﴿ n'aurait aucun sens, car l'on ne soufflera les âmes dans les corps qu'une seule fois. [4]

Certains savants ont affirmé que la Trompe est faite de rubis ou de lumière. Mais nous ne connaissons aucun Hadith authentique relatant cela. Et c'est Allah (ﷻ) qui en sait plus.

SECTION 3

CELUI QUI SOUFFLERA DANS LA TROMPE

Ibn Hajar Al-'Asqalani a dit: il est connu que le possesseur de la Trompe est l'Ange Isrâfîl. Al-Halimi a rapporté le consensus des savants à ce sujet. Cela a été révélé dans le Hadith de Wahb (رضي الله عنه), le Hadith d'Abou Saïd (رضي الله عنه) rapporté par Beihaqi, le Hadith d'Abou Houraïra (رضي الله عنه) rapporté par Ibn Merdaweih, et également dans le long Hadith de la Trompe. [5]

---

[4] Référez-vous, au sujet de cette question à *At-Tadhkira*, pp. 182-185; *Fat'hou El-Bâri*, vol. 11, p. 367; *Lissanou El-'Arab,* vol. 2, p. 493.

[5] *Fat'hou El-Bâri,* vol. 11, p. 368

L'Envoyé *[d'Allah]* (ﷺ) nous a informé que celui qui soufflera dans la Trompe est prêt à y souffler depuis qu'Allah le Très-Haut (سبحانه وتعالى) l'a créé. Al-Hâkim, dans son *Moustadrak*, a rapporté d'après Abou Houraïra (رضي الله عنه) que le Messager d'Allah (ﷺ) a dit: *«Celui qui soufflera dans la Trompe est prêt depuis qu'Allah lui a confié cette tâche, son regard est tourné en direction du Trône, et il a peur de le détourner au moment où l'ordre sera donné. Ses yeux sont semblables à deux étoiles scintillantes.»*

Al-Hâkim a dit que la chaîne de transmission du Hadith est authentique, et Dhahabi l'a approuvé comme tel.[6]

En ce temps où l'Heure approche, Isrâfîl est de plus en plus prêt et disposé à souffler dans la Trompe. Ibn Al-Moubarak dans son livre *Ez-Zouhd*, Tirmidhi dans ses *Sunan*, Abou Nu'eime dans *Al-Hilia*, Abou Ya'la dans son *Musned*, Ibn Hibbane dans son *Sahih* et Al-Hâkim dans son *Moustadrak*, ont rapporté d'après Abou Saïd Al-Khoudri (رضي الله عنه) que le Messager d'Allah (ﷺ) a dit: *«Comment pourrais-je me réjouir alors que le Souffleur a certes collé la Trompe à sa bouche, plissé le front et prêté l'oreille en attendant qu'on lui ordonne de souffler, et alors il soufflera.»* - Les musulmans ont alors demandé: *que doit-on dire, ô Messager d'Allah*? - Il a dit: *«Dites: Allah nous suffit, Il est notre Meilleur Garant, c'est en Allah, notre Seigneur, que nous avons confiance.»*

Tirmidhi a dit: ce Hadith est bon. Cheikh Nasser Eddine Al-Albani a mentionné les rapporteurs de ce Hadith, qui font partie des Compagnons du Prophète (ﷺ), ses voies, sa recherche et ses témoins dans son livre *Silsilate al-ahâdith assahiha* (vol. 3, p. 66, n° 1079), ce qui prouve que ce Hadith est authentique.

---

6 *Silsilate al-ahâdith assahiha*, vol. 3, p. 65, n° 1078.

SECTION 4

LE JOUR OU L'ON SOUFFLERA

L'Heure surviendra le jour du vendredi. Dans le *Sahih* de Muslim, on a rapporté qu'Abou Houraïra (رضي الله عنه) a dit que le Messager d'Allah (ﷺ) a dit: *«Le meilleur des jours où le soleil se lève, est le vendredi. C'est le jour où l'on a créé Adam (عليه السلام), c'est le jour où il a été introduit au Paradis, c'est le jour où on l'en a sorti, et l'Heure ne surviendra que le jour du vendredi.»* [7]

Dans un autre Hadith, le Messager d'Allah (ﷺ) nous a informés que l'Heure ne viendra que le jour du vendredi: c'est également le jour où les créatures seront ressuscitées. D'après Aws Ibn Aws (رضي الله عنه), le Messager d'Allah (ﷺ) a dit: *«Le jour du vendredi est certes le meilleur de vos jours. C'est le jour où Adam a été créé, c'est le jour où l'on a saisi son âme, c'est le jour du Souffle dans la Trompe, c'est le jour où les gens seront foudroyés. Multipliez donc vos prières sur moi le vendredi, car votre prière me sera exposée.»*

Ce Hadith a été rapporté par Abou Daoud, Nassâ'i, Ibn Majah, Darimi et Beihaqi dans son livre *Ad-Da'awate Al-Kabir.* [8]

Dans *Mou'jame Awsate* de Tabarani, et dans le livre *Al-Hilia* d'Abou Nu'eime, on a rapporté, d'après Anas (رضي الله عنه), que le Messager d'Allah (ﷺ) a dit: *«Les jours me furent exposés. On m'exposa le jour du vendredi: voilà qu'il était semblable à un miroir blanc où une tache noire se trouvait en son centre. Je dis: qu'est-ce que ceci? - On me répondit: c'est l'Heure.»* [9]

---

[7] *Michkatou El-Massabih,* vol. 1, p. 427, nº 1356.

[8] Voir *Michkatou El-Massabih,* vol. 1, p. 430, nº 1361. Cheikh Al-Albani a dit: La chaîne de transmission du Hadith qui a été rapportée par Abou Daoud est authentique.

[9] Cheikh Al-Albani a indiqué l'authenticité du Hadith dans *Sahih El-=*

Etant donné que l'Heure arrivera le jour du vendredi, toute créature est prise de crainte chaque vendredi, sauf les humains et les djinns. Dans le *Mouwata'* de l'imam Malik, dans les *Sunan* d'Abou Daoud, de Tirmidhi, de Nassâ'i, et dans le *Musned* d'Ahmed, on a rapporté d'après Abou Houraïra (رضي الله عنه) que le Messager (ﷺ) a dit: *«Le meilleur des jours, où le soleil se lève, est le vendredi. C'est le jour où Adam a été créé, c'est le jour où on l'a fait descendre sur terre, c'est le jour où on l'on a accepté son repentir, c'est le jour où il est mort, c'est le jour où se lèvera l'Heure. Et il n'y a pas une bête qui n'attende l'Heure le jour du vendredi, à partir de l'aube jusqu'au lever du soleil, angoissée à cause d'elle, sauf les djinns et les humains.»* [10]

SECTION 5

COMBIEN DE FOIS SOUFFLERA-T-ON DANS LA TROMPE?

Il est clairement montré que Isrâfîl soufflera deux fois dans la Trompe. Le foudroiement aura lieu après le premier souffle, et la résurrection après le deuxième. Le Très-Haut (سبحانه وتعالى) dit:

> ﴿Et on soufflera dans la Trompe, et voilà que ceux qui seront dans les cieux et ceux qui seront sur la terre seront foudroyés, sauf ceux qu'Allah voudra *[épargner]*. Puis on y soufflera de nouveau, et les voilà debout à regarder.﴾
>
> *[Coran 39: 68]*

=*Jami'e,* vol. 4, p. 31, n° 3895. Il a mentionné les voies de ce Hadith dans *Silsilate al-ahâdith assahiha*, vol. 4, p. 568, n° 1933.

[10] *Michkatou El-Massabih,* vol. 1, p. 428, n° 1359. Le correcteur de *Michkatou*, cheikh Al-Albani, l'a attribué à l'imam Malik. Tirmidhi a dit: ce Hadith est bon et authentique.

Le Saint Coran a dénommé le premier souffle par les mots: ﴾Le premier son du Clairon.﴿

Et le deuxième, par les mots: ﴾Deuxième son.﴿

Le Très-Haut (ﷻ) dit:

> ﴾Le jour où *[la terre]* tremblera au premier son du Clairon, immédiatement suivi du deuxième.﴿ *[Coran 79: 6-7]*

Puis, à un autre endroit du Coran, Allah (ﷻ) a dénommé le premier Son par: ﴾un seul Cri.﴿

Quant au deuxième, Il (ﷻ) l'a dénommé *«le souffle dans la Trompe»*. Le Très-Haut (ﷻ) dit:

> ﴾Ils n'attendent qu'un seul Cri qui les saisira alors qu'ils seront en train de se disputer. Ils ne pourront donc ni faire de testament ni retourner chez leurs familles. Et on soufflera dans la Trompe, et voilà que des tombes, ils se précipiteront vers leur Seigneur.﴿ *[Coran 36: 49-51]*

Des Hadiths prophétiques ont fait mention de ces deux souffles. Dans le *Sahih* de Boukhari et dans celui de Muslim, on a rapporté qu'Abou Houraïra (رضي الله عنه) a dit: le Prophète (ﷺ) a dit: *«Entre les deux souffles, il y a quarante.»* - Ils ont dit: ô Abou Houraïra! Quarante jours? - Il a dit: je dis non. - Ils ont dit: quarante mois? - Il a dit: je dis non. - Ils ont dit: quarante ans? - Il a dit: je dis non. [11]

Dans le *Sahih* de Muslim, on a rapporté qu'Abdallah Ibn Amr Ibn Al-'As (رضي الله عنه) a entendu le Messager d'Allah (ﷺ) dire: *«Puis on soufflera dans la Trompe, et celui qui l'entendra aura tout juste le temps de baisser sa tête et de la relever.»* Puis, il a dit: *«Le premier homme qui l'entendra sera un homme qui réparera le bassin de ses*

---

[11] Rapporté par Boukhari dans son *Sahih*,livre de l'interprétation du Coran, chapitre de l'interprétation de la sourate *Az-Zoumar* [Coran, 39]. *Fat'hou El-Bâri*, vol. 8, p. 551. *Sahih* de Muslim, vol. 4, p. 2270, n° 2955.

chameaux avec de la glaise.» Puis il a dit: *«Il sera foudroyé ainsi que les* [autres] *gens. Ensuite, Allah enverra* - ou il a dit: *Allah fera tomber - une pluie semblable à du crachin* ou *à l'ombre* (Nou'mane a douté[12] qui fera pousser les corps des gens. Puis on soufflera une autre fois, et les voilà qu'ils seront debout à regarder.»[13]

Beihaqi a rapporté, selon une chaîne de transmission forte, qu'Ibn Massoud (رضي الله عنه) a dit: *«Puis l'Ange de la Trompe se tiendra debout entre le ciel et la terre, il soufflera dans la Trompe - et la Trompe désigne le corps. Et il n'y aura pas une créature, dans les cieux et sur la terre, qui subsistera, sauf ceux qu'Allah voudra* [épargner]. *Puis il y aura entre ces deux souffles ce qu'Allah voudra qu'il y ait.»*[14]

On a rapporté qu'Aws Ibn Aws Ath-Thaqafi (رضي الله عنه) a dit: le Messager d'Allah (ﷺ) a dit: *«Le vendredi est certes le meilleur de vos jours - le Foudroiement et le Souffle y auront lieu.»*[15]

Ce Hadith a été rapporté par Abou Daoud, Nassâ'i, et Ahmed. Ibn Khouzeima, Ibn Hibbane et Al-Hâkim l'ont authentifié.[16]

Un groupe de savants a retenu le sens indiqué par les versets et Hadiths que nous avons rapportés ici. Parmi ces savants, il y a Qortobi[17] et Ibn Hajar Al-'Asqalani.[18]

Un autre groupe de gens de science pense qu'il y aura trois souffles: le souffle de la frayeur, le souffle du foudroiement et le

---

[12] Son nom est Nou'man Ibn Salim, un des rapporteurs de la chaîne de transmission.

[13] Rapporté par Muslim, vol. 4, p. 2258, nº 2940.

[14] *Fat'hou El-Bâri*, vol. 11, p. 370.

[15] *Ibid.*

[16] *Ibid.*

[17] *At-Tadhkira,* pp. 183-184.

[18] *Fat'hou El-Bâri,* vol. 11, p. 369.

souffle de la résurrection. Parmi ces savants il y a Ibn Al-'Arabi [19], Ibn Taymiya [20], Ibn Kathir [21] et Safârini. [22] L'argument de ceux qui ont opté pour ce point de vue est qu'Allah (ﷻ) a fait mention du souffle de la frayeur dans Son verset:

> ﴿Et le jour où l'on soufflera dans la Trompe, tous ceux qui seront dans les cieux et ceux qui seront sur la terre seront effrayés, sauf ceux qu'Allah voudra *[épargner]*.﴾
>
> *[Coran 27: 87]*

Ils ont également pris comme argument certains Hadiths qui ont mentionné les trois souffles, comme le long Hadith de la Trompe rapporté par Tabari, où l'on peut lire: *«Puis on soufflera trois souffles dans la Trompe: le souffle de la frayeur, le souffle du foudroiement et celui* [de la Résurrection] *pour se tenir debout devant le Seigneur de l'Univers.»* [23]

Le verset qu'ils prennent comme argument, au sujet du souffle de la frayeur, n'est pas suffisamment explicite pour affirmer qu'il désigne le troisième souffle. En effet, la mention qu'Allah (ﷻ) fait de la frayeur qui atteindra ceux qui seront dans les cieux et ceux qui seront sur la terre, lors du souffle dans la Trompe, n'implique pas qu'il s'agisse d'un autre souffle, indépendant des autres.

Le premier souffle va effrayer les vivants avant de les foudroyer. Et le deuxième souffle effrayera les gens lors de leur résurrection.

Ibn Hajar (qu'Allah lui fasse miséricorde) a dit: il n'est pas obligatoire de remplacer le foudroiement par la frayeur, car ils se produiront simultanément lors du premier souffle. [24]

---

[19] *Majmou' El-Fatawa* de *cheikh El-Islam* Ibn Taymiya, vol. 4, p. 260.

[20] *Fat'hou El-Bâri,* vol. 11, p. 369. *At-Tadhkira,* p. 184.

[21] *En-Nihayia,* vol. 1, p. 253.

[22] *Lawami'e El-Anwar-El-Bahiya,* vol. 2, p. 161.

[23] *Fat'hou El-Bâri,* vol. 11, p. 369.

[24] *Ibid.*

Qortobi, dans son livre *At-Tadhkira*, a dit: le souffle de la frayeur, c'est le souffle du foudroiement, car ces deux événements sont attachés au premier souffle, c'est-à-dire que les vivants seront si effrayés qu'ils en mourront.[25]

Quant au long Hadith de la Trompe, c'est un Hadith faible, comme l'a dit Ibn Hajar Al-'Asqalani qui est une autorité en matière de sciences du Hadith. La faiblesse du Hadith a été rapportée par Beihaqi.[26]

Ibn Hazm (qu'Allah lui fasse miséricorde) a préféré dire: le nombre de souffles, le Jour de la Résurrection, est de quatre: le premier est le souffle de la mort; le second est celui de la vie: c'est-à-dire chaque mort sera ressuscité, ils sortiront de leurs tombes et ils seront rassemblés pour le Compte; le troisième est celui de la frayeur et du foudroiement: c'est-à-dire ils reprendront connaissance comme au réveil d'un évanouissement, personne n'en mourra; et le quatrième est le souffle de la reprise de conscience de cet évanouissement.[27]

Ibn Hajar, après avoir rapporté les propos d'Ibn Hazm, a dit: les paroles d'Ibn Hazm, qui a scindé les deux souffles en quatre, ne sont pas claires, car il n'y a que deux souffles. La divergence est survenue à partir de celui qui les entendra. Au premier souffle, tout être vivant mourra, et s'évanouira celui qui n'est pas mort parmi ceux qu'Allah (﷾) a épargnés. Au second souffle, revivra celui qui est mort, et reprendra connaissance celui qui était évanoui. Et Allah (﷾) qui en sait plus.[28]

---

[25] *At-Tadhkira,* p. 184.

[26] *Fat'hou El-Bâri,* vol. 11, p. 369.

[27] *Idem,* vol. 6, p. 446.

[28] *Ibid.*

SECTION 6

CEUX QUI NE SERONT PAS FOUDROYES QUAND ON SOUFFLERA DANS LA TROMPE

Le Créateur sans pareil (ﷻ) nous a informés que certains parmi ceux qui se trouveront dans les cieux et sur la terre ne seront pas foudroyés lors du foudroiement:

﴿Et on soufflera dans la Trompe, et voilà que ceux qui seront dans les cieux et ceux qui seront sur la terre seront foudroyés, sauf ceux qu'Allah voudra *[épargner].*﴾

[Coran 39: 68]

Les savants ont divergé au sujet de la désignation de ceux qu'Allah a épargnés du foudroiement dans Son verset:

﴿... Sauf ceux qu'Allah voudra *[épargner].*﴾

1- Ibn Hazm a préféré dire que ceux qui ne seront pas foudroyés seront la totalité des Anges, car, selon lui, les Anges sont des esprits sans âmes qui, à l'origine, ne meurent pas.[29]

Ce qu'avance Ibn Hazm à propos de l'immortalité des Anges, ne doit pas être accepté, car les Anges sont des créatures parmi la Création d'Allah (ﷻ). Ils sont des serviteurs d'Allah (ﷻ), ils sont sous l'ordre de leur Seigneur duquel ils dépendent (comme la mort, la création...), et ils ne peuvent eux-mêmes subvenir à leurs besoins. Il les a créés et Il est capable de les faire mourir, et ensuite de les faire revivre. Il a été rapporté dans le *Sahih* de Boukhari (4701), que le Prophète (ﷺ), suivant plusieurs variantes et plusieurs Compagnons, a dit: *«Lorsque Allah parle à Ses Anges par la Révélation, ils reçoivent Sa parole comme par un évanouissement.»*

---

[29] *Fat'hou El-Bâri,* vol. 6, p. 371

Et dans une autre variante: «*Lorsque les Anges entendent Sa parole, ils sont foudroyés.*»

Il dit donc, dans ce Hadith, que les Anges sont foudroyés du foudroiement, de l'évanouissement. S'il est possible qu'ils soient atteints du foudroiement, de l'évanouissement, il est donc possible qu'ils soient atteints du foudroiement de la mort.[30]

2- Mouqatil et d'autres estiment que seuls ne seront pas foudroyés les Anges Gibril, Mikâîl, Isrâfîl et l'Ange de la mort.[31] Et d'autres savants ont ajouté à cela les Anges qui portent le Trône.[32] La validité de leur propos repose sur les Hadiths qu'ils ont rapportés. Or les savants du Hadith ne les ont pas authentifiés.[33]

3- L'imam Ahmed Ibn Hanbal pense plutôt que ceux qui ne seront pas foudroyés seront ceux qui se trouvent au Paradis comme les Houris aux grands yeux et les jeunes servants. Et Abou Is'haq des Hanbalites et Dhahâk ont ajouté à ceux-là les gardiens du Paradis et de l'Enfer et les serpents et scorpions qui s'y trouvent.[34]

Ibn Taymiya a dit: l'exception citée dans le verset désigne ceux qui sont au Paradis comme les Houris aux grands yeux car, au Paradis, il n'y a aucune mort.[35]

4- Abou Al-Abbas Qortobi, l'auteur d'*Al-Moufhim ila Charh-Muslim,* est d'avis que le groupe de ceux qui ne seront pas foudroyés englobe tous les morts, car leurs corps n'ont plus de sensation, donc ils ne seront pas foudroyés.[36]

---

[30] *Majmou'e El-Fatawa* de *cheikh Al-Islam* Ibn Taymiya, vol. 4, p. 260.

[31] *Ar-Rouh* d'Ibn El-Qayim, p. 50. *Fat'hou El-Bâri,* vol. 6, p. 371.

[32] *Fat'hou El-Bâri*, vol. 6, p. 371.

[33] *Ibid.*

[34] *Ar-Rouh* d'Ibn El-Qayim, p. 50. *Fat'hou El-Bâri*, vol. 6, p. 371.

[35] *Majmou'e El-Fatawa*, vol. 4, p. 261.

[36] *Fat'hou El-Bâri,* vol. 6, p. 370.

Ce qu'avance l'imam Qortobi peut être considéré comme vrai si l'on interprète que le foudroiement est la mort, car l'être humain ne meurt qu'une fois, d'après la Parole du Très-Haut (ﷻ):

﴾Ils n'y goûteront pas à la mort, sauf leur mort première.﴿

[Coran 44: 56]

Ibn Al-Qayim a rédigé un chapitre, dans son livre *Ar-Rouh*, dans lequel il montre les divergences des savants concernant la mort des âmes lors du Souffle dans la Trompe.

Ibn Al-Qayim a jugé que l'explication la plus probable, d'après les Textes, c'est que la mort des âmes est leur séparation des corps, et leur sortie du corps. Puis, il a réfuté les propos de ceux qui ont fait allusion à l'anéantissement des âmes et à leur disparition, car les Textes indiquent que les âmes, après leur mort, séjournent dans le *Barzakh* [vie intermédiaire], où soit elles sont châtiées, soit elles jouissent des délices.[37]

En revanche, si nous interprétons le foudroiement par l'évanouissement, les âmes seront certes foudroyées selon ce sens, et elles ne feront pas partie de ceux qu'Allah (ﷻ) a exclus. L'homme peut entendre ou voir ce qui l'effraye, et se retrouver ensuite foudroyé, comme cela fut le cas pour Moïse (عليه السلام), quand il vit la montagne disparaître de son emplacement:

﴾... Moïse s'effondra foudroyé...﴿ *[Coran 7: 143]*

Ce sens est clairement établi dans certains Textes, comme dans le Hadith rapporté par Boukhari d'après Abou Houraïra (رضي الله عنه) qui a dit: le Messager d'Allah (ﷺ) a dit: *«Ne me préférez pas à Moïse, car les gens seront foudroyés, et je serai le premier à reprendre connaissance, tandis que Moïse tiendra fermement* (bâtichoune) *à côté du Trône. Je ne saurai pas s'il sera parmi ceux qui auront été*

---

[37] *Ar-Rouh*, p. 49.

foudroyés et qu'il aura repris connaissance avant moi ou s'il sera parmi ceux qu'Allah aura épargnés.» [38]

Dans une autre variante, Boukhari a rapporté aussi d'après Abou Houraïra (رضي الله عنه), que le Prophète (ﷺ) a dit: *«Je serai le premier à relever la tête après le dernier souffle. Et voilà que je serai en présence de Moïse qui tiendra fermement* (mouta'liqoune) *au Trône. Je ne saurai pas s'il aura toujours été ainsi ou s'il sera ainsi après le souffle.»* [39]

Il a été rapporté à un troisième endroit la version suivante: *«Les gens seront foudroyés, au Jour de la Résurrection, et je serai le premier à reprendre connaissance, tandis que Moïse tiendra fermement à côté du Trône. Je ne saurai pas s'il aura été de ceux qui ont repris connaissance avant moi ou s'il aura été de ceux qu'Allah aura épargnés.»* [40]

Ce Hadith est clair concernant le fait que les morts seront foudroyés. Etant donné que le Messager d'Allah (ﷺ) est le maître des Messagers, et que lui-même sera foudroyé, alors il est évident que les autres auront droit à ce traitement.

Certains savants penchent pour l'hypothèse selon laquelle ceux qui seront foudroyés du foudroiement de l'évanouissement seront les martyrs, sans compter les autres morts. D'autres ont ajouté à ce groupe les Prophètes.

Leur choix de se limiter aux martyrs et aux Prophètes, comme l'a affirmé le cheikh de Qortobi, Ahmed Ibn Omar, s'explique par le fait

---

[38] *Sahih* de Boukhari, livre des Hadiths prophétiques, chapitre de la mort de Moïse. *Fat'hou El-Bâri,* vol. 6, p. 441.

[39] *Idem*, livre de l'interprétation du Coran, interprétation de la sourate *Az-Zoumar* [Coran, 39]. *Fat'hou El-Bâri,* vol. 8, p. 551.

[40] *Idem*, livre des *Riqaq,* chapitre du souffle dans la Trompe. *Fat'hou El-Bâri,* vol. 11, p. 367.

que: les martyrs, après leurs morts, sont vivants auprès de leur Seigneur (ﷻ), nourris, joyeux, réjouis. Ceci correspond à la description des vivants dans la vie terrestre. Si tel est l'état des martyrs, alors les Prophètes en sont plus dignes, bien qu'il soit rapporté du Prophète (ﷺ) que la terre ne ronge pas les corps des Prophètes. Le Prophète (ﷺ) a rencontré les autres Prophètes, et en particulier Moïse, lors de la nuit de son Voyage nocturne à Jérusalem et dans les cieux. Le Prophète (ﷺ) nous a informés qu'Allah (ﷻ) lui restituera son âme pour rendre le *salam* à toute personne qui le lui donnera. Ce qui montre assurément que la mort des Prophètes n'est réduite qu'à leur absence parmi nous, de sorte qu'on ne peut l'appréhender, même s'ils étaient présents et vivants... Et s'il est établi qu'ils sont vivants lorsque l'on soufflera dans la Trompe le souffle du foudroiement, alors tous ceux qui se trouveront sur la terre et dans les cieux, seront foudroyés, sauf ceux qu'Allah (ﷻ) aura épargnés.[41]

Beihaqi pense, à propos du foudroiement des Prophètes et des martyrs, qu'ils seront foudroyés d'un foudroiement qui cause l'évanouissement. Il a dit à ce sujet: le foudroiement des Prophètes, en ce qui me concerne, est qu'ils sont vivants auprès de leur Seigneur (ﷻ), tout comme les martyrs. Lorsque l'on soufflera dans la Trompe, le premier souffle, ils seront foudroyés. Puis il ne s'agira pas d'une mort complète, mais de la cessation de toute sensation. Le Prophète (ﷺ) a certes laissé entrevoir la possibilité que Moïse fasse partie de ceux qu'Allah aura épargnés. Et s'il fait partie d'eux, ses sensations ne cesseront pas dans cette situation, à cause de ce qui s'est déjà produit lors du foudroiement au Mont At-Tôr *[dans le Sinaï]*.[42]

En se basant sur cette compréhension, les Prophètes et les martyrs feront partie des créatures foudroyées et non de celles

[41] *At-Tadhkira* de Qortobi, p. 169.
[42] *Fat'hou El-Bâri,* vol. 11, p. 371.

épargnées. On a rapporté d'Ibn 'Abbas (رضي الله عنه), d'Abou Houraïra (رضي الله عنه) et de Saïd Ibn Joubeir (رضي الله عنه), que les Prophètes et les martyrs font partie de ceux qu'Allah épargnera.[43]

Ibn Hajar a attribué à Beihaqi la transmission de cet *athar*[44] (récit transmis de manière massive sur des périodes différentes). Si le sens visé est qu'ils seront épargnés de la mort, alors c'est une vérité. Mais si le sens visé est qu'ils seront épargnés du foudroiement qui atteindra les morts, comme cela est cité dans le Hadith au sujet de Moïse, alors l'affaire n'est pas du tout ainsi.

Certains savants ont estimé qu'il est préférable pour le musulman de s'abstenir de ce genre de recherche dans la détermination de ceux qu'Allah épargnera du foudroiement, car il n'y a aucun Texte sûr qui ait précisé quels seront les non foudroyés.

L'imam Qortobi, l'auteur d'*At-Tadhkira*, a dit: notre cheikh Abou Al-'Abbas a dit: la vérité est qu'il n'existe pas de Hadith authentique qui soit venu déterminer ceux qu'Allah épargnera du foudroiement. Donc tout est probable.[45]

Ibn Taymiya a dit: l'exception citée dans le verset concerne ceux qui sont au Paradis comme les Houris aux grands yeux car, au Paradis, il n'y a pas de mort. Cependant, cette exception peut concerner d'autres personnes, car nous ne pouvons pas être certains de savoir tous ceux qu'Allah (سبحانه وتعالى) épargnera. En effet, Il les a évoqués de façon générale dans Son Livre... Et le Prophète (ﷺ) a pris une position neutre par rapport à Moïse: est-il de ceux qu'Allah épargnera ou non?

Si le Prophète (ﷺ) n'a pas été informé de tous ceux qu'Allah (سبحانه وتعالى) épargnera, alors il nous est impossible de trancher à ce sujet.

---

[43] *Ar-Rouh* d'Ibn El-Qayim, p. 50.

[44] *Fat'hou El-Bâri,* vol. 11, p. 371.

[45] *At-Tadhkira*, p. 167.

Cette exception devient donc semblable à la connaissance de l'Heure, à la connaissance de la totalité des Prophètes, et à d'autres sujets à propos desquels Allah (ﷻ) ne nous a pas informés, car cette science ne peut être obtenue que par le biais de Hadiths authentiques. C'est Allah (ﷻ) qui en sait plus.[46]

Qortobi a rapporté d'Al-Halimi qu'il a rejeté l'interprétation qui voudrait que les créatures épargnées puissent être les Anges porteurs du Trône, Gabriel, Michael, l'Ange de la mort, les jeunes servants du Paradis, les Houris aux grands yeux ou encore Moïse. Puis il a mis en évidence la raison de son rejet en disant: quant aux Anges porteurs du Trône, ils ne font pas partie des habitants des cieux et de la terre, car le Trône se trouve au-dessus de tous les cieux, alors comment se pourrait-il que les Anges porteurs du Trône se trouvent dans les cieux?

Quant à Gabriel, Michael, l'Ange de la mort, ils font partie des Anges en rang autour du Trône glorifiant Allah (ﷻ). Si le Trône lui-même se trouve au-dessus des cieux, alors la procession qu'ils accomplissent autour de lui ne se fait pas dans les cieux. Et il en est de même des jeunes servants et des Houris aux grands yeux qui se trouvent dans les Paradis. Si certaines parties du paradis sont plus élevées que d'autres, elles se situent toutes au-dessus des cieux et au-dessous du Trône. Il s'agit par définition d'un monde créé pour l'éternité. Il n'y a donc point de doute que les Paradis sont à l'écart de ce qu'Allah (ﷻ) a créé pour l'anéantissement. Quant à l'hypothèse portant sur Moïse, elle est dénuée de tout fondement, car il est réellement mort, et il ne mourra pas une seconde fois lors du souffle dans la Trompe.[47]

Qortobi a rapporté les propos de ceux qui affirment que les créatures épargnées seront les morts, car ''l'exception ne peut se

[46] *Majmou'e El-Fatawa,* vol. 4, p. 261.

[47] *At-Tadhkira,* p. 168.

réaliser que pour celui qui peut adhérer à la généralité. Quant à celui qui ne peut y adhérer, si on le fait entrer dans la généralité, alors l'exception perd son sens. Quant à ceux qui sont morts avant le souffle dans la Trompe, il n'est pas obligatoire qu'ils soient foudroyés. Il n'y a donc aucun sens à en faire partie de l'exception.''[48]

C'est pourquoi il a opté pour la position suivante: l'évanouissement qui atteindra Moïse n'est pas le foudroiement qui fera périr et mourir les gens, mais seulement un foudroiement qui atteindra les gens après leur résurrection au Grand Emplacement, selon l'une de ses deux hypothèses.

Qortobi a rapporté que son cheikh Ahmed Ibn Omar abonde en ce sens, et déclare: notre cheikh Ahmed Ibn Omar a dit: ce qui apparaît dans le Hadith du Prophète (ﷺ) indique que cela se passera après le second souffle: le souffle de la résurrection. En plus, le texte du Coran implique que l'exception ne se réalise qu'après le souffle du foudroiement. Puisqu'il en est ainsi, certains savants ont affirmé qu'il est probable que Moïse (عليه السلام) fait partie de ceux qui ne mourront pas parmi les Prophètes. Or, ceci est faux, d'après ce que l'on a dit de sa mort auparavant.

Al-Qâdhi 'Iyadh a dit: il est probable que ce qui est désigné par le foudroiement soit un foudroiement de frayeur après la Résurrection, lorsque les cieux et la terre se fendront. Cependant, peu de Hadiths et versets vont dans ce sens. Allah (تعالى) est Le plus savant.[49]

Ibn Al-Qayim (qu'Allah lui fasse miséricorde) s'est résolu à affirmer que le foudroiement que le Messager (ﷺ) a évoqué est le

---

[48] *At-Tadhkira,* p. 168.

[49] *Ibid.*

foudroiement qui aura lieu après la Résurrection. Tel est le sens visé par la Parole du Très-Haut (سبحانه وتعالى):

> ﴾Laisse-les donc jusqu'à ce qu'ils rencontrent leur jour où ils seront foudroyés.﴿ *[Coran 52: 45]*

Et Allah (سبحانه وتعالى) est le plus Savant.

CHAPITRE 3

LA RESURRECTION

SECTION PREMIERE

DEFINITION DE LA RESURRECTION

La Résurrection (*Al-Ba'th* = البَعْث) est le retour des corps; elle désigne le fait de donner vie aux serviteurs dans l'Au-Delà. *An-Nouchour* (النُشُور) est le synonyme de Ba'th, c'est-à-dire la résurrection. On dit que le mort est ressuscité, s'il revit après sa mort, ce qui signifie qu'Allah (ﷻ) l'a ressuscité et l'a fait revivre. Quand Allah (ﷻ) voudra faire revenir Ses créatures et les faire revivre, Il ordonnera à Isrâfîl de souffler dans la Trompe. Alors les âmes seront restituées à leurs corps et les gens se lèveront devant le Seigneur de l'univers (ﷻ):

﴿Et on soufflera dans la Trompe, et voilà que ceux qui seront dans les cieux et ceux qui seront sur la terre seront foudroyés, sauf ceux qu'Allah voudra *[épargner]*. Puis on y soufflera de nouveau, et les voilà debout à regarder.﴾

[Coran 39: 68]

Allah (ﷻ) nous a informés de la scène de la Résurrection, spectacle étrange et prodigieux, en disant:

﴿Et on soufflera dans la Trompe, et voilà que des tombes ils se précipiteront vers leur Seigneur. En disant: malheur à nous, qui nous a ressuscités de là où nous dormions? C'est ce que le Miséricordieux avait promis, et les Messagers avaient dit vrai. Ce ne sera qu'un seul Cri, et voilà qu'ils seront tous amenés devant Nous.﴾ *[Coran 36: 51-53]*

Des Hadiths sont venus nous informer que le second souffle dans la Trompe sera précédé d'une pluie qui tombera du ciel. Elle fera pousser les corps des serviteurs. Dans le *Sahih* de Muslim, on a rapporté d'après Abdallah Ibn 'Amr (رضي الله عنه) que le Messager d'Allah (ﷺ) a dit: *«Puis on soufflera dans la Trompe, et celui qui l'entendra aura juste le temps de baisser sa tête et de la relever.»* Puis, il a dit: *«Le premier homme qui l'entendra sera un homme qui réparera le bassin de ses chameaux avec de la glaise.»* Puis il a dit: *«Il sera foudroyé ainsi que les autres hommes. Ensuite, Allah enverra (*ou il a dit: *«Allah fera tomber») une pluie semblable à du crachin ou à de l'ombre - Nou'man a douté - qui fera pousser les corps des gens. Puis on soufflera une autre fois, et voilà qu'ils seront debout à regarder.»* [1]

La germination des corps de la terre, après qu'Allah (ﷻ) aura fait descendre l'eau qui les fera germer, est semblable à la germination des plantes sur la terre quand l'eau descend du ciel. C'est pour cette raison qu'Allah (ﷻ) a multiplié les exemples de la Résurrection, dans le Coran, en faisant revivre la terre par ses plantes après la descente de la pluie. Le Très-Haut (ﷻ) dit:

﴿C'est Lui qui envoie les vents comme une annonce de Sa miséricorde. Puis lorsqu'ils transportent une nuée lourde, Nous la dirigeons vers un pays mort, puis Nous en faisons

---

[1] Rapporté par Muslim, vol. 4, p. 2258, n° 2940.

descendre l'eau, ensuite Nous en faisons sortir toutes espèces de fruits. C'est ainsi que Nous ferons sortir les morts. Peut-être vous rappellerez-vous.﴿ *[Coran 7: 57]*

Dans un autre passage, Allah (ﷻ) dit:

﴾Et c'est Allah qui envoie les vents qui soulèvent un nuage que Nous poussons ensuite vers un pays mort; puis Nous redonnons vie à la terre après sa mort. C'est ainsi que se fera la Résurrection.﴿ *[Coran 35: 9]*

Remarque son sujet dans les deux passages du Très-Haut (ﷻ):

﴾C'est ainsi que Nous ferons sortir les morts﴿.

﴾C'est ainsi que se fera la Résurrection﴿.

Ils montrent la similarité et la ressemblance entre la restitution des corps par leur germination dans la terre après la descente de l'eau juste avant le souffle dans la Trompe, et la germination des plantes après la descente de la pluie. En plus, nous savons que les plantes se forment à partir de minuscules graines inertes et immobiles présentes dans la terre. Lorsque l'eau se déverse sur elles, la vie commence à s'y mouvoir, et les racines prennent position dans la terre, puis les tiges s'allongent en direction du ciel, et elles deviennent alors une plante complète.

L'homme sera recomposé, au Jour Dernier, à partir d'un petit os. Lorsque l'eau l'atteindra, il se développera à la manière d'une plante. Cet os est le coccyx, l'os courbe de l'épine dorsale, qui est l'origine du postérieur. Dans le *Sahih* de Boukhari et dans celui de Muslim, on a rapporté qu'Abou Houraïra (رضي الله عنه) a dit que le Messager d'Allah (ﷺ) a dit: *«Entre les deux souffles il y aura quarante. Puis descendra du ciel de l'eau, alors ils pousseront comme poussent les plantes. L'homme sera* [entièrement] *décomposé, sauf un* [de ses] *os qui est le coccyx, et c'est à partir de cet os que la création sera reconstituée au Jour de la Résurrection.»*

Dans le *Sahih* de Muslim, il a été rapporté un rajout concernant le coccyx: le Prophète (ﷺ) a dit: *«Il y a, dans l'homme, un os que la terre ne mangera jamais, et c'est à partir de cela qu'il sera reconstitué au Jour de la Résurrection.»* - Ils ont demandé: quel est cet os, ô Messager d'Allah? - Il a dit: *«C'est le coccyx.»*

Dans une variante rapportée par Muslim, Abou Daoud, Nassâ'i, et par l'imam Malik dans son *Mouwatta'*, le Messager d'Allah (ﷺ) a dit: *«Toutes les parties du corps du 'fils' d'Adam seront 'phagocyter' par la terre, sauf le coccyx, car c'est à partir de cela qu'a commencé sa création, et c'est à partir de cela qu'il sera reconstitué.»* [2]

Les Textes authentiques ont montré que les corps des Prophètes ne sont pas atteints par la décomposition et l'anéantissement qui atteignent les corps des serviteurs. Dans le Hadith rapporté par Abou Daoud et authentifié par Ibn Khouzeima et d'autres, le Prophète (ﷺ) a dit: *«Allah a interdit à la terre de 'phagocyter' les corps des Prophètes.»* [3]

SECTION 2

LA RESURRECTION EST UNE CREATION NOUVELLE

Allah rendra aux serviteurs leurs âmes. Mais ils seront recréés d'une création différente de celle de la vie ici-bas. De cette création, ils ne mourront jamais, quel que soit le fléau qui les atteindra:

﴾La mort lui viendra de toutes parts, mais il ne mourra pas.﴿

[Coran 14: 17]

---

2 *Jami'e El-Ossole,* vol. 10, p. 421, n° 7941.

3 Voir *Fat'hou El-Bâri,* vol. 6, p. 488, et *Sahih Sunan Abi Daoud,* n° 925.

Dans le Hadith rapporté par Al-Hâkim, selon une chaîne de transmission authentique, ‘Amr Ibn Meimoune Al-Awdi (ﷺ) a dit: Mou‘adh Ibn Jabal (ﷺ) s’est tenu debout parmi nous et a dit: «Ô Béni Awd! Je suis l’envoyé du Messager d’Allah (ﷺ) venu vous avertir que vous retournerez à Allah. Ensuite, vous irez soit au Paradis, soit en Enfer, pour y demeurer, et non pour quitter ce lieu. Unc éternité sans mort, dans des corps qui ne mourront pas.» (Rapporté par Tabarani dans *Al-Kabir* et *Al-Awsate,* dans des termes identiques) [4]

Dans cette création nouvelle, les serviteurs verront en ce Jour ce qu’ils étaient incapables de voir. Ils verront les Anges, les djinns et ce dont Allah (ﷻ) est connaisseur. Les gens du Paradis ne cracheront pas, ne produiront pas d’excréments et n’urineront pas.

Ceci ne signifie pas que ceux qui seront ressuscités, au Jour de la Rétribution, seront de nouvelles créatures, autres que celles de la vie ici-bas. Ibn Taymiya (qu’Allah lui fasse miséricorde) a dit: la création humaine est de deux types: ils s’accordent et se ressemblent par certains côtés mais sont différents et distincts par d’autres. C’est pour cela qu’Allah (ﷻ) a fait du Retour le point de départ et qu’Il en a également fait un semblable.

En considérant la concordance du point de départ et du Retour, on peut dire que le Retour est le point de départ. Et en considérant la différence entre les deux créations, on peut dire qu’elles s’apparentent. Ce principe est valable pour tout ce qui revit. Donc, la parole du retour nécessite le point de départ, et le retour... [5]

---

4 *Silsilate al-ahâdith assahiha*, vol. 4, p. 231, nº 1668.

5 *Majmou‘e El-Fatawa,* vol. 17, p. 253.

SECTION 3

LA PREMIERE CREATURE DONT LA TOMBE SERA OUVERTE

Celui qui sera ressuscité en premier et dont la tombe sera ouverte avant celle de tout autre être humain est notre Prophète Mohammed (ﷺ). Dans le *Sahih* de Muslim, on a rapporté qu'Abou Houraïra (رضي الله عنه) a dit que le Messager d'Allah (ﷺ) a dit: *«Je serai le maître des enfants d'Adam au Jour de la Résurrection, le premier dont l'on ouvrira la tombe, le premier à intercéder, et le premier dont on acceptera l'intercession.»* [6]

Dans le *Sahih* de Boukhari et dans celui de Muslim, on a rapporté qu'Abou Houraïra (رضي الله عنه) a dit: un musulman et un juif s'injuriaient. Le musulman a dit: par Celui qui a élu Mohammed dans l'Univers. Le juif a répondu: par Celui qui a élu Moïse dans l'Univers. Alors, le musulman leva sa main et gifla le juif. Ce dernier s'en est allé vers le Messager d'Allah (ﷺ) et l'informa de sa querelle avec le musulman. Il a dit: *«Ne me préférez pas à Moïse, car les hommes seront foudroyés et je serai le premier à reprendre connaissance, tandis que Moïse tiendra fermement à côté du Trône. Je ne saurai pas s'il aura été parmi ceux qui seront foudroyés et qu'il aura repris connaissance ou s'il aura été de ceux qu'Allah (سبحانه وتعالى) aura épargnés.»*

Dans une variante de Boukhari et de Muslim: *«...Et l'on soufflera dans la Trompe, et seront foudroyés ceux qui seront dans les cieux et ceux qui seront sur la terre, sauf ceux qu'Allah voudra. Puis on soufflera une seconde fois, et je serai le premier à être ressuscité, et voilà que Moïse tiendra au Trône. Je ne saurai pas s'il*

---

[6] *Sahih* de Muslim, livre des vertus, chapitre des vertus de la généalogie du Prophète, vol. 4, p. 1782, n° 2278.

aura été épargné, du fait du foudroiement au Mont At-Tôr, ou s'il aura été ressuscité avant moi.» [7]

SECTION 4

LE RASSEMBLEMENT DE TOUTES LES CREATURES DANS LE VASTE ESPACE

Allah (ﷻ) a dénommé le Jour de la Rétribution Jour du Rassemblement, car Il rassemblera tous Ses serviteurs en ce Jour:

﴾C'est un jour où les gens seront rassemblés, et c'est un jour solennel.﴿ *[Coran 11: 103]*

Les premiers et les derniers seront égaux lors de ce Rassemblement:

﴾Dis: en vérité les premiers et les derniers seront réunis pour le rendez-vous d'un jour connu.﴿ *[Coran 56: 49-50]*

La puissance d'Allah (ﷻ) cernera Ses serviteurs, et rien ne Lui sera impossible. Il sera capable de les ressusciter où ils sont morts, que ce soit au fin fond du cosmos ou au plus profond de la terre, et même si les rapaces les avaient mangés ou si les bêtes sauvages ou les poissons de mer les avaient dévorés, ou s'ils avaient disparu de leurs sépulcres: pour Allah (ﷻ), c'est du pareil au même:

﴾... Où que vous soyez, Allah vous ramènera tous vers Lui, car Allah est certes Omnipotent.﴿ *[Coran 2: 148]*

De même que la puissance d'Allah (ﷻ) englobe Ses serviteurs, où qu'ils soient et qu'elle les ramènera où qu'ils soient, de même que Sa science embrasse toute Sa création. Il n'oublie personne parmi eux, tout comme Il n'en égarera aucun d'eux, et personne d'entre eux

---

[7] *Jami'e El-Ossole,* vol. 8, p. 513, n° 6308.

ne sera exempté. Leur Créateur (ﷻ) les a dénombrés et bien comptés:

﴾Tous ceux qui sont dans les cieux et sur la terre se rendront, auprès du Miséricordieux, comme serviteurs. Il les a certes dénombrés et bien comptés. Et au Jour de la Résurrection, chacun d'eux se rendra seul auprès de Lui.﴿

[Coran 19: 93-95]

﴾Et Nous les rassemblerons sans en omettre un seul.﴿

[Coran 18: 47]

Ces Textes, de par leur globalité, indiquent que le Rassemblement sera celui de toutes les créatures (hommes, djinns, Anges). Il n'est pas infondé de croire que le Rassemblement concernera aussi les animaux. Les gens de science ont divergé au sujet du rassemblement des animaux.

Cheikh Al-Islam Ibn Taymiya (qu'Allah lui fasse miséricorde) pense que les animaux seront rassemblés. Il a dit: Allah (ﷻ) rassemblera tous les animaux, comme l'ont indiqué le Coran et la Sunna. Le Très-Haut (ﷻ) dit:

﴾Aucune bête marchant sur terre, aucun oiseau volant de ses ailes, qui ne soit comme vous en communautés; Nous n'avons rien omis d'écrire dans le Livre. Puis c'est vers leur Seigneur qu'ils seront rassemblés.﴿ *[Coran 6: 38]*

﴾Et les bêtes sauvages rassemblées.﴿ *[Coran 81: 5]*

﴾Parmi Ses preuves est la création des cieux et de la terre, et des êtres vivants qu'Il y a disséminés. Il a en outre le pouvoir de les réunir lorsqu'Il voudra.﴿.[8] *[Coran 42: 29]*

Qortobi a rapporté la divergence qui existe entre les gens de science au sujet du rassemblement des animaux en optant pour la thèse qui dit que ceci se réalisera, d'après les Hadiths authentiques

---

8 *Majmou'e El-Fatawa,* vol. 4, p. 248.

s'y rapportant. Il a dit: les gens de science ont divergé au sujet du rassemblement des animaux, et sur la loi du talion entre eux. On a rapporté d'Ibn Abbas (ﷺ) que le rassemblement des animaux sera leur mort. *(Ceci a été rapporté par Dhahâk)*

Dans une autre variante, d'après Ibn Abbas (ﷺ): «Les animaux seront rassemblés et ressuscités», ce qui a été également affirmé par Abou Dherr (ﷺ), Abou Houraïra (ﷺ), Amr Ibn Al-'As (ﷺ), Al-Hassan Al-Basri et d'autres. Ceci est la vérité, d'après les Paroles du Très-Haut (ﷻ):

﴾Et les bêtes sauvages rassemblées.﴿ *[Coran 81: 5]*

﴾Puis c'est vers leur Seigneur qu'ils seront rassemblés.﴿ *[Coran 6: 38]*

Abou Houraïra (ﷺ) a dit: «Allah rassemblera toutes les créatures au Jour de la Résurrection: les animaux, les oiseaux, les bêtes et [*enfin*], tout... La Justice d'Allah atteindra sa plénitude, le mouton sans corne se vengera du mouton bicornu [*du coup qu'il lui a porté*]. Puis Il dira: ''Soyez poussière''. C'est à cet égard qu'Allah a rapporté les propos des mécréants:

﴾...Et l'infidèle dira: hélas pour moi! Comme j'aurais aimé être poussière﴿.»[9] *[Coran 78: 40]*

SECTION 5

LA DESCRIPTION DU RASSEMBLEMENT DES SERVITEURS

Les serviteurs seront rassemblés nus, pieds nus et non circoncis. Dans le *Sahih* de Boukhari et dans celui de Muslim, on a rapporté que

9 *At-Tadhkira* de Qortobi, p. 273.

Ibn Abbas (رضي الله عنه) a dit que le Prophète (ﷺ) a dit: *«Vous serez rassemblés nus, pieds nus et non circoncis.»* Puis il a récité:

> ﴿Tout comme Nous avons commencé la première création, ainsi Nous la répéterons; c'est une promesse qui Nous incombe et Nous l'accomplirons﴾ [10] *[Coran 21: 104]*

Lorsque 'Aïcha a entendu le Messager d'Allah (ﷺ) dire que les gens seront rassemblés, au Jour de la Résurrection, nus, pieds nus et non circoncis, elle dit: ô Messager d'Allah! Les hommes et les femmes ensemble! Ils se regarderont les uns les autres? - Il a dit: *«Ô 'Aïcha! La question sera tellement grave, qu'ils ne penseront même pas à se regarder les uns les autres.»* Rapporté par Boukhari et Muslim. [11]

Il a été rapporté dans certains textes que l'homme sera ressuscité dans les habits qu'il portait quand il décéda. Il a été rapporté par Abou Daoud, Ibn Hibbane et Al-Hâkim, qu'Abou Saïd Al-Khoudri (رضي الله عنه), lorsque son heure est arrivée, a demandé qu'on lui apporte des habits neufs, et il s'en est vêtu. Puis il a dit: j'ai entendu le Messager d'Allah (ﷺ) dire: *«Le mort sera ressuscité dans les habits dans lesquels il est décédé.»*

Al-Hâkim a dit: ce Hadith est authentique, d'après les conditions établies par Boukhari et Muslim. Dhahabi l'a approuvé, et cheikh Al-Albani a dit: ce Hadith est tel qu'ils l'ont affirmé. [12]

Beihaqi a concilié ce Hadith avec le Hadith précédent, selon trois cas de figure:

- ***Premièrement:*** leurs habits seront délabrés une fois sortis des tombes. Et lorsqu'ils arriveront à l'Emplacement du Rassemblement, ils seront nus. Puis on les habillera des vêtements du Paradis.

---

[10] *Michkatou El-Massabih,* vol. 3, p. 75, n° 5535.

[11] *Idem,* n° 5536.

[12] *Silsilate al-ahâdith assahiha,* vol. 4, p. 234, n° 1671.

- ***Deuxièmement:*** on rhabillera les Prophètes, puis les gens véridiques, puis ceux qui les suivent, selon leurs degrés. L'habit de chaque homme sera de la nature de l'état dans lequel il est mort. Puis, quand ils entreront au Paradis, on les habillera des vêtements du Paradis.

- ***Troisièmement:*** ce que l'on entend ici par la nature des vêtements, c'est la nature des actes, c'est-à-dire que l'homme sera ressuscité selon ses actes, bons ou mauvais, au moment où il est mort. Allah le Très-Haut (ﷻ) dit:

﴾Et le vêtement de la piété, voilà qui est meilleur.﴿

[Coran 7: 26]

﴾Et tes vêtements, purifie-les.﴿ *[Coran 74: 4]*

Beihaqi, pour le dernier cas, a pris comme argument le Hadith rapporté par Al-A'mèche, d'après Abou Soufiane (رضي الله عنه) selon Jâbir (رضي الله عنه) qui a dit que le Messager d'Allah (ﷺ) a dit: *«Chaque serviteur sera ressuscité selon l'état dans lequel il est mort.»* [13]

Le Hadith de Jâbir (رضي الله عنه) a été rapporté par Muslim dans son *Sahih.* [14]

On ne doit pas comprendre par cela que le serviteur sera ressuscité dans le linceul dans lequel il a été enterré ou dans les habits avec lesquels il a été enseveli, mais il faut en comprendre qu'il sera ressuscité selon l'état de foi, de mécréance, de conviction ou de doute dans lequel il est mort. Tout comme il sera ressuscité selon l'acte qu'il effectuait lors de sa mort. Ceci nous est indiqué par ce qui a été rapporté par Muslim dans son *Sahih*, d'après Abdallah Ibn Omar (رضي الله عنه) qui a dit: j'ai entendu le Messager d'Allah (ﷺ) dire: *«Quand Allah veut châtier un peuple, ce châtiment atteint tous ceux qui se*

---

[13] *Nihaya* d'Ibn Kathir, vol. 1, p. 288.

[14] *Sahih* de Muslim, vol. 4, p. 2206, nº 2878.

trouvent avec lui. Puis ils seront ressuscités selon leurs intentions.» [15]

Donc, celui qui meurt en état de sacralisation sera ressuscité, le Jour de la Résurrection, en prononçant les paroles de la *Talbiya.* Dans le *Sahih* de Boukhari, dans celui de Muslim et dans le *Musned* d'Ahmed, on a rapporté que Abdallah Ibn Abbas (رضي الله عنهما) a dit: un homme était en compagnie du Prophète (ﷺ), et sa chamelle l'a fait chuter: il s'est brisé le cou et décéda en état de sacralisation. Le Messager d'Allah (ﷺ) a dit: *«Lavez-le avec de l'eau et du jujubier, et ensevelissez-le dans ses deux vêtements. Ne le parfumez pas et ne couvrez pas sa tête car il sera ressuscité, le Jour de la Résurrection, en prononçant les paroles de la* Talbiya.» [16]

Le martyr sera ressuscité, le Jour de la Résurrection, avec sa plaie d'où coulera un liquide de couleur sang et dont l'odeur sera celle du musc.

C'est pourquoi il est préférable de faire prononcer au mourant le Témoignage qu'il n'y a de divinité qu'Allah (تعالى). Ainsi, il se pourra qu'il meure en croyant à l'unicité d'Allah (تعالى), ensuite qu'il soit ressuscité, le Jour de la Résurrection, en prononçant cette bonne parole.

---

[15] *Idem,* n° 2879.

[16] *Michkatou El-Massabih,* vol. 1, p. 520, n° 1637. En outre, la *Talbiya* est une formule que prononce le pèlerin lorsqu'il est en état de sacralisation. *[Trad.]*

SECTION 6

L'HABILLEMENT DES SERVITEURS LE JOUR DU RETOUR

Nous avons déjà indiqué qu'Allah (ﷻ) rassemblera les serviteurs nus, pieds nus et non circoncis, comme l'ont authentifié les Hadiths à ce sujet. Puis on vêtira les serviteurs, et ceux, vertueux, seront vêtus d'habits nobles. Quant aux mauvais, ils seront couverts de goudron et de gilets de gale, ainsi que d'autres habits aussi répugnants qu'affreux.

Le premier serviteur d'Allah (ﷻ) à être vêtu sera Ibrahim le prophète d'Allah, l'Intime du Miséricordieux *(Khalîl Arrahmane).* Dans le *Sahih* de Boukhari, on a rapporté d'après Ibn 'Abbas (رضي الله عنه) que le Prophète (ﷺ) a dit: *«La première des créatures à être vêtue, le Jour de la Résurrection, sera Abraham l'Intime* [d'Allah].*»* [17]

Ibn Hajar a dit:...Beihaqi a rapporté d'après Ibn 'Abbas (رضي الله عنه) les mêmes propos du Hadith de ce chapitre, avec un rajout: *«Le premier à être vêtu* [des vêtements] *du Paradis, sera Abraham. Il sera habillé d'une* houllah *du Paradis. On lui apportera une chaise qui sera placée à la droite du Trône, puis on me conduira et on m'habillera d'une* houlla *du Paradis que nul autre parmi les humains ne portera.»* [18] [*Houlla*: un habit en deux parties dont l'une recouvre l'autre]

Les savants ont justifié la primeur de l'habillement d'Ibrahim, le Jour de la Résurrection, par le fait que nul parmi les premiers, ni parmi les derniers, n'a craint Allah (ﷻ) plus que lui. On se hâtera de l'habiller en signe de sécurité, afin que son cœur se tranquillise. Il est

---

[17] *Sahih* de Boukhari, livre des *Riqaq,* chapitre du rassemblement; *Fat'hou El-Bâri,* vol. 11, p. 377. Au livre des prophètes, voir *Idem,* vol. 6, p. 387.

[18] *Idem,* vol. 11, p. 384.

plus que probable - comme il est rapporté dans le Hadith - qu'«il ait été le premier à se vêtir d'un saroual (large pantalon) lorsqu'il priait, pour se couvrir et protéger son sexe et afin qu'il ne soit pas en contact avec l'endroit de sa prière. Il a ainsi fait ce qu'on lui a ordonné». Il fit ce qui lui avait été ordonné et il sera récompensé en étant le premier à être vêtu le Jour de la Résurrection. Mais il se pourrait aussi que ce soit ainsi parce que ceux qui l'ont jeté dans le feu l'ont dépouillé de ses vêtements sous le regard de tout le monde, comme l'on faisait pour exécuter quelqu'un. Sa récompense, le Jour de la Résurrection, sera donc qu'il sera le premier à être vêtu en public. Cette explication est la meilleure.» [19]

[19] *At-Tadhkira,* p. 209.

CHAPITRE 4

LA TERRE OU AURA LIEU LE RASSEMBLEMENT

La terre sur laquelle les serviteurs seront rassemblés le Jour de la Résurrection sera une terre différente de cette terre-ci. Le Très-Haut (ﷻ) dit:

﴾Au jour où la terre sera remplacée par une autre terre, de même que les cieux, et où ils comparaîtront devant Allah, l'Unique, le Dominateur Suprême.﴿ *[Coran 14: 48]*

Le Messager d'Allah (ﷺ) nous a décrit la terre nouvelle où se déroulera le Rassemblement. Dans le *Sahih* de Boukhari et dans le *Sahih* de Muslim, on a rapporté que Sahl Ibn Sa'd (رضي الله عنه) a dit: j'ai entendu le Messager d'Allah (ﷺ) dire: «*Les gens seront rassemblés, le Jour de la Résurrection, sur une terre blanchâtre mêlée de rouge* ('afrâou = عفراء) *comme un disque blanc* (an-naqiyou = النّقي).» Sahl (رضي الله عنه) ou quelqu'un d'autre a dit: sur cette terre, il n'y aura trace de personne.[1]

---

[1] *Sahih* de Boukhari, livre des *Riqaq,* chapitre de l'empoignade de la terre par Allah. *Fat'hou El-Bâri,* vol. 11, p. 372; *Sahih* de Muslim, livre de la description des hypocrites, chapitre de la Résurrection, vol. 4, p. 215, n° 2890. Les termes de ce Hadith sont ceux que Boukhari a rapportés.

Al-Khattabi a dit: *al-'afar* = العفر n'est pas un blanc pur. 'Iyadh a dit: *al-'afar*, c'est le blanc qui est légèrement mêlé de rouge. Et Ibn Faris a dit: le sens de *'afar* est un blanc pur.[2]

Boukhari et Muslim ont rapporté plusieurs textes d'après plusieurs Compagnons, indiquant le sens du Hadith que nous avons cité ici. Abdou Ibn Houmeid et Tabari dans leurs *Tafsir* et Beihaqi dans *Chou'ab Al-Imêne*, ont rapporté qu'Amr Ibn Meimoune (رضي الله عنه), d'après Abdallah Ibn Massoud (رضي الله عنه), concernant la Parole du Très-Haut (سبحانه وتعالى):

﴿Le jour où la Terre sera remplacée par une autre Terre﴾ *[Coran 14: 48]*,

qu'il a dit: «La Terre sera remplacée par une Terre qui sera semblable à de l'argent, où il n'y a pas eu d'écoulement de sang illicite et où l'on n'a commis aucun péché.» Les hommes de cette chaîne de transmission sont des hommes qui ont été authentifiés par Boukhari et Muslim, et ce Hadith est *mawqouf*.

Beihaqi l'a rapporté selon une autre chaîne de transmission remontant jusqu'au Prophète (ﷺ). Beihaqi a dit: le Hadith *mawqouf* est plus authentique.[3]

Tabari et Al-Hâkim ont rapporté, par la voie de 'Assim, qu'il a été rapporté qu'Ibn Massoud (رضي الله عنه) a dit que la Terre sera une Terre blanche ressemblant à un lingot d'argent. Les hommes de cette chaîne de transmission sont des hommes dignes de confiance.[4]

On a rapporté, d'après Abdou Ibn Houmeid, par la voie d'Ibn Abane, que 'Ikrima a dit: «Il nous est parvenu que cette Terre sera celle de la vie ici-bas pliée, et sur son flanc seront rassemblés les gens.»

---

[2] *Fat'hou El-Bâri,* vol. 11, p. 375.

[3] *Fat'hou El-Bâri,* vol. 11, p. 375.

[4] *Ibid.*

Dans le long Hadith de la Trompe, il nous a été rapporté que: *«Cette Terre, c'est-à-dire celle de ce monde, sera remplacée par une autre Terre, de même que les cieux, et Allah l'étendra, l'aplanira et l'allongera comme la terre de 'Oukadh, où l'on ne verra ni distorsion ni défaut. Puis Allah appellera les créatures d'une seule sommation et ils se trouveront sur cette Terre changée, à leur premier emplacement, et ce qui se trouvait à l'intérieur sera à l'intérieur, et ce qui se trouvait au-dessus sera au-dessous.»* [5]

Certains savants ont pensé que ce qui sera changé de la Terre ne concernera que ses caractéristiques. Dans ce cadre il y a le Hadith *mawqouf* d'Abdallah Ibn 'Amr (رضي الله عنه): *«Au Jour de la Résurrection, la Terre sera allongée en une surface de terre nivelée et aplanie, et les créatures y seront rassemblées.»* [6] Il y a également le Hadith de Jabir (رضي الله عنه) dans lequel il a dit: le Prophète (ﷺ) a dit: *«La Terre sera allongée en une surface de terre nivelée et aplanie. Il n'y aura du 'fils' d'Adam, sur cette Terre, que l'emplacement de ses pieds.»*

Les hommes de cette chaîne de transmission sont des hommes dignes de confiance, mais une seule divergence subsiste avec Az-Zouhri en ce qui concerne ses Compagnons. [7]

Il y aussi, dans *Fat'hou El-Bâri,* vol. 11, p. 376, le Hadith d'Ibn Abbas (رضي الله عنه) concernant l'explication de la Parole du Très-Haut (سبحانه وتعالى):

﴿Le jour où la Terre sera remplacée par une autre Terre﴾.

Il a dit: *«On y rajoutera et on en enlèvera. Ses montagnes, ses collines, ses vallées et ses arbres disparaîtront, et elle sera allongée comme la surface de la terre de 'Oukadh.»*

---

[5] *Fat'hou El-Bâri,* vol. 11, p. 375. 'Oukadh était une place nivelée où se situait le marché et où les poètes venaient réciter leurs poèmes, au temps du Prophète. Elle se trouvait au nord-est de la ville de Taëf. [*Trad.*]

[6] Cet *athar* a été authentifié par cheikh Al-Albani dans *Silsilate al-ahâdith assahiha*, vol. 4, p. 607. [*Trad.*]

[7] *Fat'hou El-Bâri,* vol. 11, p. 376.

Le moment où la Terre sera remplacée par une autre Terre, de même que les cieux.

Le Messager d'Allah (ﷺ) nous a informés que le moment, où le changement se fera, sera celui où les gens passeront sur le Pont ou juste un peu avant. Dans le *Sahih* de Muslim, Aïcha a dit au sujet de la parole du Tout-Majestueux Plein de Noblesse (سبحانه وتعالى): j'ai posé la question au Messager d'Allah (ﷺ) à propos de Son verset ﴾Le jour où la Terre sera remplacée par une autre Terre, de même que les cieux﴿: mais où seront les gens, ô Messager d'Allah? - Il a dit: *«Sur le Pont.»* [8]

On a également rapporté dans le *Sahih* de Muslim, que Thawbane (رضي الله عنه) a dit: un rabbin a demandé au Messager d'Allah (ﷺ): où seront les gens le jour où la Terre sera remplacée par une autre Terre, de même que les cieux? - Le Messager d'Allah (ﷺ) a dit: *«Ils seront dans les ténèbres, avant le Pont.»* [9] Le Pont est le *Sirate*.

---

[8] *Sahih* de Muslim, livre de la description des hypocrites, chapitre de la Résurrection, vol. 4, p. 2150, n° 2791.

[9] *Idem*, livre des menstrues, chapitre de la description du sperme de l'homme..., vol. 1, p. 252, n° 315.

CHAPITRE 5

CEUX QUI DEMENTENT LA RESURRECTION ET LES PREUVES DE SON AVENEMENT

SECTION PREMIERE

CEUX QUI NIENT LA RESURRECTION

De nombreuses personnes, parmi les anciens et les contemporains, ont démenti la venue de la Résurrection. Certains parmi ceux qui l'ont confirmée l'ont imaginée et décrit d'une façon différente de celle décrite par les Messagers.

Le Coran a fait mention des dires de ceux qui la démentent, et les a blâmés, reniés puis menacés. Le Très-Haut (ﷻ) a dit:

> ﴿Et si tu dois t'étonner, rien n'est plus étonnant que leurs dires: quand nous serons poussières, reviendrons-nous vraiment comme une nouvelle création? Ceux-là sont ceux qui ne croient pas en leur Seigneur. Et ce sont eux qui auront des jougs à leurs cous. Et ce sont eux les gens du Feu, où ils demeureront éternellement.﴾ *[Coran 13: 5]*

﴾Et ils disent: il n'y a pas *[d'autre vie]* pour nous que celle de la vie ici-bas, et nous ne serons pas ressuscités. Si tu les voyais quand ils comparaîtront devant leur Seigneur, Il leur dira: ceci n'est-il pas la vérité? - Ils diront: mais si, par notre Seigneur! Et Il dira: goûtez alors au châtiment pour n'avoir pas cru.﴿ *[Coran 6: 29-30]*

﴾Et ils disent: quand nous serons ossements et poussière, serons-nous ressuscités en une nouvelle création? Dis: soyez pierre ou fer ou toute créature que vous trouviez imposante. Ils diront alors: qui donc nous fera revenir? Dis: Celui qui vous a créés la première fois.﴿*[Coran 17: 49-51]*

Les textes sur ce point sont nombreux.

Ibn Taymiya a exposé les différents types de personnes qui traitent de mensonge la Résurrection, parmi les juifs, les chrétiens, les sabéens, les philosophes et les hypocrites de cette communauté.

Il a dit: les mécréants parmi les juifs et les chrétiens renient l'existence de la nourriture, de la boisson et du mariage au Paradis. Ils prétendent que les gens du Paradis jouiront seulement de sons mélodieux et auront des âmes bonnes qui connaîtront des délices. Néanmoins, ils reconnaissent la résurrection de l'âme et de son corps, les délices et les supplices qui attendent les hommes.

Quant aux groupes des mécréants, des sabéens, des philosophes et de ceux qui les approuvent, ils reconnaissent uniquement la résurrection des âmes, ses délices et supplices. Certains parmi les mécréants, les polythéistes et autres, mécroient totalement à la Résurrection et ne reconnaissent ni la résurrection des âmes, ni celle des corps. Or, Allah le Très-Haut (ﷻ) a montré dans Son Livre - par la parole de Son Messager (ﷺ) - que la résurrection des âmes et des corps aura lieu. Et Il a répondu aux propos des infidèles et de ceux qui y mécroient, par une démonstration extrêmement complète.

Quant aux hypocrites de cette communauté, qui renient les propos reconnus du Coran et de la Sunna et qui détournent les paroles de leurs sens, ils disent que ces exemples ont été cités pour que l'on comprenne que la Résurrection sera une résurrection des âmes. Ceux-là sont comparables aux Qarmates ésotériques dont les thèses sont inspirées des Mazdéens et des sabéens, ainsi qu'aux philosophes sabéens qui appartiennent à l'Islam et un groupe qui leur est semblable certains écrivains, des gens qui se prétendent guérisseurs mais qui ne le sont pas, des gens du *Kalam* (''parathéologie''), des soufis, les auteurs des *Rassaïle assafa* (Lettres de la pureté), des hypocrites et bien d'autres. Et tous ces gens-là sont des mécréants qu'il faut tuer selon l'avis unanime des gens de la foi. [1]

Il a écrit dans un autre passage que: les gens ésotériques interprètent ce qui a été promis aux gens dans l'Au-delà, en affirmant qu'il s'agit de paraboles citées afin de leur faire comprendre les jouissances et souffrances que connaîtra l'âme après la mort, et non de propos décrivant exactement les situations diverses dont elle jouira et dont elle souffrira. [2]

Ce qui revient à dire injustement que Allah (ﷻ) et Son Messager (ﷺ) n'ont pas été véridiques dans les informations qu'ils ont données concernant les événements qui se produiront le Jour de la Résurrection.

C'est la raison pour laquelle *cheikh Al-Islam* Ibn Taymiya a qualifié ce groupe de philosophes - qui sont en contradiction avec les musulmans au sujet de la Résurrection - de gens de l'illusion.

Il a dit à leur sujet: les gens de l'illusion sont les philosophes et ceux qui suivent leur voie, comme les gens du *Kalam* (''parathéologie''), les soufis et celui qui prétend avoir de la

---

1 *Majmou'e El-Fatawa*, vol. 4, p. 313.

2 *Idem,* vol. 13, p. 238.

bonne compréhension dans la religion mais qui ne la possède pas, tous ceux qui disent: ce que le Messager a affirmé, en ce qui concerne la foi en Allah et au Jour Dernier, n'est seulement qu 'une évocation imaginaire de ces réalités afin que le peuple en tire profit. De plus, il n'a pas montré la vérité, ni guidé la création, et il n'a pas exposé clairement les réalités.'' [3]

Nous pouvons donc classer ceux qui ont démenti la Résurrection en trois catégories:

- **Premièrement:** les athées qui renient l'existence du Créateur (سبحانه وتعالى). Parmi eux se trouvent beaucoup de philosophes athées naturistes. Il y a notamment les communistes de notre temps. Ceux-là rejettent l'idée selon laquelle la création vient d'un Créateur (سبحانه وتعالى), ils renient la première et la seconde création (le Commencement et la Résurrection), et ils renient entièrement l'existence du Créateur (سبحانه وتعالى). Il n'est donc pas convenable de débattre avec eux de la Résurrection, mais il convient plutôt de débattre avec eux de l'existence du Créateur (سبحانه وتعالى) et de Son Unicité en premier, puis de la réalité de la Résurrection, car la foi en la Résurrection relève de la foi en Allah (سبحانه وتعالى).

- **Deuxièmement:** ceux qui reconnaissent l'existence du Créateur (سبحانه وتعالى), mais qui renient la Résurrection. Parmi eux se trouvent des arabes au sujet desquels Allah (سبحانه وتعالى) a dit:

> ﴿Et si tu leur demandes: qui a créé les cieux et la terre? - Ils diront, certes: Allah!﴾ *[Coran 31: 25]*

Allah (سبحانه وتعالى) a rappelé ce qu'ils disent:

> ﴿Est-ce que, quand nous serons poussière, nous et nos pères, est-ce que vraiment on nous fera sortir *[de nos tombes]*? Certes, on nous l'a promis à nous et à nos pères, auparavant. Ce ne sont que des contes d'anciens!﴾ *[Coran 27: 67-68]*

---

3 *Majmou'e El-Fatawa,* vol. 5, p. 31

Ceux-là prétendent croire en Allah (ﷻ), mais ils prétendent qu'Allah est incapable de leur redonner vie après leur mort. Ceux-là sont ceux à qui Allah (ﷻ) a cité des paraboles et a apporté des preuves et des arguments pour montrer Sa Capacité à accomplir la Résurrection. Et rien ne Lui (ﷻ) est impossible. Parmi eux, il y a aussi un groupe de juifs qui se nomment les *Sâdoukiyyine* qui prétendent uniquement croire à la Torah de Moïse et renient la Résurrection, le Paradis et l'Enfer.

- **Troisièmement:** Ceux qui croient à la Résurrection, mais dans une interprétation différente de celle rapportée par les législations divines.

SECTION 2

LES PREUVES DE LA RESURRECTION

La foi en la Résurrection a été exposée par le saint Coran et la noble Sunna prophétique. Le Coran tout entier, du début à la fin, est rempli de citations des étapes du Jour de la Résurrection, et de détails relatifs aux événements qui s'y accompliront. Cela est prouvé par les informations véridiques et les paraboles citées afin d'orienter les hommes et leur permettre d'en tirer des leçons. Aussi le Coran a-t-il cité des preuves de la Résurrection, a réfuté les propos de ceux qui la traitent de mensonge et a dénoncé leurs mensonges et calomnies.

La nature saine pressent la réalité de la Résurrection, et guide sa réflexion vers elle. Ce que prétendent les gens égarés - à savoir que la raison réfute la réalisation de la Résurrection - est faux car rien dans les raisonnements de la pensée n'interdit sa réalisation, et les Prophètes n'apportent pas un message contraire à la raison, même si ce Message peut dérouter et embarrasser la raison. C'est pour cela que nos savants disent: ''Les lois divines viennent en harmonie avec la raison, et non en contradiction avec elle''.

Nous évoquerons les preuves fermes, en faveur de la Résurrection, que nous avons tirées du Saint Coran.

— **Premièrement: La mention faite par l'Omniscient le Parfaitement Connaisseur de l'accomplissement de la Résurrection.**

L'une des plus grandes preuves indiquant l'accomplissement de la Résurrection, est la mention faite par le Véridique (ﷺ) en ce qui la concerne. Quiconque croit en Allah (ﷻ), déclare véridique Son Messager (ﷺ) qu'Il a envoyé, et le Livre qu'Il a descendu, ne peut qu'avoir foi en la Résurrection, et en tout ce qui touche la Rétribution et le Compte, le Paradis et l'Enfer.

Allah (ﷻ) a présenté la Résurrection sous des aspects très divers afin que l'information soit bien ancrée dans les esprits et plus ferme dans les cœurs.

1- Dans certains passages du Coran, Allah (ﷻ) nous informe de l'accomplissement de ce Jour, en renforçant cette déclaration avec des particules de certitude et de confirmation, comme dans les Paroles du Très-Haut (ﷻ):

﴿L'Heure va certes arriver. Je la cache à peine...﴾ *[Coran 20: 15]*

﴿Et l'Heure sans aucun doute arrivera! Pardonne donc d'*[un]* beau pardon.﴾ *[Coran 15: 85]*

﴿Ce qui vous a été promis arrivera certainement.﴾ *[Coran 6: 134]*

﴿Ce qui vous est promis est inéluctable.﴾ *[Coran 77: 7]*

2- Dans d'autres passages, Allah le Très-Haut (ﷻ) jure par l'accomplissement de la Résurrection et par son avènement:

﴾Allah, pas de divinité à part Lui! Très certainement Il vous rassemblera au Jour de la Résurrection, point de doute là-dessus.﴿ *[Coran 4: 87]*

Allah (ﷻ) certifie la véracité de son accomplissement en jurant sur ce qu'Il veut de Sa création:

﴾Par les vents qui éparpillent! Par les porteurs de fardeaux! Par les glisseurs agiles! Par ceux qui distribuent, selon un commandement! Ce qui vous est promis est certainement vrai. Et la Rétribution arrivera inévitablement.﴿ *[Coran 51: 1-6]*

﴾Par At-Tôr! Et par un Livre écrit sur un parchemin déployé! Et par la Maison peuplée! Et par la voûte élevée! Et par la mer portée à ébullition! Le châtiment de ton Seigneur aura lieu inévitablement. Nul ne pourra le repousser.﴿ *[Coran 52: 1-8]*

3- Ailleurs, Allah (ﷻ) ordonne à Son Messager (ﷺ) d'attester par un serment l'accomplissement de la Résurrection, et ce, en réponse à ceux qui démentent et renient ce Jour. Comme dans les Paroles du Très-Haut (ﷻ):

﴾Ceux qui ne croient pas disent: l'Heure ne nous viendra pas. Dis: par mon Seigneur! Très certainement elle vous viendra.﴿ *[Coran 34: 3]*

﴾Et ils s'informent auprès de toi: est-ce vrai? Dis: oui, par mon Seigneur! C'est bien vrai.﴿ *[Coran 10: 53]*

﴾Ceux qui ont mécru prétendent qu'ils ne seront point ressuscités. Dis: mais si, par mon Seigneur! Vous serez très certainement ressuscités, puis vous serez certes informés de ce que vous faisiez.﴿ *[Coran 64: 7]*

4- Dans d'autres passages, Allah (ﷻ) blâme ceux qui nient la Résurrection, comme, dans Ses paroles:

﴾Perdants seront, alors, ceux qui auront traité de mensonge la rencontre d'Allah, et ils n'auront pas été bien guidés.﴿ *[Coran 10: 45]*

﴾Et ceux qui discutent à propos de l'Heure sont dans un égarement lointain.﴿ *[Coran 42: 18]*

﴾Mais leurs sciences se sont rejointes au sujet de l'autre monde. Ils doutent plutôt là-dessus. Ou plutôt ils sont aveugles à son sujet.﴿ *[Coran 27: 66]*

5- Parfois, Allah (ﷻ) fait l'éloge des croyants qui croient au Retour:

﴾Mais ceux qui sont bien enracinés dans la science disent: nous y croyons, tout est de la part de notre Seigneur! Mais seuls les doués d'intelligence se le rappellent. Seigneur, ne laisse pas dévier nos cœurs après que Tu nous as guidés, et accorde-nous Ta miséricorde. C'est Toi certes le Grand Donateur. Seigneur, c'est Toi qui rassembleras les gens un jour en quoi il n'y a pas de doute. Allah, vraiment, ne manque jamais à Sa promesse.﴿ *[Coran 3: 7-9]*

﴾*Alif, Lâm, Mîm.* C'est le Livre au sujet duquel il n'y a aucun doute, c'est un guide pour les gens pieux qui croient à l'Invisible et accomplissent parfaitement la Prière et dépensent *[dans l'obéissance à Allah]* de ce que Nous leur avons attribué, ceux qui croient à ce qui t'a été révélé et à ce qui a été révélé avant toi et qui croient fermement à la vie future. Ceux-là sont sur le bon chemin de leur Seigneur, et ce sont eux qui réussissent *[dans cette vie et dans l'Au-delà].*﴿ *[Coran 2: 1-5]*

﴾La bonté pieuse ne consiste pas à tourner vos visages vers le Levant ou le Couchant, mais la bonté pieuse consiste à croire en Allah, au Jour Dernier, aux Anges, au Livre et aux Prophètes.﴿ *[Coran 2: 177]*

6- Parfois, Allah (ﷻ) annonce que ce jour est une promesse véridique, une information indispensable et un terme fixé sur lequel il n'y a aucun doute:

﴾C'est un jour où les gens seront rassemblés, et c'est un jour solennel! Et Nous ne le retardons que pour un terme bien déterminé.﴿ *[Coran 11: 103-104]*

﴾Ô hommes! Craignez votre Seigneur, et redoutez un jour où le père ne répondra en rien pour son enfant, ni l'enfant pour son père. La promesse d'Allah est vérité.﴿ *[Coran 31: 33]*

﴾Et ils disent: à quand cette promesse, si vous êtes véridiques? Dis: le rendez-vous est pour un jour que vous ne saurez retarder d'une heure, ni avancer!﴿ *[Coran 34: 29-30]*

﴾Laisse-les donc s'enfoncer dans leur fausseté et s'amuser jusqu'à ce qu'ils rencontrent le jour qui leur est promis.﴿ *[Coran 43: 83]*

﴾Ce qui vous est promis est certainement vrai?﴿ *[Coran 51: 5]*

7- À certains moments, Allah (ﷻ) annonce l'avènement de ce jour et son approche:

﴾Ils le voient bien loin, alors que Nous le voyons bien proche.﴿ *[Coran 70: 6-7]*

﴾L'Ordre d'Allah arrive, ne le hâtez donc pas.﴿ *[Coran 16: 1]*

﴾L'Heure approche, et la lune s'est fendue.﴿ *[Coran 54: 1]*

8- Dans d'autres passages, Allah (ﷻ) se loue d'avoir le pouvoir de rendre la vie à Ses créatures après leur mort. Puis, Il dénigre les divinités que les polythéistes adorent, à cause de leur incapacité à réaliser la création et à la refaire, comme c'est le cas, par exemple, dans Ses paroles:

﴾Mais ils ont adopté, en dehors de Lui, des divinités, qui étant elles-mêmes créées, ne créent rien, et qui ne possèdent pas la faculté de faire ni le mal, ni le bien pour elles-mêmes, et qui ne sont maîtresses ni de la mort, ni de la vie, ni de la résurrection.﴿ *[Coran 25: 3]*

﴾N'est-ce pas Lui qui commence la création puis la refait, et qui vous nourrit du ciel et de la terre. Y-a-t-il donc une divinité avec Allah? Dis: apportez votre preuve si vous êtes véridiques!﴿ *[Coran 27: 64]*

9- Allah (ﷻ) montre par ailleurs que la création et cette résurrection sont impossibles aux serviteurs, elles les stupéfient et les étonnent, alors que ceci est aisé et facile pour Lui (ﷻ):

﴾Votre création et votre résurrection sont aussi faciles à Allah que s'il s'agissait d'une seule âme?﴿ *[Coran 31: 28]*

﴾L'homme pense-t-il que Nous ne réunirons jamais ses os? Mais si, Nous sommes Capables de remettre à leur place les bouts de ses doigts.﴿ *[Coran 75: 3-4]*

— Deuxièmement: L'argumentation de la résurrection par la première création

Le Coran appuie son argumentation en faveur de la seconde création sur la première. Nous remarquons tous les jours la création d'une vie nouvelle: des enfants qui naissent, des oiseaux qui sortent de leurs coquilles, des animaux que leurs mères mettent bas, des poissons qui remplissent les mers et les fleuves... L'homme voit tout cela de ses propres yeux, ensuite il nie que ceci puisse se produire une autre fois, lorsque Allah (ﷻ) aura anéanti la vie.

Ceux qui demandent une preuve de la résurrection après la mort oublient que leur propre création est une preuve suffisamment éloquente, car Celui qui est Capable de les créer est Capable de les recréer. Le Coran a multiplié les argumentations de la résurrection qui se réfèrent à la première création, qui est un rappel de cette réalité, pour les serviteurs qui sont éloignés de cette vérité:

> ﴾Et l'homme dit: une fois mort, me sortira-t-on vivant? L'homme ne se rappelle-t-il pas qu'avant cela c'est Nous qui l'avons créé, alors qu'il n'était rien?﴿ *[Coran 19: 66-67]*

Le Coran nous rappelle dans un autre passage, la première création de l'homme: notre père Adam qu'Allah (ﷻ) a créé de terre. Celui qui est Capable de constituer un être humain, sans défaut à partir de terre, n'est pas incapable de recréer un être humain sans défaut après sa mort.

Le Coran nous rappelle également notre création en tant que descendance d'Adam. Allah (ﷻ) nous a créés d'un extrait d'eau vile. Puis, cette eau s'est transformée en une goutte de sperme puis est devenue une adhérence, puis un embryon... jusqu'à ce qu'on y insuffle l'âme et qu'Allah (ﷻ) en fasse un être humain parfait.

Celui qui est Capable de créer l'homme suivant les étapes connues, est Capable de réaliser une création nouvelle et de faire revivre les morts:

> ﴾Ô hommes! Si vous doutez au sujet de la Résurrection, c'est Nous qui vous avons créés de terre, puis d'une goutte de sperme, puis d'une adhérence, puis d'un embryon *[normalement]* formé aussi bien qu'informe pour vous montrer *[Notre Omnipotence]*. Et Nous déposerons dans les matrices ce que Nous voulons jusqu'à un terme fixé. Puis Nous vous en sortirons *[à l'état]* de bébé, pour qu'ensuite vous atteigniez votre maturité. Il en est parmi vous qui meurent *[jeunes]*, tandis que d'autres parviennent au plus vil de l'âge, si bien qu'ils ne savent plus rien de ce qu'ils connaissaient auparavant. De même, tu vois la terre desséchée: dès que Nous y faisons descendre l'eau, elle se secoue, se gonfle, et fait pousser toutes sortes de splendides

couples de végétaux. Il en est ainsi parce qu'Allah est la Vérité; et c'est Lui qui rend la vie aux morts et c'est Lui qui est Omnipotent. Et l'Heure arrivera, pas de doute à son sujet, et Allah ressuscitera ceux qui sont dans les tombeaux.﴿ *[Coran 22: 5-7]*

Allah (﷾) a ordonné à Ses serviteurs de parcourir la terre et d'observer la manière par laquelle Il a débuté la Création, afin qu'ils prennent cela comme preuve de la Puissance d'Allah (﷾) et de Sa Capacité à la recommencer:

﴾Ne voient-ils pas comment Allah commence la création puis la refait? Cela est facile pour Allah. Dis: parcourez la terre et regardez comment Il a commencé la création. Puis comment Allah produira la résurrection, car Allah est Omnipotent.﴿ *[Coran 29: 19-20]*

﴾Et c'est Lui qui commence la création puis la refait; et cela Lui est plus facile. Il a la transcendance absolue dans les cieux et sur la terre, c'est Lui le Tout-Puissant, le Sage.﴿ *[Coran 30: 27]*

— Troisièmement: Celui qui est Capable d'une grande œuvre de création est Capable d'une création inférieure

Il est injuste, selon la vision de l'homme, que l'on dénie la capacité d'accomplir un effort dérisoire à celui qui peut entreprendre de grandes choses. L'on peut citer en exemple un homme qui bat un autre homme très fort et très puissant, on ne lui dira pas: ''Tu ne peux pas terrasser cette personne faible et chétive'', ou encore celui qui peut construire un palais, il ne lui est pas impossible de construire une petite maison.

Allah (﷾) a la transcendance absolue. Il existe parmi Ses créatures certaines qui sont plus impressionnantes que la création de l'être humain, alors comment peut-on dire que Celui qui a créé les cieux et la terre, est incapable de créer ce qui est inférieur à cela:

﴾Et ils disent: quand nous serons ossements et poussière, serons-nous ressuscités en une nouvelle création? N'ont-ils pas vu qu'Allah, qui a créé les cieux et la terre, est capable de créer leurs pareils? Il leur a fixé un terme, sur lequel il n'y a aucun doute, mais les *[gens]* injustes s'obstinent dans leur mécréance.﴿ *[Coran 17: 98-99]*

﴾Celui qui a créé les cieux et la terre, ne sera-t-Il pas Capable de créer leurs pareils? Oh que si! Et Il est le Grand Créateur, l'Omniscient.﴿ *[Coran 36: 81]*

﴾Ne voient-ils pas qu'Allah, qui a créé les cieux et la terre, et qui n'a pas été fatigué par leur création, est Capable en vérité de redonner vie aux morts. Mais si, Il est certes Omnipotent.﴿ *[Coran 46: 33]*

﴾La création des cieux et de la terre est quelque chose de supérieur à la création des hommes.﴿ *[Coran 40: 57]*

Ibn Taymiya, après avoir cité ces Textes, a dit: ''Il est évident, par l'intuition, que la création des cieux et de la terre est une œuvre bien plus considérable que la création des créatures telles que les 'fils' d'Adam. La puissance nécessaire pour créer les cieux et la terre est beaucoup plus grande. Quant à la création de l'homme, elle est plus facile, du point de vue de la capacité et de la puissance, que la création des cieux et de la terre.''[4]

Le commentateur du livre *Al-'Aqida At-Tahawiya* a dit: le Très-Haut (ﷻ) a annoncé que Celui qui a créé sans pareil les cieux et la terre avec leur immensité donnera vie à des ossements qui sont devenus poussière et qu'Il les rendra à leur premier état.[5]

---

[4] *Majmou'e El-Fatawa,* vol. 3, p. 299.

[5] Explication d'*Al-'Aqida At-Tahawiya,* p. 461.

— **Quatrièmement: La Capacité du Très-Haut (ﷻ) à transformer la création en la faisant passer d'un état à l'autre.**

Ceux qui nient la Résurrection voient la perte des serviteurs, puis leur anéantissement dans la terre, et ils pensent que leur retour après cela est impossible:

> ﴿Et ils disent: quand nous serons perdus dans la terre, reviendrons-nous en une création nouvelle?﴾
>
> *[Coran 32: 10]*

L'expression *[perdus dans la terre]* désigne la décomposition de leurs corps et leur mélange avec la terre. On dit que le beurre «est perdu» dans la nourriture lorsqu'il fond et se liquéfie dedans.

Allah (ﷻ) a montré, à plusieurs endroits, que sa Capacité à changer la création d'un état en un autre fait partie de Sa parfaite Unicité d'*Oulouhia* (Divinité absolue) et de *Rouboubia* (Seigneurie absolue). C'est pourquoi Il fait mourir et vivre, Il crée et anéantit, Il fait sortir le vivant du mort et fait sortir le mort du vivant:

> ﴿C'est Allah qui fait fendre la graine et le noyau: du mort Il fait sortir le vivant, et du vivant Il fait sortir le mort. Tel est Allah. Comment donc vous laissez-vous détourner? Fendeur de l'aube, Il a fait de la nuit une phase de repos; le soleil et la lune pour mesurer le temps. Voilà l'ordre conçu par le Puissant, l'Omniscient.﴾ *[Coran 6: 95-96]*

De la graine dure et inerte, Allah (ﷻ) fait sortir une plante verte et pleine de sève qui fleurit et donne des fruits, puis cette plante vivante donne des graines inertes. Aussi, à partir d'oiseaux vivants, Il fait sortir des œufs morts, et de ces œufs sans vie, Il fait sortir des oiseaux aptes à se mouvoir, qui chantent et planent dans les airs.

Cette inconstance des serviteurs - à savoir le fait qu'ils passent du néant à la vie, puis de la mort à la résurrection - est une grande preuve de la puissance d'Allah (ﷻ) qui soumet les âmes à Sa Grandeur et à Son Autorité:

﴿Comment pouvez-vous renier Allah, alors qu'Il vous a donné vie, quand vous en étiez privés? Puis Il vous fera mourir, puis Il vous fera revivre, et enfin c'est à Lui que vous retournerez.﴾ *[Coran 2: 28]*

Trois preuves précédentes réunies en un seul endroit du Coran

Allah (ﷻ) a cité les trois précédents arguments en un seul endroit de Son Livre, dans le but de réfuter les propos de ceux qui nient la Résurrection:

﴿Il cite pour Nous un exemple, tandis qu'il oublie sa propre création. Il dit: qui va redonner vie à des ossements une fois réduite en poussière? Dis: Celui qui les a créés une première fois, leur redonnera vie. Il se connaît parfaitement à toute création; c'est Lui qui, de l'arbre vert, a fait pour vous du feu, et voilà que de cela vous allumez. Celui qui a créé les cieux et la terre ne sera-t-Il pas capable de créer leurs pareils? Oh que si! Et Il est le Grand Créateur l'Omniscient. Quand Il veut une chose, Son commandement consiste à dire: «Sois», et c'est. Louange donc à Celui qui détient en Sa Main la Royauté sur toute chose! Et c'est vers Lui que vous serez ramenés.﴾ *[Coran 36: 78 à 83]*

Celui qui a donné un tel exemple est un des athées arabes. Les livres de la Sunna mentionnent que ce mécréant athée est venu avec un os pourri qu'il a ensuite émietté, puis il a soufflé et il a dit au Messager d'Allah (ﷺ): ô Mohammed! Prétends-tu qu'Allah va ressusciter cela? Alors, Allah (ﷻ) a descendu ces versets pour ridiculiser ce mécréant, à cause de son ignorance et de son égarement:

﴾Il cite pour Nous un exemple, tandis qu'il oublie sa propre création. Il dit: qui redonnera vie à des ossements une fois réduite en poussière?﴿ *[Coran 36: 78]*

S'il avait été un homme perspicace et doué de raison, il n'aurait pas posé cette question, car sa présence et sa création dans cette vie y répondent. Ensuite, le texte du Coran a éclairci cette idée qui se résume dans le commencement:

﴾Dis: Celui qui les a créés une première fois, leur redonnera vie. Et Il est Celui Qui détient la science de toute création.﴿ *[Coran 36: 79]*

1- Allah (ﷻ) a pris le commencement comme argument pour prouver le recommencement, et la création première pour prouver la résurrection, car chaque homme doué de raison sait nécessairement que Celui qui est capable de celle-là est capable de celle-ci. Et si Allah (ﷻ) était incapable de la deuxième, Il aurait été encore plus incapable de réaliser la première.

Puisque la création exige le pouvoir du Créateur (ﷻ) sur les créatures et Sa science des détails de Sa création, Il a fait suivre cette déclaration par les paroles suivantes:

﴾Et Il est Celui Qui détient la science de toute création.﴿ *[Coran 36: 79]*

Allah (ﷻ) est parfaitement connaisseur des détails de la première création, de ses éléments les plus infimes, de ses matières et de sa forme, et il en est de même pour la deuxième création (la résurrection). Etant donné que Sa science est complète, et que Sa puissance est parfaite, comment Lui serait-il alors impossible de faire revivre un os réduit en poussière?[6]

2- Puis Allah (ﷻ) a soutenu le recommencement de la création par une preuve majeure et un argument évident qui englobent la

[6] Explication d'*Al-'Aqida At-Tahawiya*, p. 460.

réponse à la question d'un autre athée qui avait dit: les ossements quand ils seront réduits en poussière, deviendront naturellement froids et secs. Il faut absolument que la substance de la vie et ce qu'elle comporte soient de nature chaude et humide, en quoi cela indiquerait alors la résurrection. Dans ce qui suit, la preuve et la réponse sont réunies: Allah (ﷻ) dit:

﴾C'est Lui qui, de l'arbre vert, a fait pour vous du feu, et voilà que de cela vous allumez.﴿ *[Coran 36: 80]*

Allah (ﷻ) montre donc à l'homme que cet élément, qui est le plus chaud et le plus sec, est issu de l'arbre vert qui est plein d'humidité et de fraîcheur. Et c'est Allah (ﷻ) qui sort d'une chose son contraire. Les matières et les éléments de Ses créatures Lui sont soumis, et rien ne Lui (ﷻ) est difficile. C'est Allah (ﷻ) qui fait ce que l'athée a nié et repoussé: faire revivre les ossements réduits en poussière.

3- Puis Allah (ﷻ) a consolidé cela en prenant l'argument le plus somptueux et le plus grand, pour prouver le plus simple et le plus petit, car toute personne douée de raison sait que celui qui est capable d'une chose grande et somptueuse, est capable de réaliser encore plus facilement, une chose inférieure, et que celui qui est capable de porter un quintal est capable de porter une once avec plus d'aisance. Allah (ﷻ) dit:

﴾Celui qui a créé les cieux et la terre, ne sera-t-il pas capable de créer leur pareil?﴿ *[Coran 36: 81]*

Allah (ﷻ) a montré que Celui qui a créé sans pareil les cieux et la terre avec leurs merveilles, leur grande valeur, leurs aspects prodigieux, leurs immensités et leurs étonnantes créations, est Capable de faire revivre des ossements réduits en poussière, et de les rendre à leur état originel.[7]

---

[7] Explication d'*Al-'Aqida At-Tahawiya*, p. 460.

4- Puis Allah le Très-Haut (ﷻ) a soutenu cela et l'a éclairci par une autre démonstration. Ses actes ne sont pas du même rang que ceux d'autrui. Celui qui travaille avec des machines avec peine et difficulté, ne peut produire quelque chose de manière indépendante. Il a obligatoirement besoin d'une machine et d'un soutien. En revanche, Allah (ﷻ) se suffit pour Sa création lorsqu'Il veut créer et constituer une chose selon Sa volonté. Sa parole pour la création est «Sois», et la chose «est» comme Il l'a voulue. Allah (ﷻ) dit:

﴾Quand Il veut une chose, Son commandement consiste à dire «Sois», et c'est.﴿ *[Coran 36: 82]*

Puis Allah (ﷻ) a parachevé cet argument en disant que la Royauté de toute chose est détenue en Sa Main et qu'Il en dispose par Ses actes et Sa parole:

﴾Louange donc à Celui qui détient en Sa Main la Royauté sur toute chose. et c'est vers Lui que vous serez ramenés.﴿ [8]

[Coran 36: 83]

— Cinquièmement: Redonner vie à certains morts ici-bas

Certains humains ont vécu à divers moments de l'Histoire où la vie a été rendue à des cadavres inanimés et à des ossements pourris. Plus exactement, ils ont été témoins que la vie s'est glissée dans des corps sans vie. Allah (ﷻ) nous a rapporté quelques-uns de ces miracles éblouissants.

Parmi ces récits, celui du peuple qui dit à son prophète Moïse:

﴾Nous ne te croirons qu'après avoir vu Allah clairement.﴿

[Coran 2: 55]

Alors la foudre les a saisis tandis qu'ils regardaient. Puis Allah (ﷻ) les a ressuscités après leur mort:

---

[8] Explication d'*Al-'Aqida At-Tahawiya,* p. 461.

﴾Alors la foudre vous saisit tandis que vous regardiez. Puis Nous vous ressuscitâmes après votre mort afin que vous soyez reconnaissants.﴿ *[Coran 2: 55-56]*

Ensuite, les 'enfants' d'Israël ont assassiné un homme, et chaque tribu a accusé l'autre du meurtre. Alors leur prophète Moïse leur a ordonné d'immoler une vache. Ils l'égorgèrent après s'être obstinés à réclamer ses caractéristiques. Après l'immolation, leur Prophète leur a ordonné de frapper le corps de la victime avec une des parties de la vache. C'est ainsi qu'Allah (﷾) a ressuscité le mort, alors qu'ils regardaient la scène. Puis le mort a dénoncé son meurtrier:

﴾Nous dîmes donc: frappez *[le tué]* avec une partie d'elle *[la vache]*. Ainsi Allah ressuscite les morts et vous montre les signes afin que vous raisonniez.﴿ *[Coran 2: 73]*

Allah (﷾) nous a également informés du sort de ceux qui se sont enfuis de leurs maisons, par crainte de la mort. Ils étaient des milliers. Alors Allah (﷾) les a fait mourir, puis Il leur a rendu la vie:

﴾N'as-tu pas vu ceux qui sortirent de leurs demeures - il y en avait des milliers - par crainte de la mort? Puis Allah leur dit: «Mourez!» Après quoi, Il les rendit à la vie. Certes, Allah est Détenteur de la Grâce envers les hommes, mais la plupart des gens ne sont pas reconnaissants?﴿ *[Coran 2: 243]*

Allah (﷾) nous a aussi raconté l'histoire de celui qui passait par un village désert et dévasté, et qui s'est étonné qu'Allah puisse rendre la vie après la mort... Allah (﷾) l'a donc fait mourir et l'a gardé ainsi pendant cent ans, après quoi Il l'a ressuscité. Puis lorsqu'on lui a demandé combien de temps il était resté dans cet état, il a cru être resté ainsi un jour ou une partie d'un jour. Après sa résurrection, Allah (﷾) a fait revivre son âne, tandis qu'il regardait lui-même comment la puissance d'Allah (﷾) recommence la création: les ossements se forment et se constituent en premier puis ils se revêtent de chair, alors la vie y est insufflée. Quant à la nourriture qu'il avait avec lui avant de mourir, elle est restée intacte pendant tout ce long temps; elle ne s'est pas gâtée. Ceci fut un autre signe de la puissance éclatante d'Allah (سبحانه وتعالى):

﴾Ou comme celui qui passait par un village désert et dévasté: comment Allah redonnera-t-Il vie à celui-ci après sa mort? dit-il. Allah le fit donc mourir et le garda ainsi pendant cent ans. Puis Il le ressuscita en disant: combien de temps es-tu resté ainsi? Je suis resté un jour ou une partie d'un jour, dit l'homme. Allah dit: non, tu es resté cent ans. Regarde donc ta nourriture et ta boisson - rien n'en a été gâté. Et regarde ton âne... Et pour faire de toi un signe pour les gens, regarde ces ossements comment Nous les assemblons et les revêtons de chair. Et devant l'évidence, il dit: je sais qu'Allah est Omnipotent.﴿ *[Coran 2: 259]*

Abraham (عليه السلام)a invoqué son Seigneur (سبحانه وتعالى) afin qu'Il lui montre comment Il ressuscite les morts. C'est une scène qu'Allah (سبحانه وتعالى) nous a racontée:

﴾Et quand Abraham dit: Seigneur, montre-moi comment Tu ressuscites les morts. Allah dit: ne crois-tu pas encore? Abraham dit: si! Mais pour que mon cœur soit rassuré. Allah dit: prends donc quatre oiseaux, coupe-les, puis sur des monts séparés, mets-en un fragment. Ensuite appelle-les, ils viendront à toi en toute hâte. Et sache qu'Allah est Puissant et Sage.﴿ *[Coran 2: 260]*

Allah (سبحانه وتعالى) a ordonné à Abraham de prendre quatre oiseaux, de les égorger, puis de séparer leurs parties sur plusieurs monts. Ensuite, Abraham les a appelées en leur ordonnant de se rassembler. Et alors chaque membre vint à lui et se positionna à son emplacement. Puis, lorsque leur rassemblement fut achevé, Allah (سبحانه وتعالى) y a insufflé la vie et ils se sont envolés dans les airs.

Quant à Jésus (عليه السلام), il formait avec de la glaise la forme d'un oiseau, puis il soufflait dedans, et par la Permission d'Allah (سبحانه وتعالى), cela devenait un oiseau. Il faisait également revivre les morts par Sa permission. Il a dit à son peuple:

﴾Et Il sera le Messager aux enfants d'Israël *[et il leur dira]*: en vérité, je viens à vous avec un signe de la part de votre Seigneur. Pour vous, je forme de la glaise comme la figure d'un oiseau puis, je souffle dedans et, par la Permission d'Allah, cela devient un oiseau. Et je guéris l'aveugle-né et le lépreux, et je ressuscite les morts par la Permission d'Allah.﴿ *[Coran 3: 49]*

Allah (ﷻ) a endormi les gens de la Caverne pendant trois cent neuf ans. Puis ils se levèrent de leur sommeil après cette longue durée:

﴾Ensuite Nous les ressuscitâmes, afin de savoir lequel des deux groupes saurait le mieux calculer la durée exacte de leur séjour.﴿ *[Coran 18: 12]*

﴾Et c'est ainsi que Nous les ressuscitâmes, afin qu'ils s'interrogent entre eux. L'un parmi eux dit: combien de temps avez-vous demeuré là? Ils dirent: nous avons demeuré un jour ou une partie d'un jour. D'autres dirent: votre Seigneur sait mieux combien de temps vous y avez demeuré.﴿ *[Coran 18: 19]*

﴾Or ils demeurèrent dans leur caverne trois cents ans et y ajoutèrent neuf *[années]*.﴿ *[Coran 18: 25]*

Le plus grand des signes de Moïse était son bâton inerte qu'il jetait par terre et qui devenait, par la puissance d'Allah (ﷻ), un serpent bien réel:

﴾Il jeta donc son bâton et le voilà devenu un serpent manifeste.﴿ *[Coran 26: 32]*

Puis lorsque les magiciens ont jeté leurs cordes et leurs bâtons, Moïse a jeté son bâton qui a happé leurs nombreux bâtons et cordes:

﴿Puis Moïse jeta son bâton, et voilà qu'il happait ce qu'ils avaient fabriqué.﴾ *[Coran 26: 45]*

— **Sixièmement: Allah (سبحانه وتعالى) cite en parabole la résurrection de la terre par les plantes.**

Allah (سبحانه وتعالى) a évoqué sous forme de parabole le retour de la vie vers les cadavres inertes et les ossements pourris, par analogie avec la résurrection de la terre par ses plantes après sa mort:

﴿Regarde donc les effets de la miséricorde d'Allah comment Il redonne vie à la terre après sa mort. C'est Lui qui fait revivre les morts et Il est Omnipotent.﴾ *[Coran 30: 50]*

﴿Et c'est Allah qui envoie les vents qui soulèvent un nuage que Nous poussons ensuite vers un pays mort. Puis Nous redonnons vie à la terre après sa mort. C'est ainsi que se fera la Résurrection.﴾ *[Coran 35: 9]*

﴿Et parmi Ses merveilles est *[le fait]* que tu vois la terre accablée de sécheresse, puis aussitôt que Nous faisons descendre l'eau sur elle, elle se secoue et augmente *[de volume]*. Celui qui redonne vie est certes Celui qui fera revivre les morts, car Il est certes Omnipotent.﴾

[Coran 41: 39]

﴿Celui qui a fait descendre l'eau du ciel avec mesure, et avec laquelle Nous ranimons une cité morte *[aride]*. C'est Ainsi que vous serez ressuscités.﴾ *[Coran 43: 11]*

— **Septièmement: La Sagesse d'Allah (سبحانه وتعالى) exige la Résurrection des serviteurs pour le Compte et la Rétribution**

La Sagesse et la Justice d'Allah (سبحانه وتعالى) exigent qu'Il ressuscite Ses serviteurs afin de les rétribuer selon ce qu'ils ont avancé *[comme œuvres]*. Allah (سبحانه وتعالى) a créé Ses créatures afin qu'elles L'adorent. Il a envoyé des Messagers, a descendu des Livres pour clarifier la voie de

Son adoration. Il y a parmi les serviteurs, certains qui sont droits dans Son obéissance, et qui dévouent leurs âmes et leur argent dans ce chemin. Tandis que d'autres se refusent [à chercher] la droiture dans l'obéissance à Allah (ﷻ): ils se révoltent et s'écartent du droit chemin. Est-il donc convenable, après cela, que le bon et le mauvais meurent sans qu'Allah (ﷻ) rétribue le bienfaiteur pour le bien qu'il a réalisé et le malfaiteur pour le mal qu'il a fait? Allah (ﷻ) dit:

> ﴾Placerons-nous les soumis à la même enseigne que les criminels? Qu'avez-vous, comment jugez-vous? Ou bien avez-vous un Livre dans lequel vous apprenez: que certes vous obtiendrez tout ce que vous désirez!﴿
>
> *[Coran 68: 35-38]*

Les mécréants égarés pensent que le monde a été créé en vain, sans raison et sans sagesse. Pour eux, il n'y a pas de différence entre la destinée du croyant vertueux et celle du mécréant corrupteur, et entre la destinée de l'homme pieux et celle du libertin:

> ﴾Nous n'avons pas créé le ciel et la terre, et ce qui existe entre eux, en vain. C'est ce que pensent ceux qui ont mécru. Malheur à ceux qui ont mécru, pour le feu *[qui les attend]*. Placerons-Nous ceux qui croient et accomplissent les bonnes œuvres à la même enseigne que ceux qui commettent du désordre sur terre? Ou placerons-Nous les gens pieux à la même enseigne que les pervers?﴿
>
> *[Coran 38: 27-28]*

CHAPITRE 6

LE JOUR DE LA RESURRECTION TEL QU'IL EST ANNONCE PAR LES AUTRES PROPHETES

SECTION PREMIERE

L'ACCORD UNANIME DES PROPHETES CONCERNANT LE JOUR DERNIER

La foi en la Résurrection, au Paradis et en l'Enfer fait partie des fondements de la foi que tous les Prophètes et ceux qui les suivent sincèrement diffusent dans leur Message, en exhortant les hommes à en connaître les détails et à y croire. Le Coran, qui est le Livre protégé d'Allah (ﷻ) qui n'a été ni altéré ni déformé, indique de façon évidente que tous les Prophètes ont fait connaître la Résurrection à leurs communautés, leur ont annoncé la bonne nouvelle du Paradis et les ont mis en garde contre l'Enfer. Ceci est indiqué par les faits suivants:

1- Le Coran déclare que tous les mécréants attristés, les gens du feu, témoigneront que leurs Messagers les ont avertis du Jour Dernier:

﴾Toutes les fois qu'un groupe y *[en Enfer]* est jeté, ses gardiens leur demandent: quoi, ne vous est-il pas venu d'avertisseur? Ils dirent: mais si! Un avertisseur nous était venu certes, mais nous avons crié au mensonge et avons dit: Allah n'a rien fait descendre, vous n'êtes que dans un grand égarement! Et ils dirent: si nous avions écouté ou raisonné, nous n'aurions pas été parmi les gens de la Fournaise.﴿

[Coran 67: 8-10]

﴾Et ceux qui avaient mécru seront conduits par groupes en Enfer. Puis quand ils y parviendront, ses portes s'ouvriront et ses gardiens leur diront: des Messagers parmi vous ne vous sont-ils pas venus, vous récitant les versets de votre Seigneur et vous avertissant de la rencontre de votre jour que voici? Ils diront: si, mais le Décret du châtiment s'est avéré juste contre les mécréants.﴿ *[Coran 39: 71]*

Lorsque tous les mécréants seront interrogés, au moment de leur arrivée au Feu, ils témoigneront que leurs Messagers les ont menacés de la rencontre de ce jour. Mais ils ont nié et démenti cet avertissement.

Ceci est ce qui a été établi par les versets précédents, et Allah (ﷻ) l'a montré à divers autres endroits du Coran. Le Très-Haut (ﷻ) a souligné que Sa Justice et de Sa Sagesse exigent qu'Il ne châtie pas celui à qui le Message n'a pas été transmis, et face auquel la preuve n'a pas été dressée:

﴾Et Nous n'avons jamais puni [un peuple] *avant de* [lui] *avoir envoyé un Messager.*﴿ *[Coran 17: 15]*

﴾... En tant que Messagers, annonciateurs et avertisseurs, afin qu'après la venue des Messagers, il n'y eût pour les gens point d'argument devant Allah.﴿ *[Coran 4: 165]*

C'est pourquoi le Message a été diffusé de façon universelle à toute l'Humanité:

﴾Il n'est pas une nation qui n'ait déjà eu un avertisseur.﴿
[Coran 35: 24]

2- Lorsque Allah (سبحانه وتعالى) a fait descendre Adam (عليه السلام) sur terre, Il lui a fait connaître la Résurrection et le Jour Dernier:

﴾Descendez, dit *[Allah]*, vous serez ennemis les uns des autres. Et il y aura pour vous, sur terre, séjour et jouissance pour un temps. Là, dit [Allah], vous vivrez, là vous mourrez, et de là on vous fera sortir.﴿ *[Coran 7: 24-25]*

Aussi, quand Allah (سبحانه وتعالى) S'est mis en colère contre le diable, Il l'a chassé de Sa Miséricorde. *Iblis* Lui a demandé de lui accorder un délai jusqu'au Jour de la Résurrection, et Allah (سبحانه وتعالى) a accepté sa requête:

﴾Seigneur, dit *[Iblis]*, donne-moi donc un délai jusqu'au jour où ils seront ressuscités. Allah dit: tu es de ceux à qui un délai est accordé; jusqu'au jour de l'Instant bien connu.﴿
[Coran 38: 79-81]

3- Noé (عليه الصلاة والسلام), le premier des Messagers, a averti son peuple du Jour de la Résurrection et leur a transmis des paraboles indiquant son avènement et sa réalisation. Il leur dit:

﴾Et c'est Allah qui, de la terre, vous a fait croître comme des plantes; puis Il vous y fera retourner et vous en fera sortir véritablement.﴿ *[Coran 71: 17-18]*

4- Le père des Prophètes, l'Intime du Miséricordieux (سبحانه وتعالى), (*Khalîl Arrahmane,* Abraham), a évoqué à maintes reprises le Jour Dernier. Dans son invocation à son Seigneur (سبحانه وتعالى), au sujet de La Mecque et ses habitants, Abraham a dit:

﴾Ô mon Seigneur! Fais de cette cité un lieu de sécurité, et fais attribution des fruits à ceux qui, parmi ses habitants, auront cru en Allah et au Jour Dernier. Le Seigneur dit: et quiconque n'y aura pas cru, alors Je lui concéderai une courte jouissance, puis, Je le contraindrai au châtiment du Feu. Et quelle mauvaise destination.﴾ *[Coran 2: 126]*

Dans ses invocations à Allah (سبحانه وتعالى) pour lui-même, pour ses parents et pour les croyants, Abraham a dit:

﴿Ô notre Seigneur! Pardonne-moi, ainsi qu'à mes père et mère et aux croyants, le Jour de la Reddition des Comptes.﴾ *[Coran 14: 41]*

Dans son argumentation contre son peuple au sujet de ce qu'il adore, Abraham a démontré qu'Allah (سبحانه وتعالى) est plus digne d'être adoré, car c'est Lui (سبحانه وتعالى) qui nourrit et donne à boire, qui fait mourir et fait vivre, qui guérit les malades et qui pardonne les péchés le Jour de la Rétribution:

﴿Et c'est Lui qui me nourrit et me donne à boire. Et quand je suis malade, c'est Lui qui me guérit. Et qui me fera mourir, puis me redonnera vie. Et c'est de Lui que je convoite le pardon de mes fautes, le Jour de la Rétribution.﴾ *[Coran 26: 79-82]*

Puis, Abraham a prié son Seigneur (سبحانه وتعالى) de le faire entrer au Paradis et de ne pas le couvrir d'ignominie le Jour de la Rétribution:

﴿... Et fais de moi l'un des héritiers du Jardin des Délices. Et pardonne à mon père, car il a été du nombre des gens égarés. Et ne me couvre pas d'ignominie le Jour où l'on sera ressuscité. Le jour où ni les biens ni les enfants ne seront d'aucune utilité. Sauf celui qui vient à Allah avec un cœur sain.﴾ *[Coran 26: 85-89]*

5- Il a été rapporté de la conversation confidentielle d'Allah (سبحانه وتعالى) avec Moïse, qu'Il dit:

﴿Certes, c'est Moi Allah, point de divinité autre que Moi. Adore-Moi donc et accomplis la Prière pour te souvenir de Moi. L'Heure va certes venir, Je la cache à peine, pour que chaque âme soit rétribuée selon ses efforts. Que celui qui n'y croit pas et qui suit sa propre passion ne t'en détourne pas! Sinon, tu périras.﴿ *[Coran 20: 14-16]*

Dans sa réplique à Pharaon, Moïse a dit:

﴾C'est d'elle *[la terre]* que Nous vous avons créés, et en elle Nous vous retournerons, et d'elle Nous vous ferons sortir une fois encore.﴿ *[Coran 20: 55]*

6- Houd a averti son peuple et les a menacés de la rencontre avec leur Seigneur (ﷻ), mais ils l'ont traité de menteur:

﴾Les notables de son peuple qui avaient mécru et traité de mensonge la rencontre de l'Au-delà, et auxquels Nous avions accordé le *[grand]* luxe dans la vie présente, dirent: celui-ci n'est qu'un être humain comme vous, mangeant de ce que vous mangez, buvant de ce que vous buvez. Si vous obéissez à un homme comme vous, vous serez alors perdants. Vous promet-il, quand vous serez morts et devenus poussière et ossements, que vous sortirez *[de vos tombes]*? Loin, loin, ce qu'on vous promet! Ce n'est là que notre vie présente, nous mourons et nous vivons. Et nous ne serons jamais ressuscités.﴿ *[Coran 23: 33-37]*

7- Chou'aïb a dit à son peuple:

﴾Ô mon peuple! Adorez Allah et attendez-vous au Jour Dernier, et ne semez pas la corruption sur terre.﴿ *[Coran 29: 36]*

8- Joseph, en invoquant son Seigneur (ﷻ), a dit:

﴾Ô mon Seigneur! Tu m'as donné du pouvoir et Tu m'as enseigné l'interprétation des rêves. Créateur des cieux et de la terre, Tu es mon Patron, dans le bas monde et dans l'Au-delà. Fais-moi mourir en parfaite soumission et fais-moi rejoindre les gens pieux.﴿ *[Coran 12: 101]*

9- Certains de ceux qui ont suivi les Messagers que mentionne Allah dans Son livre (ﷻ), connaissaient la Résurrection, annonçaient la bonne nouvelle du Paradis et avertissaient contre l'Enfer. Dhou-l-Qarneine, quand il a atteint le Couchant, a découvert que le Soleil se couchait dans une source bouillante, et auprès d'elle se trouvait une peuplade, et Allah (ﷻ) lui dit:

﴾Ô Dha-l-Qarneine! Ou tu les châties ou tu uses de bienveillance à leur égard. Il dit: quant à celui qui est injuste, nous le châtierons, ensuite il sera ramené vers son Seigneur qui le punira d'un châtiment terrible. Et quant à celui qui croit et fait bonne œuvre, il aura en retour la plus belle récompense. Et nous lui donnerons des ordres faciles à exécuter.﴿ *[Coran 18: 86-88]*

Il y avait un croyant de la famille de Pharaon qui était savant et était convaincu que la Résurrection aura lieu. Sa connaissance de la Résurrection n'est pas différente de la nôtre. Il a averti son peuple de ce Jour, usant d'un avertissement détaillé et argumenté. Parmi les propos qu'il leur a tenus, il a dit:

﴾Ô mon peuple! Je crains pour vous le jour de l'Appel Mutuel. Le jour où vous tournerez le dos en déroute, sans qu'il y ait pour vous de protecteur contre Allah. Et celui qu'Allah égare, n'a point de guide.﴿ *[Coran 40: 32-33]*

Il leur a également dit:

﴾Ô mon peuple! Cette vie n'est que jouissance temporaire, alors que l'Au-Delà est vraiment la demeure de la pérennité. Quiconque fait une mauvaise action, ne sera rétribué que par son équivalent, et quiconque, mâle ou femelle, fait une bonne action tout en étant croyant, alors ceux-là entreront au Paradis pour y recevoir leur subsistance sans compter. Ô mon peuple! Mais qu'ai-je à vous appeler au salut, alors que vous m'appelez au Feu.﴿ *[Coran 40: 39-41]*

Il leur a encore dit:

﴿Aucun doute que ce à quoi vous m'appelez ne peut exaucer une invocation, ni dans le bas monde, ni dans l'Au-delà. C'est vers Allah qu'est notre retour, et les prodigues sont eux les gens du Feu.﴾ *[Coran 40: 43]*

Les magiciens de Pharaon, lorsqu'ils ont vu le signe éblouissant que Moïse a apporté, se sont jetés à terre, prosternés, et ont déclaré leur foi. Pharaon les a alors menacés d'un châtiment douloureux. Ils s'attachèrent à Allah leur Seigneur (سبحانه وتعالى) et ne se tournèrent pas vers le châtiment, ni vers la menace. Ils ont répondu en disant:

﴿Nous croyons en notre Seigneur afin qu'Il nous pardonne nos fautes, ainsi que la magie à laquelle tu nous as contraints. Et Allah est meilleur et éternel. Quiconque vient en criminel à son Seigneur, aura certes l'Enfer où il ne meurt ni ne vit. Et quiconque vient en croyant auprès de Lui, après avoir fait de bonnes œuvres, voilà donc ceux qui auront les plus hauts rangs. Les Jardins du séjour éternel, sous lesquels coulent les ruisseaux, où ils demeureront éternellement. Et voilà la récompense de ceux qui se purifient.﴾

[Coran 20: 73-76]

SECTION 2

EXAMEN DES TEXTES RELATIFS AU JOUR DERNIER DANS LES LIVRES ANTERIEURS

Il n'y a aucun doute que les Livres Célestes qu'Allah (سبحانه وتعالى) a fait descendre, contenaient des textes relatifs au Jour Dernier, des exhortations à la crainte à son égard, des annonces de ce qu'Allah (سبحانه وتعالى) a préparé aux croyants dans les Jardins des Délices, des mises en garde contre l'Enfer et les terreurs de la Résurrection. Mais de nombreuses altérations sont survenues sur ces Livres, et beaucoup de ces textes, qui traitent du Jour Dernier, ont disparu.

1- Dans la Torah attribuée à Moïse, nous ne trouvons qu'un seul texte qui traite du Jour de la Résurrection. Dans la Torah samaritaine (des Sabéens), ce Jour est clairement mis en évidence. Mais dans la Torah hébraïque, le texte est ambigu. Et dans le Livre de Deutéronome, chapitre 32 (34 et 35 de la Torah samaritaine), on trouve écrit: ''N'est-il pas recueilli auprès de Moi et cacheté dans Mes trésors jusqu'au Jour de la Vengeance et de la Rétribution, le temps où trébucheront leurs pieds.''

Le texte, dans la Torah hébraïque, est comme suit: ''Cela n'est-il pas enfoui auprès de Moi et cacheté dans Mes trésors? A Moi la Vengeance et la Rétribution, au temps où trébucheront leurs pieds!''

Le texte samaritain indique que le Jugement n'aura seulement lieu que le Jour de Résurrection. Il a été dénommé le Jour de la Vengeance et de la Rétribution. Quant au texte hébraïque, il admet que la vengeance aura lieu ici-bas et il admet qu'elle aura lieu dans l'Au-Delà. C'est pour cette raison que ceux qui sont véridiques parmi les juifs, qui ne croient qu'à la Torah hébraïque de Moïse, ne croient pas à la Résurrection à cause de l'absence de preuves présageant son avènement. Quant aux autres livres des Prophètes dans la Torah, l'on trouve quelques textes qui évoquent la Résurrection, de même que dans les Evangiles.

2- Dans le livre de Daniel, on peut lire: ''Beaucoup de ceux qui gisent sous terre, se réveilleront pour la vie éternelle et pour la honte et le mépris éternel.''[1]

3- Dans le livre des Psaumes, on cite le rassemblement des damnés en Enfer: ''Ils seront conduits au Feu comme des moutons. Et la mort veillera sur eux. Les *[les Anges]* loyaux les noirciront

---

[1] Chap. 12 du livre de Daniel.

Demain, leur aspect sera délabré, et l'abîme de l'Enfer sera leur refuge.''[2]

4- Luc dit dans son évangile en faisant allusion au châtiment de la tombe: ''Le riche est mort et a été enterré. Il a levé les yeux vers le Gouffre alors qu'il est dans le châtiment.''[3] Le mort parmi les pervers sera châtié et il verra sa place en Enfer. Et le Gouffre désigne l'Enfer.

5- Dans l'Evangile de Matthieu, on peut lire[4]: ''Parmi les nombreux livres qui font mention du Paradis et de l'Enfer, il y a l'Evangile de Barnabé. Il évoque les gens du Paradis qui mangent et boivent, mais qui ni n'urinent ni ne vont à la selle, car leurs nourritures et leurs boissons ne comportent ni impureté, ni altération. Cependant, les chrétiens contestent cet Evangile qui a été retrouvé récemment, à notre époque.''

Certains juifs croient à la Résurrection. Ils se nomment le Parti Kitba, tandis que l'autre parti se nomme les *Sâdoukiyine*, rassemblant ceux qui ne croient pas à la Résurrection, ni à l'éternité au Paradis ni à celle en Enfer.

L'Evangile de Mathieu dit que le groupe qui dément la Résurrection est venu vers Jésus et a débattu avec lui de ce sujet: ''Et ce jour-là les véridiques qui disent: il n'y a pas de Résurrection, sont venus.''[5]

Et Jésus a répondu à l'un de ses disciples qui a demandé: ''Est-ce que nos corps iront avec nous au Paradis?'' Et Jésus a répondu: ''Gare à toi, ô Pierre, de devenir un Sâdouki car les Sâdoukiyine disent que les corps ne seront pas ressuscités et qu'il n'y a pas

---

[2] Paragraphe 5 du Psaume 55.

[3] Paragraphe 22 du Chapitre 6 de l'Evangile de Luc.

[4] Paragraphe 8 du Chapitre 18 de l'Evangile de Mathieu.

[5] Paragraphe 23 du chapitre 22 de l'Evangile de Mathieu.

d'Ange. C'est pour cela qu'il a été interdit à leurs corps et à leurs âmes d'entrer au Paradis.''

Les chrétiens croient que l'âme seule subira le châtiment ou jouira du délice à la Résurrection. Cette thèse a été reprise par certains musulmans parmi les philosophes et les sectes ésotériques égarées.

CHAPITRE 7

LES TERREURS DU JOUR DE LA RESURRECTION

SECTION PREMIERE

LES PREUVES CERTIFIANT L'AMPLEUR DES TERREURS DE CE JOUR

Le Jour de la Résurrection est un jour terrible, qui suscitera une frayeur immense. Les serviteurs y verront ce qu'ils n'ont jamais vu. Ce qui suit indique l'immensité de sa terreur.

- Premièrement: Allah (سبحانه وتعالى) a qualifié ce Jour de terrible. La description que notre Seigneur (سبحانه وتعالى) a faite de lui nous suffit à comprendre qu'il est encore plus terrifiant et encore plus imposant que ce que nous concevons:

> ﴾Ceux-là ne pensent-ils pas qu'ils seront ressuscités. Pour un jour terrible. Le jour où les gens se tiendront debout devant le Seigneur de l'Univers?﴿ *[Coran 83: 4-6]*

Allah (سبحانه وتعالى) le décrit à un autre endroit comme étant caractérisé par la lourdeur et à un troisième endroit, par la difficulté:

﴾Ces gens-là aiment la vie éphémère et laissent derrière eux un jour bien lourd.﴿ *[Coran 76: 27]*

﴾Ce jour-là sera un jour difficile. Pas facile pour les mécréants.﴿ *[Coran 74: 9-10]*

- Deuxièmement: L'effroi et la frayeur atteindront les serviteurs ce Jour-là: la nourrice, qui se sacrifie d'ordinaire pour son nouveau-né, l'oubliera ce jour-là. Toute femelle enceinte avortera de ce qu'elle portait. La situation des gens sera semblable à celle des qui ont perdu la raison:

﴾Ô hommes! Craignez votre Seigneur. Le séisme de l'Heure est une chose terrible. Le jour où vous le verrez, toute nourrice oubliera ce qu'elle allaitait, et toute femelle enceinte avortera de ce qu'elle portait. Et tu verras les gens ivres, alors qu'ils ne le sont pas. Mais le châtiment d'Allah est dur.﴿ *[Coran 22: 1-2]*

A cause de l'intensité de la terreur, les regards des injustes se figeront en ce jour. Ils auront les yeux hagards à cause de l'intensité de l'effroi. Ils ne tourneront la tête ni à droite ni à gauche. Leurs cœurs seront vides à cause de l'intensité de la peur, ils ne pourront être conscients de rien et ils ne raisonneront point:

﴾Et ne pense point qu'Allah soit inattentif à ce que font les *[gens]* injustes. Il leur accordera un délai jusqu'au jour où leurs regards se figeront. Ils courront atterrés, la tête levée, les yeux hagards et les cœurs vides.﴿ *[Coran 14: 42-43]*

A cause de l'intensité de la frayeur, les cœurs des injustes remonteront jusqu'à leurs gorges, sans en sortir et sans tenir en place:

﴾Et avertis-les du jour qui approche, quand les cœurs remonteront aux gorges, retenant *[difficilement leur grande colère]*.﴿ *[Coran 40: 18]*

Le sens de كَاظِمِين (*Kâdhimine*) est silencieux, c'est-à-dire qu'ils ne parleront pas. Puis, Allah (ﷻ) a décrit, à un autre endroit, ce qui atteindra les cœurs et les regards, ce Jour-là:

﴿... Et qui redoutent un jour où les cœurs seront bouleversés, ainsi que les regards.﴾ *[Coran 24: 37]*

﴿Ce jour-là, il y aura des cœurs qui seront agités d'effroi. Et leurs regards se baisseront.﴾ *[Coran 79: 8-9]*

Il te suffit de savoir que les cheveux de l'enfant, qui n'a commis aucun crime, blanchiront à cause de l'ampleur des terreurs dont il sera témoin:

﴿Comment vous préserverez-vous, si vous mécroyez, d'un jour qui rendra les enfants comme des vieillards aux cheveux blancs. Durant lequel le ciel se fendra. Sa promesse s'accomplira sans doute.﴾ *[Coran 73: 17-18]*

- **Troisièmement:** Les liens parentaux seront rompus au Jour de la Résurrection, comme l'indiquent les Paroles du Très-Haut (ﷻ):

﴿Puis quand on soufflera dans la Trompe, il n'y aura plus de parenté entre eux ce jour-là, et ils ne se poseront pas de questions.﴾ *[Coran 23: 101]*

Chaque homme sera préoccupé par sa propre âme, il ne se tournera vers personne, il fuira plutôt les gens qu'il aime le plus: il fuira son frère, sa mère, son père, sa compagne *[légitime]* et même ses enfants, conformément à la parole du Très-Haut (ﷻ):

﴿Puis quand viendra le Fracas. Le jour où l'homme s'enfuira loin de son frère. De sa mère, de son père. De sa compagne *[légitime]* et de ses enfants. Car chacun d'eux, ce jour-là, aura son propre cas pour l'occuper.﴾

[Coran 80: 33-37]

Le Très-Haut (ﷻ) dit ailleurs:

﴿Ô homm es! Craignez votre Seigneur et redoutez un jour où le père ne répondra en rien pour son enfant, ni l'enfant pour son père. La promesse d'Allah est vérité.﴾

[Coran 31: 33]

﴿Et redoutez le jour où pas âme qui suffise en quoi que ce soit à une autre, où l'on n'acceptera d'elle aucune intercession, et où l'on n'acceptera d'elle aucune compensation. Et ils ne seront point secourus.﴾

[Coran 2: 48]

- **Quatrièmement:** Le Jour de la Rétribution, les mécréants seront prêts à tout faire afin d'être délivrés du châtiment. Et s'ils possédaient tout ce qui est sur la terre, ils le proposeraient en rançon:

﴿Si chaque âme injuste possédait tout ce qu'il y a sur terre, elle le donnerait pour sa rançon.﴾ *[Coran 10: 54]*

Même si le mécréant avait le double de ce qu'il y a sur terre, il le donnerait en rançon:

﴿... Et quant à ceux qui ne Lui répondent pas, s'ils avaient tout ce qui est sur la terre et autant encore, ils l'offriraient en rançon. Ceux-là auront à subir la détestable reddition de Compte...﴾ *[Coran 13: 18]*

Plus exactement, le mécréant sera prêt à fournir ce qu'il possédait, même s'il avait le contenu de la terre en or. Même en considérant cette supposition, Allah (سُبْحَانَهُ وَتَعَالَى) ne l'acceptera pas de lui:

﴿Ceux qui ne croient pas et qui meurent mécréants, il ne sera jamais accepté d'aucun d'eux de se racheter, même si pour cela ils donnaient le contenu, en or, de la terre. Ils auront un châtiment douloureux, et ils n'auront point de secouriste.﴾

[Coran 3: 91]

Dans le *Sahih* de Boukhari, on a rapporté qu'Anas Ibn Malik (رَضِيَ اللَّهُ عَنْهُ) a dit que le Prophète d'Allah (ﷺ) a dit: *«On fera venir le mécréant, le Jour de la Résurrection, et on lui dira: ''Penses-tu que si tu avais le contenu de la terre en or, tu le donnerais en rançon?'' - Il répondra: oui. On lui dira: ''Je t'ai demandé plus simple que cela''.»* [1]

La situation du mécréant parviendra, en ce Jour, à un point tel qu'il souhaitera livrer au feu la personne la plus précieuse qu'il aime, dans le but d'être sauvé du châtiment:

> ﴾Le criminel aimerait pouvoir se racheter du châtiment de ce Jour, en livrant ses enfants. Sa compagne *[légitime]*, son frère. Et même son clan qui lui donnait asile. Et tout ce qui est sur la terre qui pourrait le sauver. Mais rien *[ne le sauvera]*. *[L'Enfer]* est certes un brasier.﴿
>
> *[Coran 70: 11-15]*

- Cinquièmement: Malheur à toi contre la terreur et la violence de ce jour. Le Très-Haut (ﷻ) dit:

> ﴾Les Anges, ainsi que l'Esprit montent vers Lui en un jour dont la durée est de cinquante mille ans. Supporte donc d'une belle patience. Ils le voient bien loin alors que Nous le voyons bien proche.﴿ *[Coran 70: 4-7]*

Le contexte des versets met en évidence qu'il s'agit du Jour de la Résurrection. Il a été établi, selon une chaîne de transmission authentique d'après Ibn 'Abbas (رضي الله عنه) - qui, lui-même, l'a affirmé - que ce jour est le Jour de la Résurrection.

En plus, ceci a été également affirmé par Al-Hassan, Dhahâk et Ibn Zeyd. [2]

Au sujet de la longueur de ce jour, les gens penseront n'être restés, dans la vie terrestre, qu'une heure de la journée, comme le Très-Haut (ﷻ) l'a spécifié:

---

[1] *Sahih* de Boukhari, livre des *Riqaq,* chapitre: celui à qui le compte sera approfondi, ce sera un châtiment pour lui, *Fat'hou El-Bâri,* vol. 11, p. 400

[2] *En-Nihaya* d'Ibn Kathir, vol. 1, p. 323.

﴾Et le jour où Il les rassemblera, ce sera comme s'ils n'étaient restés qu'une heure du jour.﴿ *[Coran 10: 45]*

Dans son exégèse, Ibn Kathir, au sujet du verset précédent, a dit: le Très-Haut (ﷻ) dit aux gens tout en leur rappelant l'avènement de l'Heure et leur rassemblement de leurs tombes jusqu'aux arènes de la Résurrection: ﴾... Au jour où Il les rassemblera...﴿ Comme dans Sa Parole:

﴾Le jour où ils la verront, il leur semblera n'être restés qu'un soir ou un matin.﴿ *[Coran 79: 46]*

Allah (ﷻ) dit également:

﴾Nous connaissons parfaitement ce qu'ils diront lorsque l'un d'entre eux dont la conduite est exemplaire dira: vous n'êtes restés qu'un jour.﴿ *[Coran 20: 104]*

﴾Et le Jour où l'Heure arrivera, les criminels jureront qu'ils ne sont restés qu'une heure.﴿ *[Coran 30: 55]*

C'est une preuve du caractère éphémère de la vie ici-bas par rapport à celle de l'Au-delà, comme on le voit dans les Paroles du Très-Haut (ﷻ):

﴾Il dira: combien d'années êtes-vous restés sur terre? Ils diront: nous y sommes restés un jour ou une partie d'un jour. Interroge donc ceux qui comptent. Il dira: vous n'y êtes restés que peu *[de temps]*. Si seulement vous saviez!﴿ [3] *[Coran 23: 112-114]*

---

[3] *Tafsir* d'Ibn Kathir, vol. 3, p. 505.

SECTION 2

QUELQUES ASPECTS MARQUANTS DE LA FRAYEUR QUI CARACTERISERA CE JOUR

Le Coran nous parle des frayeurs de ce Jour qui frapperont les gens qui auront un regard fixe, et elles prendront possession de leurs âmes et feront trembler leurs cœurs.

L'une de ces plus grandes frayeurs sera l'anéantissement universel, entier et redoutable qui atteindra la terre et ses montagnes, le ciel et ses étoiles, son soleil et sa lune. Notre Seigneur (ﷻ) nous fait savoir que la terre tremblera et sera pulvérisée, les montagnes se mettront en marche et seront détruites, les mers s'éclateront et seront embrasées, le ciel se déchirera et sera agité, le soleil s'obscurcira et disparaîtra, la lune s'éclipsera et les étoiles s'éparpilleront, leurs lumières disparaîtront et elles se disperseront.

J'évoquerai quelques textes qui décrivent les événements terribles de ce Jour, puis, je mentionnerai certaines des choses qui arriveront aux mondes en ce Jour.

§ 1er - La prise de la terre et le pliage du ciel

Allah (ﷻ) saisira la Terre de Sa Main, le Jour de la Résurrection, et Il pliera les cieux de Sa Main Droite, conformément à Sa Parole:

> ﴾Ils n'ont pas estimé Allah comme Il devrait l'être, alors qu'au Jour de la Résurrection, Il fera de la terre entière une poignée, et les cieux seront pliés en Sa *[Main]* Droite. Gloire à Lui, Il est au-dessus de ce qu'ils Lui associent.﴿
>
> *[Coran 39: 67]*

Allah (ﷻ) nous informe, dans un autre endroit, de la manière dont Il pliera les cieux:

﴾Le Jour où Nous plierons le ciel comme on plie la feuille écrite. Tout comme Nous avons commencé la première création, ainsi Nous la répéterons. C'est une promesse qui Nous incombe et Nous l'accomplirons.﴿ *[Coran 21: 104]*

Ibn Kathir a dit: il est vrai, d'après Ibn Abbas (رضي الله عنه), que سِجِل = *(sijill)* désigne la feuille. Cela a été dit par 'Ali Ibn Abi Talib (رضي الله عنه), et Al-'Awfi. D'après celui-ci, Moudjahid, Qutada et d'autres encore l'ont aussi affirmé, et c'est l'interprétation qu'a retenue Ibn Jarir Tabari. De plus c'est celle qui est conforme à l'usage courant. Donc, en se fondant sur cette base, le sens du verset est: le jour où le ciel sera plié comme on plie la feuille écrite.[4]

Des Hadiths authentiques sont venus confirmer ce que les textes du Coran ont affirmé en y ajoutant des éléments supplémentaires qui annoncent ce qu'Allah (سبحانه وتعالى) dira après avoir saisi la terre et plié le ciel. Dans le Hadith rapporté par Boukhari et Muslim, on cite ces propos tenus par Abou Houraïra (رضي الله عنه): le Messager d'Allah (صلى الله عليه وسلم) a dit: *«Allah saisira la terre le Jour de la Résurrection, et Il pliera le ciel dans Sa Main Droite. Puis Il dira: ''C'est Moi le Roi, où sont les rois de la terre*?''»[5]

Dans le *Sahih* de Muslim, on a rapporté qu'Abdallah Ibn Omar (رضي الله عنه) a dit: le Messager d'Allah (صلى الله عليه وسلم) a dit: *«Allah pliera les cieux, le Jour de la Résurrection, puis Il les prendra en Sa Main droite et dira: ''C'est Moi le Roi, où sont les tyrans? Où sont les orgueilleux*?'' *Puis Il pliera la terre de Son Autre Main* (dans une autre variante, faible: *de Sa Main Gauche*), *puis Il dira: ''C'est Moi le Roi, où sont les tyrans? Où sont les orgueilleux?''*»[6]

Boukhari a rapporté qu'Abdallah Ibn Massoud (رضي الله عنه) a dit: un juif est venu vers le Prophète (صلى الله عليه وسلم) et a dit: ô Mohammed! Allah

---

4 *Tafsir* d'Ibn Kathir, vol. 4, p. 602.

5 *Michkatou El-Massabih,* vol. 3, p. 53, n° 5522.

6 *Michkatou El-Massabih,* vol. 3, p. 53, n° 5523.

tiendra les cieux sur un doigt, les terres sur un doigt, les montagnes sur un doigt, les arbres sur un doigt et les créatures sur un doigt. Puis Il dira: c'est Moi le Roi. Alors le Messager d'Allah (ﷺ) se mis à rire, au point que ses molaires apparurent. Puis il a récité:

> ﴾Ils n'ont pas estimé Allah comme Il devrait l'être, alors qu'au Jour de la Résurrection, Il fera de la terre entière une poignée, et les cieux seront pliés en Sa *[Main]* droite. Gloire à Lui, Il est au-dessus de ce qu'ils Lui associent.﴿[7]
>
> *[Coran 39: 67]*

Ces deux événements ne se produiront que lorsque Allah (سبحانه وتعالى) aura anéanti Sa création. On a dit que le Crieur fera une annonce après le Rassemblement des créatures, sur une terre blanche, semblable à de l'argent, où personne n'a désobéi à Allah.

Abou Ja'far An-Nahas a opté pour cette version en disant: cette parole est authentique et elle a été rapportée d'Ibn Massoud (رضي الله عنه). Cette parole ne peut être admise ni par analogie ni par interprétation.

Qortobi a dit: ... la première parole est la plus évidente, car elle vise Son unicité dans la royauté. C'est la fin de la prétention de ceux qui aspiraient à la royauté et la fin de l'allégeance de leurs sujets, étant donné qu'auront disparu tous les rois, l'ensemble des tyrans et les autres orgueilleux ainsi que leurs royautés: les ambitions et les allégeances n'auront plus lieu d'être. Cette explication est la plus évidente.[8]

§ 2 - La pulvérisation de la terre et la destruction des montagnes

Notre Seigneur (سبحانه وتعالى) nous informe que notre terre et les montagnes massives et solidement fixées qui s'y trouvent, seront

---

[7] *Sahih* de Boukhari, livre de l'Unicité, chapitre de la parole d'Allah: ﴾Ce que J'ai créé de ma Main﴿; *Fat'hou El-Bâri*, vol. 13, p. 393.

[8] *At-Tadhkira*, p. 172

soulevées le Jour de la Résurrection au moment où l'on soufflera dans la Trompe, puis elles seront compressées d'un seul coup:

﴿Puis quand d'un souffle on soufflera dans la Trompe. Et que la terre et les montagnes seront soulevées, puis tassées d'un seul coup. Ce jour-là alors l'Evénement se produira.﴾ *[Coran 69: 13-15]*

﴿Prenez garde, quand la terre sera complètement pulvérisée!﴾ *[Coran 89: 21]*

A ce moment-là, ces montagnes solides et dures seront transformées en sable fin, comme le Très-Haut (سبحانه وتعالى) dit:

﴿Le jour où la terre et les montagnes trembleront, tandis que les montagnes deviendront comme une dune de sable dispersée.﴾ *[Coran 73: 14]*

C'est-à-dire qu'elles deviendront semblables à des dunes de sable, après avoir été de la pierre compacte. Dans un autre endroit, le Très-Haut (سبحانه وتعالى) dit que les montagnes seront semblables à de la laine:

﴿Et les montagnes seront comme de la laine.﴾ *[Coran 70: 9]*

Dans un autre verset Allah (سبحانه وتعالى) les a assimilées à de la laine cardée:

﴿... Et les montagnes seront comme de la laine cardée.﴾ *[Coran 101: 5]*

Puis Allah (سبحانه وتعالى) fera disparaître les montagnes de leurs emplacements et Il les aplanira, afin qu'il n'y ait plus de dénivellation à la surface de la terre. Le Coran a évoqué la disparition des montagnes, en mettant l'accent tantôt sur leur mise en marche, tantôt sur leur pulvérisation:

﴿... Et les montagnes mises en marche.﴾ *[Coran 81: 3]*

﴿... Et les montagnes seront mises en marche et deviendront un mirage.﴾ *[Coran 78: 20]*

Au sujet de leur pulvérisation, Allah (﷾) dit:

﴾... Et que les montagnes seront pulvérisées.﴿ *[Coran 77: 10]*

Puis, Allah (﷾) a décrit quel sera l'état de la terre après la pulvérisation et la mise en marche des montagnes:

﴾Le jour où Nous ferons marcher les montagnes et où tu verras la terre nivelée.﴿ *[Coran 18: 47]*

C'est-à-dire qu'on ne verra plus ni élévation ni dépression dans le relief, comme le Très-Haut (﷾) dit:

﴾Et ils t'interrogent au sujet des montagnes, dis: mon Seigneur les dispersera comme la poussière. Et les laissera comme une plaine dénudée. Dans laquelle tu ne verras ni tortuosité, ni dépression.﴿ *[Coran 20: 105-107]*

§ 3 - Le bouleversement et l'embrasement des mers

Quant à ces mers qui recouvrent la plus grande partie de notre terre - où vivent d'innombrables créatures marines et sur lesquelles voguent les bateaux qui vont et qui viennent - ce jour-là elles éclateront. Nous avons découvert à notre époque l'énergie formidable qui naît de la fission des atomes (l'énergie atomique), qui sont de taille inférieure aux molécules d'eau. Qu'en sera-t-il alors, lorsque ces molécules d'eau entreront en effervescence dans ces mers gigantesques, qu'elles s'embraseront et qu'un feu s'en dégagera? A vous donc d'imaginer ces immenses mers lorsqu'elles seront devenues de vastes étendues de matière inflammable, et comment se déroulera ce spectacle... Les flammes s'élevant dans l'atmosphère... Allah le Très-Haut (﷾) dit:

﴾... Et que les mers éclateront.﴿ *[Coran 82: 3]*

﴾Et les mers allumées.﴿ *[Coran 81: 6]*

Certains exégètes du Coran ont pensé autrefois que par «éclatement des mers», il faut comprendre la rupture de leurs frontières et la disparition des obstacles qui les séparent, puis le mélange de l'eau douce avec de l'eau salée, jusqu'à ce qu'elles ne forment qu'une seule mer.[9] Mais notre interprétation est plus probable et plus satisfaisante au niveau du sens, car l'éclatement, selon le sens que nous lui avons donné, contient l'idée d'embrasement. Allah (ﷻ) est le plus savant.

§ 4 - L'agitation et la rupture du ciel

Quant à notre beau ciel bleu que nous contemplons chaque jour avec plaisir, qui épanouit nos poitrines et qui égaye nos cœurs, il sera agité par un tourbillonnement et fortement ébranlé:

﴾Le jour où le ciel sera agité d'un tourbillonnement.﴿
[Coran 52: 9]

Puis il sera rompu et se déchirera:

﴾Quand le ciel se rompra!﴿ *[Coran 82: 1]*

﴾Quand le ciel se déchirera, et obéira à son Seigneur et fera ce qu'il doit faire!﴿ *[Coran 84: 1-2]*

A ce moment-là, le ciel deviendra un édifice fragile comme l'immense palais à la structure résistante et aux piliers indéracinables qui se fissure lorsqu'il est atteint par un tremblement de terre: le voilà soudain devenu fragile, ses murs ont mille fentes et fissures, alors qu'auparavant il était solide:

﴾Et ce jour-là alors, le ciel se fendra et sera fragile.﴿
[Coran 69: 16]

Ensuite, sa couleur variera, passant par toute la gamme des couleurs: tantôt il sera rouge, tantôt il sera jaune, tantôt il sera vert, tantôt il sera bleu. Comme le Très-Haut (ﷻ) dit:

---

[9] *Tafsir* d'El-Aloussi, vol. 30, p. 63.

﴾Puis quand le ciel se fendra et deviendra alors écarlate comme le cuir rouge.﴿ *[Coran 55: 37]*

On a transmis d'après Ibn Abbas (رضي الله عنه) que le ciel sera de la couleur du pelage d'un cheval roux. Or le pelage roux - comme l'a dit Al-Baghaoui - est jaune au printemps, et en hiver, rouge, puis quand le froid s'intensifie, sa couleur varie. Au sujet de ce passage «écarlate comme le cuir rouge», Hassan al Basri a dit: c'est-à-dire que le ciel prendra plusieurs couleurs.[10]

§ 5 - L'obscurcissement du soleil, l'éclipse de la lune et la dispersion des étoiles

Quant à ce soleil que nous voyons se lever tous les matins, qui inonde notre terre de lumière et qui nous offre l'énergie indispensable à nos corps et à tous ceux qui peuplent la terre, aussi bien les animaux que les végétaux, il deviendra une masse compacte et s'obscurcira, puis sa lumière s'éteindra comme le Très-Haut (سبحانه وتعالى) dit:

﴾Quand le soleil sera obscurci [*kouwwirate*].﴿ *[Coran 81: 1]*

La signification du mot التَّكْوِير = (*At-takwir*) chez les Arabes est: le regroupement des diverses parties d'une chose entre elles. De là dérive le verbe enrouler (كَوَّرَ = *kawwara*) le turban autour de la tête, et rassembler les habits les uns sur les autres... Quand les parties du soleil se regrouperont, sa lumière partira, puis il sera lancé.

Quant à la lune - dont nous admirons le croissant au début de chaque mois, qui se développe ensuite et se complète jusqu'à devenir une pleine lune superbe, inspirant par sa beauté des poèmes aux poètes et accompagnant les voyageurs nocturnes - elle s'éclipsera et sa lumière disparaîtra:

﴾Lorsque la vue sera éblouie. Et que la lune s'éclipsera.﴿ *[Coran 75: 7-8]*

---

[10] *Tafsir* d'Ibn Kathir, vol. 6, p. 494.

Quant aux étoiles disséminées dans la voûte céleste, elles se disperseront et s'éparpilleront:

﴾Et que les étoiles se disperseront [*intatharate*].﴿

[Coran 82: 2]

﴾Et que les étoiles s'éparpilleront [*inkadarate*].﴿

[Coran 81: 2]

Al-inkidar = الانْكِدار désigne *al-intithar* = الانتثار c'est-à-dire la dispersion.[11]

§ 6 - L'interprétation de l'imam Qortobi des Textes décrivant les cataclysmes de la Résurrection

Qortobi a dit: Tirmidhi a rapporté qu'Ibn Omar (ﷺ) a dit: le Messager d'Allah (ﷺ) a dit: *«Celui qui est désireux de voir* [les événements terribles] *du Jour de la Résurrection, qu'il lise les sourates:* ﴾Quand le soleil sera obscurci...﴿, ﴾Quand le ciel se rompra...﴿, ﴾Quand le ciel se déchirera...﴿». Tirmidhi a affirmé que le Hadith est bon.[12]

Ces trois sourates se rapportent uniquement à la Résurrection, car leurs versets évoquent la déchirure et la rupture du ciel, l'obscurcissement du soleil, la dispersion et l'éparpillement des étoiles, et d'autres événements terrifiants comme la sortie des créatures de leurs tombes en direction de leurs prisons ou de leurs palais après le déploiement de leurs feuillets *[de registres]* où sont consignés leurs actes, la lecture de leurs livres, lesquels leurs seront remis à la main droite, gauche ou derrière leurs dos, à l'Emplacement où ils se tiendront debout, sujets que nous développerons ultérieurement. Allah le Très-Haut (ﷻ) dit:

---

[11] *Tafsir* d'Ibn Kathir, vol. 7, p. 221.

[12] Hadith authentique rapporté par Tirmidhi, Al-Hâkim et Ahmed. Voir *Sahih El-Jami'e*, vol. 3, p. 301, n° 6191.

﴾Quand le ciel se déchirera.﴿ *[Coran 84: 1]*

﴾Quand le ciel se rompra.﴿ *[Coran 82: 1]*

﴾Et le Jour où le ciel sera fendu par les nuages.﴿ *[Coran 25: 25]*

Tu verras le ciel fragile, rompu et fendu, comme l'annoncent les Paroles du Très-Haut (ﷻ):

﴾Et le ciel sera ouvert et présentera des portes.﴿ *[Coran 78: 19]*

Les nuages formeront un bouclier entre le ciel et la terre. On a dit que cette rupture sera due à la chaleur du Feu de la Géhenne qui l'attend, et ceci surviendra lorsque les eaux seront épuisées et que les feux apparaîtront. La première conséquence de ce bouleversement est que sa couleur deviendra rouge pure, comme le cuir rouge et il se fendra quand Allah (ﷻ) décidera de la destruction et l'abandon du bas monde. On a dit que le ciel se colorera, il jaunira puis rougira ou rougira puis jaunira, comme la couleur de la poulaine au printemps qui tire vers le jaune, puis quand la chaleur s'intensifie, la couleur de son pelage devient rouge puis ternit. Ceci a été cité par Al-Halimi. Le Très-Haut (ﷻ) dit:

﴾Quand le soleil sera obscurci [*kouwwirate*].﴿ *[Coran 81: 1]*

Ibn Abbas (رضي الله عنه) a dit: «Son obscurcissement signifie son introduction dans le Trône.» On a dit aussi: c'est la disparition de la clarté du soleil, comme l'ont expliqué Al-Hassan, Qutada - et on l'a aussi rapporté d'Ibn Abbas (رضي الله عنه) et de Moudjahid. Quant à Abou 'Obeida (رضي الله عنه), il a dit: «(*Kouwwirate*) = كُوِّرَتْ, c'est comme l'enroulement du turban, c'est-à-dire que le soleil sera enroulé et disparaîtra.» Rabi'e Ibn Kheithem a dit: le soleil sera jeté.

Je dis pour ma part que l'origine de *takwir* = تكوير c'est le regroupement. Ce mot vient de l'expression «il enroule le turban sur sa tête». Il enroule, c'est-à-dire il roule et noue le turban, puis il le regroupe: cela est l'enroulement. Puis Allah (سبحانه وتعالى) effacera sa lumière et Il le jettera. Allah (سبحانه وتعالى) est le plus savant. Allah (سبحانه وتعالى) dit:

﴾Et que les étoiles seront éparpillées [*inkadarate*].﴿

[Coran 81: 2]

On a dit qu'elles seront éparpillées par les mains des Anges car ils mourront. En effet, d'après un Hadith, elles sont suspendues entre le ciel et la terre par des chaînes tenues par les mains des Anges. Ibn Abbas (رضي الله عنه) a dit: *inkadarate* = انكدرت c'est-à-dire qu'elles se transformeront. L'origine de *(inkidar)* = انكدار est liée à l'idée de déversement. Donc, les étoiles tomberont dans les mers et deviendront du feu, quand les eaux auront disparu. Le Très-Haut (سبحانه وتعالى) dit:

﴾Et les montagnes mises en marche.﴿ *[Coran 81: 3]*

Ce verset est identique au verset suivant:

﴾Le jour où Nous ferons marcher les montagnes.﴿

[Coran 18: 47]

C'est-à-dire qu'elles passeront de leur état de pierre à celui de dunes de sable dispersées, c'est-à-dire elles seront telles du sable répandu. Elles seront comme de la laine et comme de la poussière éparpillée, puis elles deviendront un mirage qui n'est en fait rien d'autre qu'une illusion. On a dit que les montagnes, après leur pulvérisation, deviendront comme de la laine sous l'effet de la chaleur du feu de la Géhenne, tout comme le ciel deviendra semblable au métal en fonte sous l'effet de cette chaleur. Al-Halimi a dit: et ce, - mais Allah (سبحانه وتعالى) est le plus savant - parce que les eaux de la terre étaient un obstacle entre le ciel et la terre. Mais quand les eaux disparaîtront, et que la chaleur de la Géhenne augmentera, cela aura une influence sur *la terre et le ciel. Le Très-Haut (سبحانه وتعالى) dit:*

﴾Et les chamelles à terme [*'ichârou*], négligées.﴿

[Coran 81: 4]

C'est-à-dire que les propriétaires de chamelles les délaisseront et elles ne seront pas soignées parce qu'ils seront préoccupés de leur propre personne. «Les chamelles à terme» s'appliquent à des chamelles pleines de dix mois, qui sont désignées par ce terme jusqu'à ce qu'elles mettent bas, et aussi après avoir mis bas. Allah (ﷻ) les a citées, car elles sont ce qu'il y a de plus précieux pour les Arabes. Allah (ﷻ) a donc prévenu qu'au Jour de la Résurrection, elles seront délaissées. Le sens du verset est que lorsque les hommes se lèveront de leurs tombes, qu'ils s'apercevront les uns les autres et qu'ils verront les bêtes sauvages, les montures rassemblées, et parmi elles leurs chamelles à terme -qui étaient leur plus grande richesse- ils s'en désintéresseront et ne se préoccuperont pas de leur sort. Il est probable que la signification de ce verset est la neutralisation par Allah (ﷻ) des biens des gens, notamment ceux qui possédaient des chamelles à terme dans la vie terrestre: quand les propriétaires verront leurs chamelles à terme, ils n'auront aucun moyen d'aller vers elles.

On a dit que *al-'icharou* = العشار désignent les nuages dépourvus d'eau, et que le sens du verset signifie qu'il ne pleuvra plus. On a aussi dit que *al-'icharou* sont les habitations et que le sens du verset est qu'elles seront délaissées et inhabitées. On a également dit que c'est la terre dont on prélève le dixième de la culture qui sera délaissée et non cultivée.

La première explication rapportée est la plus célèbre et la plus connue de la majorité des gens. Le Très-Haut (ﷻ) dit:

﴿Et les bêtes sauvages rassemblées.﴾ *[Coran 81: 5]*

C'est-à-dire qu'elles seront regroupées. Nous avons déjà expliqué ce point précédemment. Le Très-Haut (ﷻ) dit:

﴿Et les mers allumées [*soujjirate*].﴾ *[Coran 81: 6]*

C'est-à-dire que les mers s'enflammeront. Ceci a été rapporté par Dhahâk d'après Ibn Abbas (رضي الله عنه). Qutada a dit: c'est-à-dire que son eau s'infiltrera dans la terre et disparaîtra. Al-Hassan et Dhahâk ont dit: son eau débordera. Ibn Abi Zamaneine a dit: *soujjirate* = سُجِّرَتْ signifie que les mers seront remplies, c'est-à-dire qu'on rassemblera toutes les mers pour n'en former qu'une. Cette interprétation provient des paroles d'Al-Hassan.

Et on a dit aussi: le soleil sera enroulé puis jeté dans les mers, et de là, elles seront chauffées et deviendront du feu.

Al-Halimi a dit: il est probable que si *soujjirate* signifie que les mers seront remplies - comme certains l'ont interprété - c'est que la majeure partie des mers sera faite de feu à ce moment-là, car le soleil, qui est supérieur à la terre par ses dimensions, quand il sera enroulé puis jeté dans la mer, deviendra du feu et accroîtra son volume.

Le Très-Haut (سبحانه وتعالى) dit:

﴿Et les âmes couplées.﴾ *[Coran 81: 7]*

L'interprétation d'Al-Hassan est que chaque partisan rejoindra son clan: les juifs avec les juifs, les chrétiens avec les chrétiens, les mazdéens avec les mazdéens, tous ceux qui adoraient autre chose en dehors d'Allah (سبحانه وتعالى) se rassembleront entre eux, les hypocrites avec les hypocrites, et les croyants avec les croyants. 'Ikrima a dit: «Ce verset signifie que les âmes seront jointes à leur corps, c'est-à-dire qu'elles y retourneront.» On a dit: la personne égarée sera jointe au diable ou à l'homme qui l'a égarée.

Et on a dit également: on joindra les croyants aux Houris aux grands yeux, et les mécréants aux diables. Le Très-Haut (سبحانه وتعالى) dit:

﴿Et quand on interrogera la fillette enterrée vivante.﴾
[Coran 81: 8]

C'est une allusion aux fillettes de la période préislamique qu'on enterrait vivantes pour deux raisons. La première est que les Arabes prétendaient que les Anges étaient les filles d'Allah (سبحانه وتعالى); ils les ont donc adjointes à Allah (سبحانه وتعالى). La deuxième raison réside dans la peur de l'indigence et du besoin. L'interrogatoire de la fillette enterrée vivante est une forme de blâme et de réprimande à l'égard du meurtrier, comme l'on demande à l'enfant: pourquoi as-tu été frappé, pour quelle faute? Al-Hassan a dit: Allah (ﷻ) a voulu blâmer le meurtrier, car la fillette a été tuée sans avoir commis de faute. Certains ont lu le verset: «Et quand la fillette... demandera», c'est-à-dire qu'elle s'accrochera à son père et lui dira: pour quel péché m'as-tu tuée?. Et on a dit: le sens de (*sou-i-lett*) = سُئِلَتْ est que l'on demandera à son sujet, comme lorsque Allah (ﷻ) dit:

﴾On sera interrogé au sujet des engagements.﴿

[Coran 17: 34]

Le Très-Haut (ﷻ) dit:

﴾Et quand les feuilles seront déployées.﴿ *[Coran 81: 10]*

C'est-à-dire qu'elles seront déployées pour le Compte. Nous développerons ce sujet ultérieurement.

Le Très-Haut (ﷻ) dit:

﴾Et le ciel éraflé [*kouchitate*].﴿ *[Coran 81: 11]*

On a dit que le sens du verset est que le ciel sera plié comme le Très-Haut (ﷻ) a dit:

﴾Le Jour où Nous plierons le ciel comme on plie la page écrite [*sijill*].﴿ *[Coran 21: 104]*

Certains ont dit que *sijill* = السجل était le scribe du Prophète Mohammed (ﷺ), mais nous n'avons pas eu connaissance que l'un des Compagnons avait pour nom Sijill.

Le Très-Haut (ﷻ) dit:

﴾Et la Fournaise attisée.﴿ *[Coran 81: 12]*

C'est-à-dire que l'Enfer sera allumé. Et Sa parole...

﴾Et le Paradis rapproché﴿ *[Coran 81: 13]*

... c'est-à-dire que le Paradis sera à proximité de ses futurs habitants.

Le Très-Haut (ﷻ) dit:

﴾Chaque âme saura ce qu'elle a présenté.﴿ *[Coran 81: 14]*

C'est-à-dire que l'homme saura les actes qu'il a accomplis, comme l'attestent Ses Paroles:

﴾Toute âme saura ce qu'elle a accompli et ce qu'elle aura remis à plus tard.﴿ *[Coran 82: 5]*

Voici un poème composé au sujet de la description des frayeurs de ce Jour:

Imagine ton âme, ô prétentieux!
Le jour de la Résurrection où le ciel s'agitera.
Quand le soleil du jour sera obscurci, et qu'il sera rapproché
Jusqu'à ce qu'il arrive au-dessus des têtes des serviteurs.
Quand les étoiles tomberont et se disperseront,
Elles deviendront ternes après avoir été si lumineuses.
Quand les mers s'allumeront à cause de sa frayeur,
Tu les verras, comme l'Enfer, s'enflammer.
Quand les montagnes seront déracinées de leurs emplacements,
Tu les verras se déplacer comme les nuages.
Quand les chamelles à terme seront négligées et effondrées,
Les habitations seront désertées, abandonnées et dépeuplées.
Quand les bêtes féroces, le Jour de la Résurrection,
seront rassemblées
Tu demanderas aux Anges: où vont-elles?
Quand les musulmans pieux se marieront
Avec les Houris aux grands yeux, elles
embelliront leurs émotions.

Quand on interrogera au sujet de la fillette enterrée vivante
Pour quel péché l'a-t-on si facilement tuée?
Quand le Vénéré pliera le ciel en Sa Main Droite,
Comme on plie la page de Son Livre diffusé.
Quand les feuillets seront déployés, dispersés
Et déchirés en lambeaux pour les croyants.
Quand le ciel sera dégarni de ses étoiles,
Tu verras l'orbite céleste tournoyer.
Quand les feux de l'Enfer seront attisés,
Et qu'ils crépiteront pour les pécheurs.
Quand les paradis seront embellis et parfumés,
Pour un jeune homme qui a enduré de longues épreuves.
Quand l'enfant s'accrochera à sa mère,
Ayant peur du châtiment, son cœur paniqué.
Sans avoir commis de péché, son enfant aura peur.
Alors, quel sera l'état de l'entêté qui a commis des péchés durant des temps!

§ 7 - Propos d'Al-Mouhâssebi au sujet de la description des frayeurs de ce Jour

[Sur plusieurs pages], Al-Hârith Al-Mouhâssibi (qu'Allah lui fasse miséricorde) déclare à propos des événements terribles de ce jour-là: quand de nombreux morts se seront reconstitués et que la terre et les cieux seront vides de tous leurs habitants désormais morts, on n'entendra plus de bruit et on ne verra personne. Il ne subsistera qu'Allah (ﷻ) le Contraignant, le Très-Haut, comme Il n'a jamais cessé d'être l'Unique Eternel par Sa Munificence et Sa Grandeur. Puis ton âme ne sera surprise que par l'appel du Crieur destiné à toutes les créatures avec toi, afin de comparaître devant Allah (ﷻ) le Tout-Puissant, toi ainsi que les autres créatures, avilies et humiliées. Imagine comment se fera le retentissement de la voix dans tes oreilles et dans ton esprit. Tu comprendras que tu es appelé à comparaître devant le plus Haut Souverain (ﷻ). Ton cœur s'emportera, et tes

cheveux blanchiront à l'Appel, car il n'y aura qu'un seul Cri pour t'appeler à comparaître devant le Tout-Majestueux Plein de Noblesse, de Munificence, de Grandeur et d'Orgueil. Tandis que tu seras effrayé au son de la voix, tu entendras le sol se fendre au-dessus de ta tête, alors tu bondiras sur tes pieds, couvert de la tête aux pieds de la poussière de ta tombe. Ton regard sera fixé en direction de l'Appel. Toutes les créatures se seront levées avec toi d'un seul coup, recouvertes de la poussière qui s'est attachée à eux il y a si longtemps durant leurs épreuves.

Imagine-toi la scène quand elles se lèveront toutes, y compris toi-même, avec effroi et épouvante. Imagine-toi tout nu, avili, isolé, avec ta peur, ton chagrin, tes angoisses et tes préoccupations, au milieu de la foule des créatures nues, aux pieds nus, silencieuses, rassemblées dans leur avilissement, faisant acte de soumission, en proie à la peur et à la crainte. Tu n'entendras que le bruit léger de leurs pas et l'écho de la voix du Crieur. Les créatures se dirigeront vers cette voix, et toi tu seras parmi elles, t'y dirigeant rapidement avec humilité jusqu'à ce que tu parviennes à cet Emplacement. Toutes les communautés de djinns et d'hommes, nus et pieds nus, se bousculeront. Alors, la royauté sera ôtée aux rois de la terre: l'avilissement sera leur lot. Ils seront les plus avilis des gens rassemblés, et les plus humiliés parmi toutes les créatures, les plus impuissantes aussi, expiant leur démence et leur tyrannie à la place des serviteurs d'Allah le Tout-Puissant (سبحانه وتعالى), sur Sa terre.

Puis les bêtes, peuplant les étendues désertiques et les sommets des montagnes, avanceront têtes baissées à cause de l'avilissement qui les frappera en ce Jour de la Résurrection, après avoir vécu farouches et isolées du restant des créatures. Elles seront avilies à cause du Jour de la Résurrection, sans qu'aucun malheur les ait touchées, et sans qu'aucun péché les ait affligées. Imagine-toi leur venue, avilies, en ce grand Jour, pour le Jour de la Résurrection et de l'Exposition.

Les animaux féroces, après les terreurs qu'ils provoquaient, viendront avilis et têtes baissées à cause du Jour de la Résurrection, jusqu'à ce qu'ils prennent place, derrière les créatures, avilis, soumis et impuissants devant le Tout Puissant Souverain (ﷻ). Quant aux diables, ils viendront avec humilité à cause de l'avilissement de l'Exposition qui sera faite devant Allah de leur démence et de leur insoumission (ﷻ). Et gloire à Celui qui les réunira après leurs longues épreuves et leur différence de nature et de création, et après leurs injustices mutuelles. La Résurrection les avilira et les réunira.

Quand sera parachevée la disposition des gens de la terre, entre les hommes, les djinns, les diables, les bêtes sauvages et carnivores, les bestiaux et les animaux venimeux, et qu'ils seront tous à l'emplacement de l'Exposition et du Compte, les étoiles du ciel se disperseront au-dessus d'eux, le soleil et la lune disparaîtront, et alors la terre se trouvera dans l'obscurité, à cause de l'extinction de leur clarté et de leur lumière. Tandis qu'à ce moment, toutes les créatures et toi-même, vous serez sous le ciel immense de la vie terrestre qui tournoiera au-dessus de vos têtes, tu verras ce spectacle terrifiant de tes propres yeux. Puis il se déchirera sur toute son épaisseur pendant cinq cents ans. Et quelle frayeur que le son de cette déchirure dans tes oreilles! Puis il se rompra à cause de la grande frayeur qui accompagne le Jour de la Résurrection. Les Anges se tiendront sur ses côtés, encerclant ce qui se fendra et se déchirera. Quel est ton avis au sujet de la frayeur que provoquera la fente de cet immense ciel? Allah (ﷻ) le fera fondre jusqu'à ce qu'il devienne de l'argent fondu mélangé à du cuivre jaune, sous l'effet de la frayeur du Jour de la Résurrection, conformément à ce que le Grand Majestueux (ﷻ) dit:

﴿Et deviendra alors écarlate comme le cuir rouge.﴾

[Coran 55: 37]

﴿Le jour où le ciel deviendra comme du métal en fonte. Et les montagnes comme de la laine.﴾ *[Coran 70: 8-9]*

Tandis que les Anges du premier ciel encercleront, voilà que, rassemblés, ils descendront vers la terre pour l'Exposition et le Compte. Ils se tiendront sur ses deux côtés avec leurs corps immenses, leur dignité impressionnante et leurs voix hautes et fortes glorifiant le Plus Grand Souverain (سبحانه وتعالى) qui les aura fait descendre et rassemblés vers la terre, avec avilissement et soumission pour l'Exposition et l'Interrogatoire devant Lui (سبحانه وتعالى).

Imagine-toi leur descente des nuages, leur grande dignité, leurs corps immenses, la terreur dans leurs voix et leur grande peur. Ils auront la tête baissée sous l'effet de l'avilissement de l'Exposition devant Allah (سبحانه وتعالى). Et quelle ne sera ta peur! Les créatures craindront que les Anges aient été chargés de leur sort. Ils demanderont: y a-t-il notre Seigneur parmi vous? Alors les Anges seront effarés par leur question, par respect pour leur Roi (سبحانه وتعالى), à l'idée qu'Il puisse se trouver parmi eux. Alors ils crieront de toute leur voix pour démentir ce que les gens de la terre se seront imaginé: Gloire à notre Seigneur, Il n'est pas parmi nous, mais Il viendra! Puis, quand ils s'aligneront, entourant les créatures, ils baisseront la tête à cause de l'avilissement de ce Jour. Imagine-les donc couverts de leurs ailes, baissant la tête par avilissement, soumission et humilité à l'égard de leur Seigneur (سبحانه وتعالى). Puis il en sera de même partout jusqu'au septième ciel, tous les habitants des cieux, en foule innombrable, dotés d'immenses corps, entoureront les créatures en rang.

Quand les habitants des sept cieux et des sept terres parviendront à l'Emplacement, le soleil sera entouré d'une chaleur intense équivalente à dix ans, puis on le rapprochera de la tête des créatures d'une portée d'un arc ou deux. Il n'y aura d'ombre que Celle du Trône du Seigneur de l'univers (سبحانه وتعالى). Parmi les créatures, il y en aura qui seront sous l'Ombre du Trône, tandis que la chaleur du soleil se répandra sur d'autres. Le soleil les fera fondre. Leur affliction et leur angoisse s'intensifieront sous l'effet de son incandescence. Puis les communautés se bousculeront et se pousseront. Elles seront à l'étroit et leurs pieds s'entremêleront. Leurs gorges se déchireront de soif. La chaleur du soleil, leurs souffles brûlants et la bousculade de leurs corps joindront leurs effets. La sueur jaillira des corps et ruissellera, elle coulera jusqu'à ce que la terre devienne un marécage, puis baignera les corps des hommes selon leurs degrés *[en joie ou en malheur]* auprès d'Allah (ﷻ). La sueur atteindra, pour certains, leurs chevilles; pour d'autres, elle atteindra leurs tailles et d'autres le lobe de leurs oreilles. Il y en aura qui disparaîtront pratiquement dans leur sueur, tandis que pour d'autres la sueur atteindra le milieu de leurs corps ou moins que cela.

D'après Ibn Omar (رضي الله عنه), le Messager d'Allah (ﷺ) a dit: *«L'homme* (Morra, un des rapporteurs de la chaîne de transmission du Hadith, a dit: *le mécréant) se tiendra assurément debout le Jour de la Résurrection dans une mer de sueur qui atteindra le milieu de ses oreilles, à cause de la longue station debout.»*

On a rapporté qu'Abdallah (رضي الله عنه) a dit que le Prophète (ﷺ) a dit: *«Le Jour de la Résurrection, la sueur du mécréant parviendra à hauteur de sa bouche, à cause de la longue durée de ce Jour* - quant à Ali (رضي الله عنه), il a dit: *par leur longue station debout - jusqu'à ce que l'infidèle dise: Seigneur, libère-moi, même si pour cela je dois aller en Enfer.»* Et toi, inévitablement, tu seras l'un d'eux. Imagine donc l'état de ton âme en fonction de ton angoisse tandis que la sueur t'aura inondé, que l'affliction t'aura enveloppé, et que ton souffle t'étouffera dans ta poitrine à cause de l'intensité de la sueur, de la peur et de l'effroi. Les gens attendront avec toi la sentence du Jugement pour la demeure de la Félicité ou la demeure du Malheur, jusqu'à ce que l'épuisement et la fatigue atteignent leur paroxysme pour les autres créatures et pour toi-même. Leur station debout durera encore longtemps. Elles ne parleront pas et ne regarderont pas l'état dans lequel elles se trouveront.

On a rapporté que Qutada [ou Ka'b (ﷺ)] au sujet du verset:

﴾Le jour où les gens se tiendront debout devant le Seigneur de l'Univers.﴿ *[Coran 83: 6],*

a dit: ils se tiendront debout pendant une durée approximative de trois cents ans, puis il a dit: j'ai entendu Al-Hassan dire: quel est ton avis au sujet de gens qui se tiendront debout devant Allah (ﷻ), sur leurs deux pieds pendant une durée de cinquante mille ans, sans rien manger, ni boire, jusqu'à ce que leurs gorges soient déchirées par la soif et leurs estomacs brûlés par la faim. Alors, on les mènera au Feu, où ils seront abreuvés d'une source qui aura atteint son plus haut degré d'ébullition, dont la chaleur aura atteint le comble, et dont le souffle sera ardent. Puis, quand ils seront affligés par une peine et un épuisement au-dessus de leurs capacités, ils s'adresseront mutuellement la parole pour se demander qui aura la générosité d'intercéder pour eux auprès de leur Maître (ﷻ), afin qu'ils les libèrent de leur station debout, en quittant leur Emplacement pour se diriger au Paradis ou en Enfer. Ils demanderont d'abord le secours d'Adam, puis de Noé, puis d'Ibrahim, puis de Moïse, puis de Jésus, et tous leur diront: «Notre Seigneur s'est mis en colère aujourd'hui d'une colère sans pareille, ni dans le passé ni dans le futur.» Tous mentionneront la dureté de la colère de leur Seigneur (ﷻ). Chaque Prophète se préoccupera de son âme en disant: «Mon âme, mon âme!» Chaque prophète sera plus préoccupé de veiller sur sa propre âme, que d'intercéder pour eux auprès de leur Seigneur, en raison de son souci pour sa propre personne et son salut.

Imagine-toi les voix de toutes les créatures criant toutes ensemble, chacune d'entre d'elles criant: mon âme, mon âme! Tu n'entendras que cette parole. Et quelle terrible scène que celle-ci! Toi parmi elles, vous serez préoccupés de vos âmes et de leur salut, loin du châtiment et de la punition de ton Seigneur. Que penses-tu du jour au cours duquel l'élu Adam, Abraham, l'Intime d'Allah *(Khalîl Arrahmane)*, Moïse, celui qui a parlé à Allah de vive voix, et Jésus, une parole et un souffle venant d'Allah, tous malgré leur noble rang auprès de Lui (سبحانه وتعالى), tous bien que possédant un grand degré auprès de Lui (سبحانه وتعالى), crieront: mon âme, mon âme, par crainte de la dureté de la colère de leur Seigneur (سبحانه وتعالى)? Quelle sera ta position par rapport à eux, avec ta crainte, tes préoccupations, ta tristesse et ta peur, en ce Jour? Lorsque les créatures désespéreront de leurs intercessions, ils se dirigeront vers le Prophète Mohammed (ﷺ) et lui demanderont d'intercéder pour eux auprès de leur Seigneur (سبحانه وتعالى). Il acceptera leur demande, puis il se tiendra debout devant son Seigneur (سبحانه وتعالى). Il Lui demandera Sa permission, et Allah (سبحانه وتعالى) la lui accordera. Puis il se jettera prosterné devant son Seigneur (سبحانه وتعالى). Ensuite on lui inspirera des louanges et des compliments dont Allah est digne. Tu l'entendras, toi ainsi que les autres créatures, jusqu'à ce que son Seigneur (سبحانه وتعالى) l'exauce et hâte la tenue du jugement et l'examen des cas.[13]

---

[13] *At-Tawahoum wa al-Ahwâl,* p. 5.

CHAPITRE 8

LA SITUATION DES HOMMES AU JOUR DE LA RESURRECTION

Les situations des gens seront différentes, c'est assez évident. Nous en exposerons trois: la situation des mécréants, la situation des croyants monothéistes désobéissants, et la situation des croyants pieux.

SECTION PREMIERE

LA SITUATION DES MECREANTS

§ 1er - Leur avilissement, leur humiliation, leur regret et leur désespoir

Celui qui médite sur les textes du Coran et de la Sunna qui évoquent les scènes de la Résurrection, verra les grandes frayeurs et les grandes afflictions qui atteindront les mécréants criminels, en ce grand Jour. Dans cette section, nous allons exposer quelques scènes qui ont été décrites par le Saint Coran.

1- Le Très-Haut (سبحانه وتعالى) dit, en faisant une description de la situation des mécréants lors de leur sortie hors des tombes:

> ﴿Le Jour où ils sortiront des tombes, rapides comme s'ils couraient vers des pierres dressées. Leurs yeux seront abaissés, l'avilissement les couvrira. C'est cela le jour dont on les menaçait!﴾ *[Coran 70: 43-44]*

Le texte décrit la vitesse de leur sortie des tombes, en ce Jour, se dirigeant vers le lieu d'où provient la voix, comme s'ils s'empressaient de se rendre vers les pierres dressées qu'ils adoraient dans la vie terrestre. Mais, en ce jour, ils ne s'y dirigeront pas dans la gaieté ni avec ardeur et vivacité, comme c'était le cas dans la vie terrestre. Ils seront plutôt humiliés, leurs yeux baissés et ils seront couverts d'ignominie. Tel est le tableau par lequel Allah (سبحانه وتعالى) les menace dans la vie dans le bas monde.

2- Le Très-Haut (سبحانه وتعالى) dit:

> ﴿Détourne-toi d'eux. Le Jour où l'appellatif appellera vers une chose affreuse. Les regards baissés, ils sortiront des tombes comme des sauterelles éparpillées. Courant, le cou tendu vers l'appellatif. Les mécréants diront: voilà un jour difficile.﴾ *[Coran 54: 6-8]*

Ce verset mentionne les éléments que les versets précédents ont rappelés au sujet de leur sortie hors des tombes: les regards baissés, avilis, s'empressant vers la voix qui les appelle. Ce verset a adjoint une description qui nous donne une image vivante de la scène de la Résurrection, de leurs états ce jour-là, en mouvement, sortant rapidement comme des sauterelles dispersées. Ce verset nous indique aussi que les mécréants reconnaîtront la difficulté de leur position en ce Jour:

> ﴿Les mécréants diront: voilà un jour difficile.﴾ *[Coran 54: 8]*

3- Ce troisième texte nous montre que les mécréants crieront leur malheur et leur perte lorsque l'on soufflera dans la Trompe, tout en se demandant qui les a réveillés de leur sommeil:

﴾Et on soufflera dans la Trompe, et voilà que, des tombes, ils se précipiteront vers leur Seigneur. En disant: Malheur à nous! Qui nous a ressuscités de là où nous dormions?﴿

[Coran 36: 51-52]

Abou Mouhakam Al-Jasri, qui était un sage, chez qui ses frères se réunissait souvent. Quand le verset précédent lui était lu, il se mettait à pleurer, et disait: les frayeurs de la Résurrection leur ont fait perdre la raison. Par Allah! Si ces gens avaient été réellement dans un sommeil comme il ressort de leur parole-ci, ils n'auraient pas crié au malheur au premier instant de la Résurrection, lorsqu'ils se tiennent debout après leur séjour dans la tombe, pour l'Exposition et l'Interrogatoire, à moins qu'ils n'aient vu de leurs yeux un grand danger. Or, la Résurrection s'est manifestée pour eux par de grandes frayeurs. En ayant séjourné longtemps dans le *Barzakh* (vie intermédiaire entre la mort et la Résurrection), souffrant mille peines et châtiés dans leurs tombes, ils n'auraient pas crié au malheur en voyant cesser ce châtiment, à moins d'être livrés à un malheur encore plus terrible que ce châtiment dans la tombe. S'il n'en avait pas été ainsi, ces gens n'auraient pas minimisé le châtiment de la tombe dans lequel ils se trouvaient, en le nommant 'sommeil'. Il y a certes une preuve de cela dans le Coran:

﴾Et quand viendra le Grand Cataclysme﴿ *[Coran 79: 34]*

Puis il se mettait à pleurer jusqu'à mouiller sa barbe.

4- Un autre texte ajoute de nouveaux détails sur leur situation lors de leur résurrection: leurs regards seront figés, leurs yeux seront exorbités à cause de l'intensité de la terreur, et leurs cœurs seront vides à cause de la terreur qui les entourera. Le Très-Haut (سبحانه وتعالى) dit:

﴾Et ne pense point qu'Allah soit inattentif à ce que font les *[gens]* injustes. Il leur accordera un délai jusqu'au jour où leurs regards se figeront. Ils courront atterrés, la tête levée, les yeux hagards et les cœurs vides.﴾ *[Coran 14: 42-43]*

Sayid Qotb (qu'Allah lui fasse miséricorde et le récompense) a dit en interprétant ces versets: le Messager d'Allah (ﷺ) ne pense pas qu'Allah (سبحانه وتعالى) soit inattentif à ce que font les gens injustes, même si apparemment certains voient que ceux-ci se réjouissent. Ils entendent la menace d'Allah (سبحانه وتعالى), mais ils ne la voient pas survenir sur eux dans la vie terrestre. Cette tournure de phrase révèle donc qu'est fixé le moment où ils seront pris par le piège ultime qui n'a ni sursis, ni rançon. En ce Jour pénible, les regards se figeront à cause de la frayeur et de l'épouvante. Cette confusion demeurera en eux et les laissera stupéfaits, ébahis, et prisonniers de la terreur qui ne s'écartera pas et ne mouvra pas.

Puis Allah (سبحانه وتعالى) décrit la scène des gens qui seront dans la bousculade née de la terreur... Leur comportement sera celui-ci: ils s'empresseront sans se soucier de rien. Ils ne tourneront la tête ni à droite ni à gauche vers un objet quelconque. Leurs têtes seront en l'air, non pas volontairement, mais parce qu'elles seront bloquées: ils n'auront aucun pouvoir de les bouger. Ils attarderont leurs regards sur les objets d'effroi qui se présenteront devant eux. Leurs yeux seront hagards et leurs cœurs seront vides à cause de la peur. Rien ne leur sera rattaché qui puisse leur faire saisir, se souvenir ou se rappeler quoi que ce soit. Ce sera un vide tel qu'il n'y en eut jamais *[auparavant].* Voilà le jour que Allah (سبحانه وتعالى) a fixé comme terme du délai accordé. Le jour où ils se tiendront debout en cet Emplacement, ils endureront ce terrible effroi qui se dessine à travers ces quatre éléments. Il les saisira comme de petits oiseaux qui se trouveraient entre les serres d'un épervier effrayant.

﴿Il leur accordera un délai jusqu'au jour où leurs regards se figeront. Ils courront atterrés, la tête levée, les yeux hagards et les cœurs vides.﴾ *[Coran 14: 42-43]*

L'empressement, la précipitation, et la bousculade se dérouleront dans une atmosphère figée, détestable et tendue. Leurs cœurs seront effrayés, emportés, vides de toute conscience, de toute compréhension... Tout cela sera couronné, par la terreur qui figera les regards.

5- Le Coran nous décrit la frayeur qui dominera les âmes des mécréants en ce Jour de terrible situation. Le Très-Haut (ﷻ) a dit:

> ﴿Et avertis-les du Jour qui approche, quand les cœurs remonteront aux gorges, silencieux, les *[gens]* injustes n'auront ni ami zélé, ni intercesseur écouté.﴾ *[Coran 40: 18]*

Le jour qui approche est la Résurrection. Cette expression la décrit comme s'il était en mouvement et avançait. Là-bas, les souffles seront angoissés et haletants. Ce sera comme si leurs cœurs angoissés battaient dans leurs gorges. Ils seront silencieux à cause de leur souffle, de leurs douleurs et de leurs craintes. Leur silence les angoissera et sera lourd dans leurs poitrines. Ils ne trouveront ni ami allié qui éprouvera quelque compassion pour eux, ni intercesseur dont la parole sera écoutée dans ce Lieu pénible et angoissant.

6- Ceux-là - selon le jugement d'Allah (ﷻ) - sont des criminels et des révoltés envers leur Créateur qui est leur seule Divinité digne d'adoration (ﷻ), s'enorgueillissant et transgressant Son adoration et Son obéissance. Ils seront amenés vers leur Seigneur Créateur (ﷻ), enchaînés, leurs tuniques seront de goudron, et le feu couvrira leurs visages. Quelle horrible situation que la leur! Et terrible sera ce qu'ils rencontreront:

> ﴿Au jour où la terre sera remplacée par une autre terre, de même que les cieux, et où ils comparaîtront devant Allah, l'Unique, le Dominateur Suprême. Et ce jour-là, tu verras les coupables attachés avec des chaînes. Leurs tuniques seront de goudron et le feu couvrira leurs visages.﴾
> *[Coran 14: 48-50]*

Tabari (qu'Allah lui fasse miséricorde) a dit au sujet de l'exégèse de ces versets: le verset évoque ceux qui n'ont pas cru en Allah (ﷻ) et qui ont commis le crime de polythéisme (*chirk*) dans la vie terrestre, et leur situation à ce moment-là, c'est-à-dire le jour où la terre sera remplacée par une autre terre de même que les cieux, [se résume à ce qu'ils] seront ﴿Attachés avec des chaînes﴾. Il dit: leurs pieds et leurs mains seront joints à leurs cous avec des chaînes. [1]

7- Le soleil s'approchera des têtes des serviteurs, en ce Jour, jusqu'à ce qu'il y ait, entre eux et le soleil, une distance d'un *mile*. S'ils n'avaient pas été créés (au Jour de la Résurrection) d'une création à l'épreuve de la mort, ils auraient fondu et se seraient évaporés. Ils échapperont à ce sort parce qu'après leur mort, ils ne mourront plus.

Leur sueur s'infiltrera dans la terre jusqu'à ce qu'elle soit saturée. Puis la sueur s'élèvera au-dessus du sol, et, selon leurs actes, elle se saisira d'eux. Dans le *Sahih* de Muslim, on a rapporté qu'Al-Miqdad Ibn Al-Aswad (رضي الله عنه) a dit: j'ai entendu le Messager d'Allah (ﷺ) dire: *«Le soleil s'approchera des créatures, le Jour de la Résurrection, jusqu'à ce qu'il soit proche d'eux d'une distance d'un* mile.» Salim Ibn 'Amir a dit: par Allah, je ne sais pas ce qu'il a voulu entendre par la distance d'un *mile*: est-ce le *mile*, l'unité de distance ou le *mile* l'aiguille avec laquelle on applique le *khôl* aux yeux. Puis il a ajouté: *«Les gens seront baignés dans la sueur selon leurs actes. Il y en aura certains pour qui la sueur atteindra leurs chevilles, d'autres leurs genoux, d'autres leurs tailles, et d'autres encore leurs bouches, les empêchant ainsi de parler, et le Messager d'Allah (ﷺ) a indiqué sa bouche du doigt.»* [2]

---

[1] *Tafsir* d'Ibn Jarir Tabari, vol. 13, p. 254.

[2] *Sahih* de Muslim, livre du Paradis, chapitre de la description de la Résurrection, vol. 4, p. 2196, n° 2864.

Dans le *Sahih* de Boukhari et dans le *Sahih* de Muslim, on a rapporté qu'Ibn Omar (رضي الله عنه) a dit que le Prophète (ﷺ) a dit:

> «﴿Le jour où les gens se tiendront debout devant le Seigneur de l'Univers﴾ *[Coran 83:6]*

que: l'homme sera debout dans sa sueur qui aura atteint le milieu de ses oreilles.» [3]

Dans le *Sahih* de Boukhari et dans le *Sahih* de Muslim, on a rapporté qu'Abou Houraïra (رضي الله عنه) a dit: le Messager d'Allah (ﷺ) a dit: *«Les gens, le Jour de la Résurrection, transpireront tellement que leur sueur s'infiltrera dans la terre jusqu'à une profondeur de soixante-dix coudées, puis elle atteindra leurs bouches et même leurs oreilles.»*

8- Lorsque les mécréants verront le châtiment et l'avilissement qui atteindront les mécréants idolâtres, ils seront pris de regrets et de remords. Allah (سبحانه وتعالى) a dénommé ce Jour, le Jour du Regret, à cause de la multitude des remords qu'ils éprouveront à la vue du châtiment:

> ﴿Et avertis-les du Jour du Regret, quand tout sera réglé, alors qu'ils sont inattentifs et qu'ils ne croient pas.﴾
>
> *[Coran 19: 39]*

Le mécréant se mordra les deux mains à cause de la violence de ses remords pour ne pas avoir suivi le Messager qui lui a été envoyé et pour avoir suivi les ennemis des Messagers:

> ﴿Le Jour où l'[homme] injuste se mordra les deux mains et dira: hélas pour moi! Si seulement j'avais suivi le droit chemin avec le Messager! Malheur à moi! Hélas! Si

---

[3] *Sahih* de Boukhari, livre des *Riqaq,* chapitre de la Parole du Très-Haut: ﴿Ceux-là ne pensent-ils pas qu'ils seront ressuscités.﴾ - *Fat'hou El-Bâri,* vol. 11, p. 392. Ce Hadith a aussi été rapporté par Muslim dans son *Sahih,* livre du Paradis, sa description et ses délices, chapitre de la description du Jour de la Résurrection, vol. 4, p. 2192, nº 2862.

seulement je n'avais pas pris untel pour ami! Il m'a, en effet, égaré loin du Rappel, après qu'il me fut parvenu. Et le diable abandonne réellement l'homme.﴾ *[Coran 25: 27-29]*

9- En ce Jour, les mécréants seront persuadés que leurs péchés ne seront pas pardonnés et leurs excuses non acceptées. Ainsi, désespéreront-ils de la miséricorde d'Allah (ﷻ):

﴿Et le Jour où se lèvera l'Heure, les criminels seront frappés de désespoir.﴾ *[Coran 30: 12]*

10- En ce Jour, les mécréants souhaiteront qu'Allah (ﷻ) les fasse périr et qu'Il les rende poussière:

﴿Ce jour-là, ceux qui n'ont pas cru et qui ont désobéi au Messager, préféreraient que la terre fût nivelée sur eux.﴾ *[Coran 4: 42]*

﴿Et l'infidèle dira: hélas pour moi! Comme j'aurais aimé être poussière!﴾ *[Coran 78: 40]*

Que pensez-vous donc de gens dont le plus grand désir est la mort?

§ 2 - L'anéantissement de leurs actes

Les actes des mécréants se divisent en deux catégories: la première englobe la tyrannie, l'injustice, la corruption sur terre... Ces actes sont assurément vains et non valables. Les gens qui les ont commis ne peuvent espérer aucun bien après cela, et ne peuvent s'attendre à avoir une récompense. Le Coran a assimilé ces actes à des ténèbres superposées:

﴿*[Les actes des mécréants]* sont encore semblables à des ténèbres sur une mer profonde: des vagues la recouvrent, au-dessus desquelles s'élèvent *[d'autres]* vagues, sur lesquelles il y a des nuages. Ténèbres les unes au-dessus des autres, quand quelqu'un étend la main, il ne la distingue presque pas. Celui qu'Allah prive de lumière, n'a aucune lumière.﴾ *[Coran 24: 40]*

La deuxième catégorie englobe les actes dont ils pensent qu'ils leur seront utiles auprès d'Allah (ﷻ) comme: l'aumône, l'affranchissement d'esclaves, l'entretien des liens parentaux, la dépense dans le chemin du Bien... Allah (ﷻ), dans Son Livre, a employé des paraboles pour évoquer ce genre d'actes.

A un certain endroit, Allah (ﷻ) a assimilé ces actes à un mirage que celui qui l'aperçoit prend pour de l'eau, mais lorsqu'il s'en approche - espérant y arriver pour étancher sa soif - il ne trouve rien:

﴿Quant à ceux qui ont mécru, leurs actions sont comme un mirage dans une plaine désertique que l'assoiffé prend pour de l'eau. Puis quand il y arrive, il s'aperçoit que ce n'était rien, mais il trouve Allah qui lui règle son compte en entier, car Allah est prompt à compter.﴾ *[Coran 24:39]*

A un autre endroit, Allah (ﷻ) a assimilé les actes des mécréants à des vents forts et froids soufflant sur les céréales et les fruits, et les détruisant:

﴿Ce qu'ils dépensent dans la vie présente ressemble à un vent glacial qui s'abat sur un champ appartenant à des gens ayant causé du tort à eux-mêmes, et le détruit. Car ce n'est pas Allah qui leur cause du mal, mais ils se font du mal à eux-mêmes.﴾ *[Coran 3: 117]*

sirr = صِرّ désigne un vent glacial. Ces vents glaciaux représentent la mécréance et le polythéisme qui anéantissent leurs bonnes œuvres.

A un troisième endroit, Allah (ﷻ) les a assimilées à des cendres qu'un vent violent a dispersées partout. Comment le propriétaire des cendres pourrait-il alors les rassembler après leur dispersion?

﴿Les œuvres de ceux qui ont mécru en leur Seigneur, sont comparables à des cendres violemment frappées par le vent, dans un jour de tempête. Ils ne tireront aucun profit de ce qu'ils ont acquis, c'est cela l'égarement profond.﴾

[Coran 14: 18]

C'est pour cela qu'Allah (سبحانه وتعالى) a rendu les actes des mécréants semblables à de la poussière dispersée:

﴿Nous nous tournerons vers l'œuvre qu'ils ont accomplie, et Nous en ferons une poussière éparpillée.﴾ *[Coran 25:23]*

Ce groupe qui pense être dans le bon *[chemin]* sera surpris, le Jour de la Résurrection, de voir ses actions vaines et perdues. Parmi eux, se trouvent les juifs et les chrétiens ayant vécu après la mission prophétique de Mohammed (ﷺ). Un groupe d'entre eux s'efforce de pratiquer l'adoration et les bonnes œuvres. Ils pensent qu'elles leur seront profitables auprès d'Allah (سبحانه وتعالى). Il en est de même pour ceux qui appartiennent à l'Islam mais qui associent à Allah (سبحانه وتعالى) ce pour quoi Il n'a fait descendre aucune preuve, et ont donc adoré d'autres divinités que Lui (سبحانه وتعالى). Pour tous ces gens, leurs actes ne leur seront d'aucun profit, et Allah (سبحانه وتعالى) ne leur en assignera aucun poids au Jour de la Résurrection:

﴿Dis: voulez-vous que Nous vous apprenions lesquels sont les plus grands perdants en œuvres? Ceux dont l'effort, dans la vie présente, s'est égaré alors qu'ils s'imaginaient bien faire. Ceux-là ont nié les signes de leur Seigneur, ainsi que Sa rencontre. Leurs œuvres sont donc vaines. Nous ne leur assignerons aucun poids au Jour de la Résurrection. C'est que leur rétribution sera l'Enfer, pour avoir mécru et pris en raillerie Mes Signes et Mes Messagers.﴾

[Coran 18: 103-106]

Mous'ab Ibn Sa'd a interrogé son père Sa'd Ibn Abi Waqas (رضي الله عنه) au sujet «des plus grands perdants en œuvres». Il a répondu: «Ce sont les juifs et les chrétiens. Les juifs ont démenti les propos de

Mohammed (ﷺ). Quant aux chrétiens, ils ont nié la réalité du Paradis et ont dit: il n'y a ni nourriture, ni boisson au Paradis.»[4]

Certes, les juifs et les chrétiens sont les plus grands perdants en œuvres, car beaucoup d'entre eux pensent être dans la vérité. Ils s'efforcent dans l'adoration, mais en réalité, ce sont eux les perdants, car ils mécroient au Messager d'Allah, le Sceau des Prophètes (ﷺ), et au Livre qui lui a été descendu. En plus, ils mécroient à la plus grande partie des révélations que leur Seigneur (ﷻ) a fait descendre sur eux, et leur foi repose sur des bases religieuses altérées.

Ces actions dont les mécréants pensent qu'elles leur seront profitables le Jour de la Rétribution, n'auront ni valeur ni poids en ce Jour, car elles n'ont été accomplies sur aucun fondement:

> ﴿Et quiconque désire une religion autre que l'Islam, ne sera point agréé, et il sera, dans l'Au-delà, parmi les perdants.﴾
> *[Coran 3: 85]*

Le fondement de la réussite est l'Islam. Tant que l'individu n'est pas musulman monothéiste, son œuvre est rejetée, et son effort n'est pas récompensé. Muslim a rapporté, dans son *Sahih*, que Aïcha (qu'Allah l'agrée) a dit: ô Messager d'Allah! Ibn Jud'ane, dans la période préislamique, entretenait les liens de sang et donnait à manger aux pauvres. Est-ce que cela lui sera profitable *[le Jour de la Résurrection]*? - Il (ﷺ) a répondu: «*Cela ne lui sera pas profitable, car il n'a jamais dit: ô Seigneur! Pardonne-moi mes péchés le Jour de la Rétribution.*»[5]

---

[4] *Sahih* de Boukhari, chapitre de l'exégèse du Coran, sourate n° 18 - *Fat'hou El-Bâri,* vol. 8, p. 425.

[5] *Sahih* de Muslim, livre de la Foi, chapitre du plus léger châtiment pour les gens du Feu, vol. 1, p. 196, n° 214.

§ 3 - La dispute des gens de l'Enfer

Lorsque les mécréants ennemis d'Allah (ﷻ) verront ce qu'Il leur a préparé comme châtiment et qu'ils verront les effrois qui s'y trouvent, ils auront leurs âmes en aversion, tout comme ils auront en aversion les gens qu'ils aimaient, ainsi que leurs amis intimes de la vie terrestre. Toute amitié, qui n'aura pas été édifiée sur les fondements de la foi, sera transformée en inimitié. Le Très-Haut (ﷻ) dit:

﴾Les amis, ce jour-là, seront ennemis les uns des autres, excepté les gens pieux.﴿ *[Coran 43: 67]*

A ce moment-là, les gens du Feu se disputeront les uns avec les autres: les adorateurs seront contre les adorés, les adeptes contre les chefs, les faibles contre les orgueilleux, l'homme contre son diable compagnon, et le mécréant se disputera même avec les membres de son corps.

1 - La dispute des serviteurs avec les objets de leur adoration

Le Très-Haut (ﷻ) dit:

﴾Et l'on exposera aux errants la Fournaise. Et on leur dira: où sont ceux que vous adoriez, en dehors d'Allah? Vous secourent-ils ou se secourent-ils eux-mêmes? Ils y seront donc jetés pêle-mêle, et les errants aussi, ainsi que toutes les légions d'*Iblis*. Ils diront, tout en s'y querellant: par Allah! Nous étions, certes, dans un égarement évident, quand nous faisions de vous les égaux du Seigneur de l'Univers. Ce ne sont que les criminels qui nous ont égarés.﴿

[Coran 26: 91-99]

Ils s'adresseront aux divinités qu'ils adoraient, tout en reconnaissant l'égarement qui était le leur quand ils leur vouaient leur adoration en les traitant d'égal à égal avec le Créateur (ﷻ). Celui qui a élevé la créature au niveau du Créateur (ﷻ) sera certainement privé du bien et aura causé sa propre perte. Celui qui est adoré en dehors d'Allah (سبحانه وتعالى) est de ce fait érigé en divinité. Ils ont donc certes mis au même niveau la créature et le Créateur (سبحانه وتعالى): telle est l'énorme injustice. C'est ce que Loqman (عليه السلام) a dit à son fils lorsqu'il l'exhortait:

> ﴿Ô mon fils! Ne donne pas d'associé à Allah, car le polythéisme est vraiment une injustice énorme.﴾
>
> *[Coran 31: 13]*

Quant aux vertueux élus qui ont été adorés, sans en être informés ou sans leur agrément, comme les Anges - ou les plus vertueux d'entre les humains -, ils s'innocenteront de ce que leur imputent leurs adorateurs et nieront leurs prétentions et leurs mensonges, car les Anges n'ont pas demandé à être adorés et n'ont pas agréé cette adoration. Ceux qui l'ont recherchée sont les djinns, dans le but d'égarer les humains et de les faire périr. Ces gens égarés sont donc les adorateurs des djinns, et non des Anges:

> ﴿Et un jour, Il les rassemblera tous. Puis Il dira aux Anges: est-ce vous que ces gens-là adoraient? Ils diront: Gloire à Toi, Tu es notre Allié en dehors d'eux! Ils adoraient plutôt les djinns, en qui la plupart d'entre eux croyaient.﴾
>
> *[Coran 34: 40-41]*

Jésus fils de Marie (عليه السلام) s'innocentera, le Jour de la Rétribution, de ceux qui l'ont pris comme divinité et l'ont adoré en dehors d'Allah (سبحانه وتعالى):

> ﴿Quand Allah dira: ô Jésus fils de Marie! Est-ce toi qui as dit aux gens: prenez-moi ainsi que ma mère pour deux divinités en dehors d'Allah? Il dira: Gloire et Pureté à Toi! Il ne m'appartient pas de déclarer ce que je n'ai pas le droit de dire! Si je l'avais dit, Tu l'aurais, certes, su. Tu sais ce qu'il y a en moi, et je ne sais pas ce qu'il y a en Toi. Tu es, en vérité, le Grand Connaisseur de tout ce qui est inconnu. Je ne leur ai dit que ce que Tu m'avais commandé: adorez Allah mon Seigneur et votre Seigneur.﴾*[Coran 5: 116-117]*

Et ainsi sera la position de tous les adorés qui n'ont pas admis d'être pris pour divinité: ils s'innocenteront des méfaits de leurs adorateurs et nieront leurs prétentions. Ils affirmeront que l'adoration est unique à Allah (ﷻ):

﴿Quand les polythéistes verront ceux qu'ils associaient à Allah, ils diront: ô notre Seigneur! Voilà nos divinités que nous invoquions en dehors de Toi. Mais *[leurs associés]* leur adresseront la parole: vous êtes, assurément, des menteurs! Ils offriront, ce jour-là, à Allah, la soumission, et ce qu'ils avaient inventé sera perdu pour eux.﴾

[Coran 16: 86-87]

﴿Le jour où Nous les rassemblerons tous. Puis, Nous dirons à ceux qui auront donné *[à Allah]* des associés: à votre place, vous et vos associés! Nous les séparerons les uns des autres et leurs associés diront: ce n'est pas nous que vous adoriez. Allah suffit comme témoin entre nous et vous. En vérité nous étions indifférents à votre adoration. Là, chaque âme éprouvera *[les conséquences]* de ce qu'elle a précédemment accompli. Et ils seront ramenés vers Allah leur vrai Maître, et leurs allégations mensongères s'éloigneront d'eux.﴾ *[Coran 10: 28-30]*

2 - La dispute entre ceux qui prêchent l'égarement et leurs adeptes...

Ailleurs, Allah (ﷻ) a mentionné les disputes qui surviendront entre les adeptes de thèses mensongères et les mauvais prêcheurs qui leur ont inculqué des théories insensées et des principes en contradiction avec l'Islam:

﴿Il n'y aura qu'un seul Cri, et voilà qu'ils regarderont, et ils diront: malheur à nous! C'est le Jour de la Rétribution! C'est le Jour du Jugement que vous traitiez de mensonge. Rassemblez les *[gens]* injustes et leurs épouses, et tout ce qu'ils adoraient, en dehors d'Allah. Puis conduisez-les au chemin de la Fournaise. Et arrêtez-les, car ils doivent être interrogés: pourquoi ne vous portez-vous pas secours mutuellement? Mais ce jour-là, ils seront complètement soumis. Et les uns se tourneront vers les autres, s'interrogeant mutuellement. Ils diront: c'est vous qui nous forciez *[à la mécréance]*. C'est plutôt vous, *[diront les chefs]*, qui ne vouliez pas croire. Et nous n'avions aucun pouvoir sur vous. C'est plutôt vous qui étiez des gens transgresseurs. La parole de notre Seigneur s'est donc réalisée contre nous. Certes, nous allons goûter *[au châtiment]*. Nous vous avons induits en erreur, car, en vérité, nous étions égarés nous-mêmes. Ce jour-là, donc, ils seront tous associés dans le châtiment. Ainsi traitons-Nous les criminels. Quand on leur disait: point de divinité à part Allah, ils enflaient d'orgueil.﴿ *[Coran 37: 19-35]*

Dans ces versets, ont été exposés les reproches que les gens de l'Enfer se feront mutuellement dans les arènes de la Résurrection. Les suiveurs diront à leurs gourous: «C'est vous qui nous avez embelli le faux, et qui nous avez leurrés en contredisant la Vérité», comme le dit le Très-Haut (ﷻ):

﴾Quant à ceux qui ne croient pas, ils ont pour défenseurs les *tâghoûte [despotismes]*, qui les font sortir de la lumière vers les ténèbres.﴿ *[Coran 2: 257]*

Mais les gourous, les penseurs et les leaders rejetteront leurs reproches et leur diront: c'est vous qui assumez les conséquences de vos actes, vous avez choisi la mécréance et nous n'avions aucun pouvoir sur vous. Votre despotisme et votre orgueil sont ce qui vous ont conduits à cette fin.

3 - La dispute entre les chefs et les faibles

Allah (ﷻ) a fait mention de la dispute entre les faibles et les chefs parmi les rois, les émirs et les chefs de tribu, qui dominaient les serviteurs et que les faibles soutenaient et aidaient dans leur fausseté, en asservissant leurs propres personnes et leurs biens. Allah le Très-Haut a dit:

> ﴾Et tous comparaîtront devant Allah. Puis les faibles diront à ceux qui enflaient d'orgueil: nous étions bien vos suiveurs. Pouvez-vous nous être de quelque utilité contre le châtiment d'Allah? Alors *[les autres]* diront: si Allah nous avait guidés, nous vous aurions certainement guidés. Il est indifférent pour nous de nous plaindre ou d'endurer. Nous n'avons pas d'échappatoire.﴿ *[Coran 14: 21]*

Sayid Qotb (qu'Allah lui fasse miséricorde et le récompense) a dit en interprétant ces versets: ﴾Et tous comparaîtront devant Allah...﴿*:*

... c'est-à-dire: les tyrans menteurs et leurs suiveurs parmi les faibles et les humiliés... le diable... ainsi que ceux qui ont cru au Messager et accompli de bonnes œuvres... comparaîtront tous ensembles à découvert, même si pour Allah (سبحانه وتعالى), ils ont toujours été à découvert. Et quand l'Heure sera là, ils sentiront et ils sauront qu'ils sont à découvert, qu'aucun voile ne les couvrira, qu'aucun rideau ne les cachera, et qu'ils n'auront aucun protecteur... ils comparaîtront et la Place sera pleine et le rideau sera levé. Le dialogue commencera: ﴾Puis les faibles diront à ceux qui enflaient d'orgueil: nous étions vos suiveurs. Pouvez-vous nous être de quelque utilité contre le châtiment d'Allah?﴿

... Les faibles sont les faibles. Ce sont ceux qui ont délaissé la meilleure particularité de l'homme noble aux yeux d'Allah (سبحانه وتعالى) lorsqu'ils ont renoncé à leur liberté individuelle dans le domaine de la pensée, de la croyance et de l'opinion. Ils se sont, eux-mêmes, faits suiveurs des orgueilleux et des tyrans. Ils ont professé la religion d'un autre qu'Allah (سبحانه وتعالى), parmi Ses serviteurs, et l'ont préférée à celle d'Allah (سبحانه وتعالى). La faiblesse n'est pas une excuse, c'est plutôt un crime. Allah (سبحانه وتعالى) n'aime pas la faiblesse. Allah (سبحانه وتعالى) invite tous les gens à Sa protection, afin qu'ils deviennent forts en s'en remettant à Lui

(﷾). La Puissance appartient à Allah (﷾). Il (﷾) ne veut de personne qu'il se soumette au détriment de sa part de liberté - qui est la particularité et la cause de sa noblesse - ou qu'elle se soumette contre son gré. Quant à la force matérielle, quelle qu'elle soit, elle n'a ni le pouvoir d'asservir un homme qui tient à sa liberté et ni le pouvoir de lui enlever sa noblesse. Ce qu'elle peut tout au plus, c'est posséder le corps, le châtier, le séquestrer et l'emprisonner. Quant à sa pensée, son âme et son esprit, nul ne peut les enfermer, ni les soumettre, sauf la personne elle-même. Qui peut donc faire en sorte que ces faibles suivent ces orgueilleux dans la croyance, la pensée et le comportement? Et qui peut obliger ces faibles à professer une religion autre que celle d'Allah leur Créateur, leur Pourvoyeur, leur Garant sans égal (﷾)? Personne. Personne sauf leurs âmes faibles. Ils sont donc faibles, non par infériorité en force matérielle par rapport aux tyrans, ni par infériorité en dignité ou en argent ou en rang ou en position... Sûrement pas, car il s'agit seulement d'aspects extérieurs que l'on ne considère pas comme une faiblesse qu'on peut attribuer aux faibles. Ils sont seulement faibles parce que la faiblesse se trouve dans leurs âmes, dans leurs cœurs, dans leur amour-propre et dans leur fierté qui sont les meilleures particularités de l'homme.

Les faibles sont nombreux, tandis que les tyrans sont peu nombreux: qui peut donc soumettre les nombreux au moins nombreux? Qu'est-ce qui les amène à se soumettre? C'est leur faiblesse d'âme, la disparition de leur détermination, leur manque d'amour-propre et l'abandon de la dignité intérieure dont Allah (﷾) a pourvu les 'fils' d'Adam. Les tyrans ne possèdent la faculté de soumettre la majorité qu'avec la volonté de celle-ci, qui peut toujours leur résister si elle le désire. C'est donc la volonté qui manque à ces deux groupes.

Certes, l'avilissement ne provient que d'une certaine prédisposition à l'avilissement dans les âmes des personnes avilies... et c'est sur cette prédisposition que s'appuient les tyrans!

Les gens avilis se tiennent donc, ici, sur la scène de la Résurrection dans leur faiblesse et sous la sujétion à ceux qui se sont enorgueillis, en leur demandant:

﴾Nous étions bien vos suiveurs, pouvez-vous nous être de quelque utilité contre le châtiment d'Allah?﴿ *[Coran 14: 21]*

C'est-à-dire: nous vous avons suivis et nous sommes parvenus à cette fin douloureuse. Ou peut-être qu'ils ont vu le châtiment, et de ce fait, ils se mettent à blâmer ceux qui se sont enorgueillis pour les avoir guidés vers cette fin et les avoir exposé à ce châtiment?

Ensuite, la suite du verset révèle leur propos et dans tous les cas il est question de l'avilissement. Ceux qui se sont enorgueillis répondront à leur question:

﴾Si Allah nous avait guidés, nous vous aurions certainement guidés. Il est indifférent pour nous de nous plaindre ou d'endurer. Nous n'avons pas d'échappatoire.﴿

[Coran 14: 21]

Cette réponse laisse apparaître l'embarras et la gêne: «Si Allah nous avait guidés, nous vous aurions guidés...»

Et pour quelle raison nous blâmeriez-vous alors que nous évoluons tous sur un même chemin vers une destinée commune? ou «nous ne nous sommes pas guidés et nous ne vous avons pas égarés. Et si Allah nous avait guidés, nous vous aurions conduits à la *[bonne]* guidée avec nous, comme nous vous avons conduits lorsque nous nous sommes égarés!

Ces gens-là attribuent leur égarement et leur *[bonne]* guidée à Allah (ﷻ). Ils ne pourront donc que reconnaître l'Heure de par Sa puissance, alors qu'auparavant ils la reniaient et reniaient l'arrivée de l'Heure. Ils brutalisaient les faibles à la manière de celui qui ne pense pas en rendre compte un jour à l'Omnipotence d'Allah le Contraignant, le Dominateur Suprême (ﷻ). Ils éloignent seulement d'eux leur responsabilité au sujet de leur égarement et de celui des suiveurs, en ramenant tout à Allah (ﷻ)... Or Allah (ﷻ) n'ordonne pas l'égarement. Ainsi Il (ﷻ) l'a affirmé:

﴾Allah ne commande point la turpitude.﴿ *[Coran 7: 28]*

... Puis ils blâmeront les faibles de manière sous-entendue en déclarant qu'il n'y a aucune utilité dans la plainte, ni dans l'endurance. Le châtiment se réalisera et il n'y a aucune résistance par rapport à la plainte ou à l'endurance. Le temps où la plainte contre le châtiment était profitable et qu'elle remettait les gens égarés sur la bonne voie, est passé. L'endurance dans l'adversité afin que la miséricorde d'Allah (ﷻ) puisse les atteindre est inutile. Tout sera réglé et il n'y aura aucune échappatoire, ni de fuite:

﴾Il est indifférent pour nous de nous plaindre ou d'endurer. Nous n'avons pas d'échappatoire.﴿ *[Coran 14: 21]*

L'ordre a été accompli, la dispute est finie et le dialogue a cessé... et nous verrons, sur cette scène, des choses étonnantes. Nous verrons le diable...celui qui appelle les hommes à l'égarement, l'astre des gens égarés: nous le verrons, au moment de l'Heure, vêtu des cilices du devin, enjolivant la mécréance autant pour les faibles que pour ceux qui se sont enorgueillis, avec une parole, qui sera plus dure pour eux que le châtiment:

﴾Et quand tout sera accompli, le diable dira: certes, Allah vous avait fait une promesse de vérité, tandis que moi, je vous ai fait une promesse que je n'ai pas tenue. Je n'avais aucune autorité sur vous, si ce n'est que je vous ai appelés, et que vous avez cédé à ma sollicitation. Ne me faites donc pas de reproche, mais faites-en à vous-mêmes. Je ne vous suis d'aucun secours, et vous ne m'êtes d'aucun secours. Je vous renie de m'avoir, jadis, associé à Allah. Certes, un châtiment douloureux attend les *[gens]* injustes.﴿

[Coran 14: 22]

Allah! Allah! Quant au diable, c'est vraiment le diable! Mais, dans ce dialogue, sa personnalité apparaît ici différente de la personnalité des faibles et de ceux qui se sont enorgueillis, C'est lui, le diable, qui souffle dans les poitrines et incite à la désobéissance. Il enjolive la mécréance et détourne de l'écoute de l'Appel de la Vérité. C'est lui qui parle et qui les poignardera d'un coup douloureusement pénétrant, de sorte qu'ils ne puissent pas le lui retourner - car tout sera déjà accompli. C'est lui qui, à ce moment et après tant de temps, dira:

> ﴾Certes, Allah vous a fait une promesse de vérité, tandis que je vous ai fait une promesse que je n'ai pas tenue.﴿
> *[Coran 14: 22]*

Puis il les piquera d'une autre piqûre, en se raillant de leur réponse à son appel, alors qu'il n'avait aucune autorité sur eux, sauf qu'ils s'étaient éloignés des exigences de leur nature originelle et qu'ils avaient oublié l'ancienne haine qui existait entre le diable et eux. Ils ont répondu à son invitation et ont délaissé celle d'Allah (ﷻ): ﴾Je n'avais aucune autorité sur vous si ce n'est que je vous ai appelés, et que vous avez cédé à ma sollicitation﴿.

Puis il les blâmera et les invitera à se blâmer eux-mêmes, en leur reprochant de lui avoir obéi:

> ﴾Ne me faites pas de reproches, mais faites-en à vous-mêmes.﴿ *[Coran 14: 22]*

Ainsi, il les abandonnera et se déchargera de toute responsabilité vis-à-vis d'eux, alors que c'est lui qui leur avait fait des promesses auparavant, c'est lui qui leur avait donné de faux espoirs et leur avait fait miroiter qu'ils ne seraient jamais vaincus. Or, quand l'Heure arrivera, il ne répondra pas à leurs appels quand ils demanderont secours, de même qu'ils ne lui porteront pas secours quand il appellera:

> ﴾Je ne vous suis d'aucun secours et vous ne m'êtes d'aucun secours.﴿ *[Coran 14: 22]*

Ensuite il leur dira qu'il n'y avait aucun lien, ni amitié entre eux et lui. Puis, il désavouera le fait qu'ils l'aient associé à Allah. Il reniera ce polythéisme:

﴾Je vous renie de m'avoir, jadis, associé à Allah.﴿

[Coran 14: 22]

Il conclura son sermon diabolique par un coup fatal qu'il portera à ses partisans:

﴾Certes, un châtiment douloureux attend les *[gens]* injustes.﴿ *[Coran 14: 22]*

Quel diable! Et malheur à eux à cause de ce compagnon qui les a appelés à l'égarement et qui lui ont obéi alors que les Messagers les avaient appelés à Allah (ﷻ), et ils les ont démentis et reniés, *conclut Sayid Qotb.*

Dans un autre endroit du Coran, Allah (ﷻ) mentionne la dispute des faibles et des chefs qui enflaient d'orgueil:

﴾Et quand ils se disputeront dans le Feu, les faibles diront à ceux qui enflaient d'orgueil: nous vous avions suivis, pourriez-vous nous préserver d'une partie du Feu? Et ceux qui enflaient d'orgueil diront: en vérité, nous y voilà tous, Allah a déjà rendu Son jugement entre les serviteurs.﴿

[Coran 40: 47-48]

Ces nobles versets surviennent après l'évocation de l'arrogance de Pharaon qui donna l'ordre d'égorger les enfants juifs, sa tentative d'assassinat de Moïse - et après son dialogue avec le croyant membre de sa famille qui lui avait fait face en réfutant son argument. On avait montré de quelle manière le peuple a adopté la position du chef, et accomplissait les ambitions des tyrans quand ses disciples ordonnaient d'égorger, de faire mal à autrui et de traquer les 'enfants' d'Israël et de Moïse.

Ceux-là qui soutenaient les criminels injustes dans la vie terrestre sauront, le Jour de la Résurrection, l'énormité du crime qu'ils ont commis, et ils diront à leurs chefs comme Pharaon:

﴿Nous vous avions suivis, pourriez-vous nous préserver d'une partie du Feu?﴾ *[Coran 40: 47]*

Mais les chefs n'auront aucun pouvoir sur leurs propres âmes et ils ne pourront se secourir eux-mêmes. Alors, ils diront:

﴿En vérité, nous y voilà tous, Allah a déjà rendu Son jugement entre les serviteurs.﴾ *[Coran 40: 48]*

Cette situation nous indique la réponse que nous pouvons opposer aux propos vains que les gens injustes répétaient quand ils disaient à leurs suiveurs: «Suivez-moi, c'est moi qui porterai vos péchés, si vous en avez!» Le fait qu'ils portent les péchés de ceux qu'ils ont égarés n'empêche pas que ces derniers soient châtiés:

﴿Et ceux qui ne croient pas disent à ceux qui croient: suivez notre chemin et nous porterons vos fautes. Mais ils ne porteront rien de leurs fautes. En vérité, ce sont des menteurs. Et très certainement, ils porteront leurs fardeaux et d'autres fardeaux en plus de leurs propres fardeaux, et ils seront interrogés, le Jour de la Résurrection, sur leurs allégations mensongères.﴾ *[Coran 29: 12-13]*

Ailleurs, Allah (ﷻ) dit en faisant mention de la dispute entre les faibles et ceux qui enflaient d'orgueil:

﴿Et si tu voyais quand les *[gens]* injustes seront debout devant leur Seigneur, s'invectivant mutuellement! Ceux qu'on considérait comme faibles diront à ceux qui s'enorgueillissaient: sans vous, nous aurions certes été croyants. Ceux qui s'enorgueillissaient diront à ceux qu'ils considéraient comme faibles: est-ce nous qui vous avons repoussés de la bonne direction après qu'elle vous fut venue? Mais vous étiez plutôt des criminels! Et ceux qu'on considérait comme faibles diront à ceux qui s'enorgueillissaient: c'était, plutôt, votre stratagème jour et nuit de nous commander de ne pas croire en Allah et de Lui donner des égaux. Et ils cacheront leurs remords quand ils verront le châtiment. Nous placerons des carcans aux cous de ceux qui ont mécru: les rétribuerait-on autrement que selon ce qu'ils faisaient?﴿ *[Coran 34: 31-33]*

Les suiveurs et les faibles accuseront leurs chefs et leurs leaders en leur disant: en vérité, vous vous êtes interposés entre la foi et nous. Si vous n'aviez pas été là, nous aurions certes été parmi ceux qui ont suivi ce qui a été descendu sur nous de la part de notre Seigneur.

Mais ceux qui s'enorgueillissaient réfuteront cette accusation et leur diront: c'est vous les criminels, car à toute chose à laquelle nous vous invitions, vous avez cédé à notre sollicitation, alors que nous n'avions aucune autorité sur vous. Puis, les peuples égarés considérés comme faibles diront: mais c'était plutôt votre ruse, nuit et jour, qui nous a égarés. C'est ainsi que nous avons dévié du chemin de la Vérité. Les complots, les conférences et les médias à diverses époques, qui donnaient au faux une image de vérité et qui donnaient à la Vérité une image de fausseté, ainsi que les présomptions et prétentions vaines des gens d'autorité: tout cela nous a égarés et nous a poussés à mécroire en Allah et à Lui donner des associés.

Or, en réalité, ils sont tous fautifs et ils n'ont aucune excuse par rapport à leur égarement et à leur mécréance.

Allah (سبحانه وتعالى) fait une description de la dispute des gens de l'Enfer quand ils y entreront:

﴾Voilà! Alors que les rebelles auront, certes, la pire retraite, l'Enfer où ils brûleront. Et quel affreux lit! Voilà qu'ils y goûtent eau bouillante et eau purulente, et d'autres punitions du même genre. Voici un groupe qui entre précipitamment en même temps que vous! Honnis soient-

> ils! Ils vont brûler dans le Feu. Ils diront: plutôt vous n'êtes pas les bienvenus! C'est vous qui avez préparé cela pour nous. Quel mauvais lieu de séjour! Ils diront: Seigneur, celui qui nous a préparé cela, ajoute-lui un double châtiment dans le Feu. Et ils diront: pourquoi ne voyons-nous pas des gens que nous comptions parmi les malfaiteurs? Est-ce que nous les avons raillés *[à tort]* ou échappent-ils à nos regards? Telles sont, en vérité, les querelles des gens du Feu.﴿ *[Coran 38: 55-64]*

Ceux-là sont ceux qui s'accueillaient avec cordialité les uns les autres et se respectaient mutuellement dans la vie terrestre. Leur état, en ce jour, changera. Ils se diront les uns les autres:

> ﴾Ils ne sont pas les bienvenus! Ils vont brûler dans le Feu. Et ils diront: plutôt vous n'êtes pas les bienvenus!﴿
> *[Coran 38: 59-60]*

Chaque groupe souhaitera qu'Allah (سبحانه وتعالى) augmente le châtiment et les souffrances de ceux qui étaient leurs bien-aimés dans la vie terrestre. Cette dispute entre les gens du Feu est une vérité au sujet de laquelle il n'y a point de doute. C'est ainsi que notre Seigneur (سبحانه وتعالى) l'a dit.

4 - La dispute aura lieu entre le mécréant et son diable compagnon

Allah le Très-Haut (سبحانه وتعالى) dit:

> ﴾Et son compagnon dira: voilà ce qui est avec moi, tout prêt. Vous deux, jetez en Enfer tout mécréant endurci et rebelle, acharné à empêcher le bien, transgresseur, douteur, celui qui mettait avec Allah une autre divinité. Jetez-le donc dans le dur châtiment. Son compagnon *[le diable]* dira: Seigneur, ce n'est pas moi qui l'ai fait transgresser, mais il était déjà dans un profond égarement. Alors, *[Allah]* dira: ne vous disputez pas devant Moi! Alors que Je vous ai déjà fait part

de la Menace. Chez Moi la parole ne change pas, et Je n'opprime nullement les serviteurs.﴾ *[Coran 50: 23-29]*

5 - La question et la dispute atteindront leur paroxysme lorsque l'homme se disputera avec les membres de son corps

﴿Et le jour où les ennemis d'Allah seront rassemblés en masse vers le Feu... Puis on les *[y]* poussera. Alors, quand ils y seront, leurs ouïes, leurs yeux et leurs peaux témoigneront contre eux de ce qu'ils faisaient. Ils diront à leurs peaux: pourquoi avez-vous témoigné contre nous? Elles diront: c'est Allah qui nous a fait parler, Lui qui fait parler toute chose. C'est Lui qui vous a créés une première fois et c'est vers Lui que vous serez retournés.﴾

[Coran 41: 19-21]

Ceci se produira pour les mécréants quand ils verront le rude châtiment qu'Allah (ﷻ) leur a préparé. Ils recourront au mensonge et à la dénégation. Ils prétendront qu'ils étaient des *[gens]* vertueux et ils traiteront de mensonge le témoignage des Anges, des Messagers et des *[gens]* vertueux qui témoigneront contre eux. C'est à ce moment qu'Allah (ﷻ) scellera leurs bouches, et que leurs mains et leurs pieds parleront de ce qu'ils ont fait. Alors, ils diront à leurs membres: *«Puissiez-vous vous éloigner et périr. C'était pour vous que j'argumentais.»* [6]

Muslim, Tirmidhi, Ibn Murdaweih et Beihaqi ont rapporté d'après Abou Saïd (رضي الله عنه) et Abou Houraïra (رضي الله عنه) que le Messager d'Allah (ﷺ) a dit: *«Le serviteur rencontrera son Seigneur. Et Allah dira: ''Ne t'ai-Je pas honoré? Ne t'ai-Je pas rendu chef d'autrui? Ne t'ai-Je pas marié? Ne t'ai-Je pas soumis les chevaux et les chameaux? Ne t'ai-Je pas rendu chef, prenant le quart...?'' Le serviteur dira: oui, assurément, ô mon Seigneur! Allah lui dira:*

---

6 Partie du Hadith rapporté par Muslim et d'autres. Voir *Tafsir* d'Ibn Kathir, vol. 6, p. 168.

''Pensais-tu Me rencontrer?'' Le serviteur répondra: non. Alors, Allah dira: ''Je t'oublie comme tu M'as oublié!''

Puis Allah rencontrera un deuxième serviteur et lui tiendra les mêmes propos. Puis Il rencontrera un troisième et lui tiendra le même discours, et ce serviteur dira: j'ai eu foi en Toi, en Ton Livre et en Ton Messager. J'ai prié, j'ai jeûné et j'ai donné l'Aumône. Le serviteur se mettra à faire l'éloge du Bien autant qu'il pourra. C'est alors qu'Allah lui dira: ''*Doit-on faire venir un témoin contre toi?*'' *Le serviteur réfléchira en lui-même à propos de celui qui pourrait bien témoigner contre lui. C'est là qu'on lui scellera sa bouche, et que l'on dira à sa cuisse de parler. Sa cuisse, sa bouche et ses os parleront donc de ce qu'il aura accompli. Et ce, dans le but de couper court à ses excuses à l'endroit de sa propre personne, car c'est lui l'hypocrite, c'est lui qui encourt la colère d'Allah.»*[7]

Ce dialogue qui aura lieu entre le serviteur et ses membres, est un sujet étonnant et surprenant. C'est une situation qui a fait rire le Messager d'Allah (ﷺ).

Muslim a rapporté dans le Hadith, d'après Anas Ibn Malik (رضي الله عنه) qui a dit: nous étions chez le Messager d'Allah (ﷺ) et il s'est mis à rire. Puis, il nous a dit: *«Savez-vous ce qui m'a fait rire?»* Anas Ibn Malik (رضي الله عنه) a dit: nous avons dit: Allah et Son Messager savent mieux. Il a alors dit: *«C'est à cause du dialogue qui aura lieu entre le serviteur et son Seigneur - le serviteur dira: ô Seigneur! Ne m'as-Tu pas protégé de l'injustice? Allah dira: ''Assurément''. Le serviteur dira: je n'admets que moi-même comme témoin. Allah dira: ''Aujourd'hui, tu te suffis comme ton propre témoin, ainsi que les nobles Scribes* [les Anges]''. Puis le Prophète (ﷺ) a dit: *«On lui scellera alors la bouche, et l'on dira à ses membres de parler. Ses membres se mettront donc à parler de ses actes. Puis le serviteur sera*

---

[7] *Sahih* de Muslim, vol. 4, p. 2280, nº 2968.

abandonné à ses paroles. Il dira à ses membres: puissiez-vous vous éloigner et périr, c'était pour votre défense que je luttais!»[8]

6 - Le corps se disputera avec l'âme le Jour de la Résurrection

Ibn Kathir a dit: Ibn Mundeh, dans son livre *Ar-Rouh*, a rapporté qu'Ibn Abbas (ﷺ) a dit: les gens, le Jour de la Résurrection, se disputeront, jusqu'à ce que l'âme se dispute avec le corps: l'âme dira au corps: «C'est toi qui as fait.» Le corps lui dira: «C'est toi qui as ordonné et c'est toi qui as été tentée.» Allah alors enverra un Ange qui tranchera entre les deux. L'Ange dira: «Vous êtes semblables à un homme invalide clairvoyant et un homme aveugle qui entrent dans un jardin. L'invalide dit à l'aveugle: je vois, ici, des fruits mais je ne parviens pas à les saisir. L'aveugle lui dit donc: «Monte sur moi pour les prendre.» Il montera alors sur lui et les prendra. Lequel des deux est le transgresseur?» L'âme et le corps diront: «Tous les deux.» L'Ange leur dira: «Vous venez de trancher entre vous.» C'est-à-dire que le corps est pour l'âme comme une monture, et l'âme est son cavalier.[9]

7 - Dans cette situation, les mécréants auront leurs âmes en aversion

﴾A ceux qui n'auront pas cru, on leur proclamera: l'aversion d'Allah *[envers vous]* est plus grande que votre aversion envers vous-mêmes, lorsque vous étiez appelés à la foi et que vous persistiez dans la mécréance.﴿ *[Coran 40: 10]*

De même, ceux qui avaient des partisans et des amis intimes dans la vie terrestre auront de l'aversion pour ces derniers. Ils invoqueront Allah (ﷻ) contre eux: ils demanderont que le châtiment leur soit augmenté:

---

[8] Muslim, vol. 4, p. 2280, nº 2969.

[9] *Tafsir* d'Ibn Kathir, vol. 6, p. 92.

﴾Le jour où leurs visages seront tournés et retournés dans le Feu, ils diront: hélas pour nous! Si seulement nous avions obéi à Allah et obéi au Messager! Et ils diront: Seigneur, nous avons obéi à nos chefs et à nos grands. C'est donc eux qui nous ont égarés du Chemin. Ô notre Seigneur! Inflige-leur deux fois le châtiment et maudis-les d'une grande malédiction.﴿ *[Coran 33: 66-68]*

À cause de leur violent courroux envers ceux qui les ont égarés, ils demanderont à Allah (ﷻ) de les leur présenter afin qu'ils puissent les piétiner:

﴾Et les mécréants diront: Seigneur, fais-nous voir ceux des djinns et des humains qui nous ont égarés, afin que nous les placions sous nos pieds, pour qu'ils soient parmi les plus bas.﴿ *[Coran 41: 29]*

Lorsqu'ils entreront en Enfer, leurs voix s'élèveront en se maudissant mutuellement et certains souhaiteront à d'autres l'augmentation du châtiment:

﴾Chaque fois qu'une communauté entrera, elle maudira celle qui l'aura précédée. Puis, lorsque tous s'y retrouveront, la dernière fournée dira de la première: ô notre Seigneur, voilà ceux qui nous ont égarés. Donne-leur donc double châtiment du Feu.﴿ *[Coran 7: 38]*

SECTION 2

LA SITUATION DES GENS DESOBEISSANTS PARMI LES CROYANTS

Il y aura quelques croyants qui auront commis des péchés qui les feront tomber dans les effrois du Jour de la Résurrection. Nous exposerons dans cette section le cas de ces gens désobéissants et les afflictions qui les atteindront en ce Jour.

§ 1er - Ceux qui ne s'acquittaient pas de la Zakate

La *Zakate* fait partie des droits d'Allah (ﷻ) les plus importants. C'est le droit sur les biens. Ceux qui ne s'acquittent pas de la *Zakate* de leurs biens seront châtiés avec ceux-ci sur le grand emplacement. Les Textes nous ont informés que leur châtiment avec leurs *[propres]* biens se fera sous plusieurs formes.

Premier cas: On présentera l'argent à son propriétaire sous la forme d'une vipère chauve ayant beaucoup de venin et deux taches noires au-dessus des yeux. Elle entourera son cou et saisira ses deux mâchoires en lui disant: *«C'est moi ton argent, c'est moi ton trésor.»*

Dans le *Sahih* de Boukhari, on a rapporté qu'Abou Houraïra (رضي الله عنه) a dit: le Messager d'Allah (ﷺ) a dit: *«Pour celui à qui Allah a donné de l'argent, et qui ne s'est pas acquitté de la Zakate, son argent lui sera représenté en vipère chauve avec deux taches noires au-dessus des yeux. Le Jour de la Résurrection, elle l'entourera et lui dira: c'est moi ton argent, c'est moi ton trésor!* Puis le Prophète (ﷺ) a récité:

> ﴿Que ceux qui gardent avec avarice ce qu'Allah leur donne par Sa Grâce, ne comptent point cela comme bon pour eux. Au contraire, c'est mauvais pour eux. Au Jour de la Résurrection, on leur attachera autour du cou ce qu'ils ont gardé avec avarice﴾» [10] *[Coran 3:180]*

Deuxième cas: On fera venir le bien lui-même et on le présentera au propriétaire qui ne s'est pas acquitté de l'aumône légale (*Zakate*). Si ce bien était de l'or ou de l'argent, on le transformerait en plaque de feu, puis la personne sera châtiée avec cette plaque. Et si ce

---

[10] *Michkatou El-Massabih*, vol. 1, p. 559, nº 1774.

bien était sous forme d'animaux - chameaux, bovins ou ovins - on les enverrait à son propriétaire qui sera châtié au moyen de ses biens. Le Très-Haut (سبحانه وتعالى) dit:

> ﴿A ceux qui thésaurisent l'or et l'argent, et ne le dépensent pas dans le chemin d'Allah, annonce-leur un châtiment douloureux, un jour où, rendus incandescents au feu de l'Enfer, *[ces trésors]* seront appliqués tout brûlants sur leurs fronts, leurs flancs et leurs dos: voici ce que vous avez thésaurisé pour vous-mêmes. Goûtez de ce que vous thésaurisiez.﴾ *[Coran 9: 34-35]*

Dans le *Sahih* de Muslim, on a rapporté d'après Abou Houraïra (رضي الله عنه) que le Messager d'Allah (ﷺ) a dit: *«Il n'y a pas un propriétaire d'or ou d'argent parmi ceux qui ne s'acquittent pas de leur dû* (Zakate), *à qui l'on ne plaque pas des plaques de feu, le Jour de la Résurrection. Elles seront portées à l'incandescence dans le feu de l'Enfer, et on lui brûlera avec, le flanc, le front et le dos. Chaque fois qu'elles baisseront de température, et on recommencera à le brûler, pendant un long jour d'une durée de cinquante mille ans, jusqu'à ce qu'on ait jugé les serviteurs. Ensuite, il verra sa destination, soit au Paradis, soit en Enfer.»* Quelqu'un a demandé: ô Messager d'Allah! Qu'en est-il pour les chameaux? Le Prophète (ﷺ) a répondu: *«Il n'y a pas un propriétaire de chameaux qui ne s'acquitte pas de son dû* (Zakate) - *y compris la mulsion de leur lait le jour où ils se rendent à l'abreuvoir - qui puisse éviter qu'au Jour de la Résurrection, on ne lui étende un terrain nivelé le plus vaste qui soit, où aucun chamelon ne sera égaré. Les chameaux le piétineront avec leurs sabots et le mordront avec leurs gueules. Chaque fois que le dernier sera passé, on lui ramènera le premier, et ce, dans un jour d'une durée de cinquante mille ans, jusqu'à ce que l'on juge parmi les serviteurs. Ensuite il verra sa destination soit au Paradis, soit en Enfer.»* Quelqu'un a demandé: ô Messager d'Allah! Qu'en est-il pour les bovins et les ovins? Il a répondu: *«Il n'y a pas un propriétaire de bovins ou d'ovins parmi ceux qui ne s'acquittent pas de leur dû* (Zakate), *qui puisse éviter qu'au Jour de la Résurrection, on ne lui étende un terrain nivelé, le plus vaste qui soit, où rien du bétail ne sera égaré. Il ne s'y trouvera pas une bête dépourvue de cornes ou possédant des cornes cassées ou retournées. Elles donneront des coups de cornes à leur propriétaire et elles le piétineront avec leurs sabots. Chaque fois que la dernière sera passée, on lui ramènera la première, et ce, dans un jour d'une durée de cinquante mille ans, jusqu'à ce qu'Allah juge parmi les serviteurs. Ensuite il verra sa destination soit au Paradis, soit en Enfer.»* [11]

§ 2 - Les orgueilleux

L'orgueil est un grand péché dans le jugement d'Allah (ﷻ) et Sa législation. Allah (ﷻ) déteste fortement ceux qui s'y adonnent. Lorsqu'Il ressuscitera les serviteurs, Il rassemblera les orgueilleux sous un aspect vil et méprisant.

Dans le Hadith rapporté par Tirmidhi, d'après 'Amr Ibn Chou'aïb, d'après son père, d'après son grand-père (رضي الله عنه), le Prophète (ﷺ) a dit: *«Le Jour de la Résurrection, les orgueilleux seront rassemblés, semblables* [à la taille] *de petites fourmis rouges dans des corps d'hommes. L'avilissement leur parviendra de tous les côtés.»* [12]

C'est chose notoire que les gens ne prêtent aucune attention à des petites fourmis. Ils les piétineront le Jour de la Résurrection, sans s'en rendre compte.

---

[11] *Sahih* de Muslim, livre de la *Zakate,* chapitre du péché de ne pas s'acquitter de la *Zakate,* vol. 2, p. 680, n° 987. Ce Hadith se trouve aussi dans les autres *Sahih* et dans les *Sunan*. Il a été rapporté par plus d'un compagnon: voir *Jami'e El-Ossole,* vol. 4, p. 554.

[12] *Michkatou El-Massabih*, vol. 2, p. 635, n° 5112. La chaîne de transmission du Hadith est bonne comme l'a indiqué cheikh Nasser Eddine El-Albani, le correcteur de ce livre.

De même qu'Allah (ﷻ) déteste les orgueilleux, Il déteste aussi les noms qu'ils s'étaient attribués à eux-mêmes par orgueil et arrogance. Ces noms qui les réjouissaient tant quand ils les entendaient, deviendront les noms les plus répugnants, les plus détestables et mensongers et qui courrouceront le plus Allah.

Boukhari, Muslim et Tirmidhi ont rapporté d'après Abou Houraïra (رضي الله عنه) que le Prophète (ﷺ) a dit: *«Le nom le plus vil auprès d'Allah, le Jour de la Résurrection, est celui d'un homme que l'on appelle le roi des rois.»* Muslim a ajouté dans une autre variante: *«Et il n'y a de Roi qu'Allah (ﷻ).»*

Muslim et Ahmed ont rapporté d'après Abou Houraïra (رضي الله عنه) le Hadith suivant: *«Le Jour de la Résurrection, l'homme qui encourra le plus la colère d'Allah, qui sera le plus détesté et qui mettra le plus Allah en colère, est un homme que l'on appelait le roi des rois. Et il n'y a de Roi qu'Allah.»* [13]

§ 3 - Les péchés pour lesquels Allah (ﷻ) n'adressera pas la Parole à leurs auteurs et ne les purifiera pas

On a rapporté de nombreux textes qui font redouter aux croyants les péchés pour lesquels Allah (ﷻ) s'est engagé à ne pas parler à celui qui les a commis, à ne pas le purifier de ses péchés et il y aura pour cet homme-là un châtiment douloureux, le Jour de la Résurrection.

Parmi ces personnes, se trouvent ceux qui cachent ce qu'Allah (ﷻ) a fait descendre du Livre: ce sont les rabbins, les moines et les savants qui cachent ce qu'ils possèdent comme science, dans le but de satisfaire leur gouverneur, d'acquérir un profit personnel ou d'obtenir les biens futiles de la vie ici-bas. Ainsi les moines et les

---

[13] *Silsilate al-ahâdith assahiha,* vol. 2, p. 619, n° 915.

rabbins ont caché ce qu'ils connaissaient de leurs Livres Révélés, les descriptions du Messager d'Allah (ﷺ) qui y figuraient et rejettent sa prophétie bien qu'ils le connaissent comme ils connaissent leurs propres enfants.

Allah (ﷻ) dit à leur sujet:

﴾Ceux qui cachent ce qu'Allah a fait descendre du Livre et le vendent à vil prix, ceux-là ne s'emplissent le ventre que de feu. Allah ne leur adressera pas la parole, au Jour de la Résurrection, et ne les purifiera pas. Et il y aura pour eux un châtiment douloureux. Ceux-là ont échangé la bonne direction contre l'égarement, et le pardon contre le châtiment. Qu'est-ce qui leur fera donc supporter le Feu?﴿
[Coran 2: 174-175]

Ibn Kathir a dit à propos de l'exégèse de cette parole du Très-Haut (ﷻ) ﴾Allah ne leur adressera pas la parole, le Jour de la Résurrection, et ne les purifiera pas﴿: ''Cela parce qu'Il (ﷻ) est en colère contre eux, étant donné qu'ils ont caché la Vérité bien qu'ils sachent. Ils ont mérité la colère, Il ne les regardera pas et ne les purifiera pas de leurs péchés: c'est-à-dire qu'Allah (ﷻ) ne fera pas éloges d'eux. Bien au contraire, Il les châtiera d'un douloureux châtiment.''[14]

Abou Houraïra (رضي الله عنه) a rapporté du Messager d'Allah (ﷺ) qu'il a dit: *«Celui qui aura été interrogé au sujet d'une science et qu'il aura dissimulée*[15] sera bâillonné par des brides de feu le Jour de la Résurrection.» Ce Hadith a été rapporté par Abou Daoud, Tirmidhi qui a dit: ce Hadith est bon, par Ibn Majah, par Ibn Hibbane dans son *Sahih* et par Beihaqi.

---

[14] *Tafsir* d'Ibn Kathir, vol. 1, p. 363.

[15] C'est-à-dire: soit en ne répondant pas, soit en interdisant de la mettre par écrit. [*Trad.*]

Il a été rapporté aussi dans les mêmes termes par Al-Hâkim qui a dit: ce Hadith est authentique, selon les conditions établies par Boukhari et Muslim, bien que ces derniers ne l'aient pas rapporté.

Dans une variante d'Ibn Majah, il a été rapporté que le Prophète (ﷺ) a dit: *«Il n'y a pas un homme qui apprend une science et qui la dissimule, qui ne vienne, au Jour de la Résurrection, bâillonné par des brides de feu.»* [16]

Parmi ceux qui encourront la colère d'Allah (سبحانه وتعالى) le Jour de la Résurrection, à qui Il ne parlera pas, qu'Il ne purifiera pas et qui auront un châtiment douloureux, se trouvent ceux qui ont rompu leurs engagements envers Allah (سبحانه وتعالى), ceux qui ont vendu leurs serments à vil prix et qui jurent par de faux serments afin d'obtenir les biens futiles de la vie ici-bas. Le Très-Haut (سبحانه وتعالى) dit:

> ﴿Ceux qui vendent à vil prix leur engagement envers Allah, ainsi que leurs serments, n'auront aucune part dans l'Au-Delà. Et Allah ne leur parlera pas, ne les regardera pas au Jour de la Résurrection et ne les purifiera. Ils auront un châtiment douloureux.﴾ *[Coran 3: 77]*

Ibn Kathir a cité de nombreux Hadiths en rapport avec ce verset. Dans le Hadith d'Abou Dherr (رضي الله عنه) rapporté par Muslim, les auteurs des *Sunan*, et par Ahmed, le Messager d'Allah (ﷺ) a dit: *«Il y a trois personnes à qui Allah ne parlera pas, qu'Il ne regardera pas et ne purifiera pas et qui auront un châtiment douloureux, le Jour de la Résurrection.»*

Abou Dherr (رضي الله عنه) a dit: ''Qui sont-elles, ô Messager d'Allah? Elles auront causé leur propre perte et seront privées du bien. Le Messager d'Allah (ﷺ) a répété trois fois ces propos, avant de dire: *«Celui dont les vêtements descendent en dessous de la cheville, celui qui vend sa marchandise en faisant serment mensonger, et celui qui*

---

[16] *Sahih Targhib wa Tarhib* corrigé par El-Albani, Hadith n° 120. [*Trad.*]

rappelle à une personne le bienfait qu'il lui a fait [dans le dessein de s'en vanter].»

Parmi ces Hadiths, se trouve le Hadith rapporté par Boukhari et Muslim, d'après Abdallah (ﷺ) qui a dit: le Messager d'Allah (ﷺ) a dit: *«Celui qui jure alors qu'il ment, dans le but de s'approprier une partie de l'argent d'un homme musulman, rencontrera Allah (ﷻ) en colère contre lui.»*

Parmi ces Hadiths, il y a celui rapporté par Boukhari d'après Abdallah Ibn Abi Awfa (ﷺ), dans lequel il est dit *qu'un homme a exposé sa marchandise au marché. Il a juré par Allah qu'on lui avait proposé un prix supérieur à celui qu'on lui a proposé, dans le but de duper un de ses frères musulmans. C'est alors que ce verset fut descendu:*

﴿Ceux qui vendent à vil prix leur engagement avec Allah, ainsi que leurs serments...﴾ *[Coran 3: 77]*

Parmi ces Hadiths, il y a celui rapporté par Ahmed, Abou Daoud et Tirmidhi, d'après Abou Houraïra (ﷺ), dans lequel le Messager d'Allah (ﷺ) a dit: *«Il y a trois personnes à qui Allah ne parlera pas, qu'Il ne regardera pas, ne purifiera pas et qui auront un châtiment douloureux, le Jour de la Résurrection: un homme qui a interdit à un voyageur de boire de son eau alors qu'il en avait en surplus, un homme qui jure au sujet de sa marchandise après* [la prière] *du* 'Asr - *c'est-à-dire en mentant - et un homme qui a prêté serment d'allégeance à un émir, à qui il vouera fidélité s'il le paie,* [mais qui] *y renoncera s'il ne le fait pas.»* [17]

Boukhari a rapporté dans son *Sahih* d'après Abou Houraïra (ﷺ) que le Prophète (ﷺ) a dit: *«Il y a trois personnes à qui Allah ne parlera pas et qu'Il ne regardera pas le Jour de la Résurrection: un homme qui jure qu'on lui a proposé sa marchandise à un prix plus*

[17] Voir tous ces Hadiths dans le *Tafsir* d'Ibn Kathir, vol. 2, p. 60.

élevé que le prix que l'acheteur propose, alors qu'il ment; un homme qui jure par un faux serment, après la prière du 'Asr, *dans le but de s'approprier une partie de l'argent d'un musulman; et un homme qui a interdit* [à un voyageur de boire] *de son surplus d'eau: Allah lui dira, le Jour de la Résurrection: ''Aujourd'hui, Je t'interdis Mon Bienfait, comme tu as interdit un bienfait que ta main n'a pas produit''.»* [18]

Parmi les pécheurs - autres que ceux cités - pour lesquels Allah s'est engagé à ne pas leur adresser la parole, à ne pas les regarder et à ne pas les purifier de leurs péchés, il y a: un vieil homme fornicateur, un roi grand menteur, un pauvre qui enfle d'orgueil, celui qui néglige ses devoirs envers ses parents, la femme qui cherche à ressembler aux hommes, le cocu consentant, celui qui sodomise sa femme et, *[encore une fois],* celui qui laisse traîner son vêtement par orgueil.

Dans le *Sahih* de Muslim et dans les *Sunan* de Nassa'i, Abou Houraïra (رضي الله عنه) a dit: le Messager d'Allah (ﷺ) a dit: *«Il y a trois personnes à qui Allah ne parlera pas le Jour de la Résurrection, qu'Il ne purifiera pas, qu'Il ne regardera pas et pour lesquelles il y aura un châtiment douloureux: un vieil homme fornicateur, un roi grand menteur et un pauvre qui enfle d'orgueil.»*[19]

Dans *le Musned* de l'imam Ahmed, dans les *Sunan* de Nassa'i et dans le *Moustadrak* d'Al-Hâkim, on a rapporté d'après Abdallah Ibn 'Amr que le Messager d'Allah (ﷺ) a dit: *«Il y a trois personnes qu'Allah ne regardera pas le Jour de la Résurrection: celui qui néglige ses devoirs envers ses parents, la femme hommasse qui cherche à ressembler aux hommes et le cocu consentant.»*[20]

---

[18] *Sahih* de Boukhari, livre de l'Unicité, chapitre de la parole d'Allah: ﴾Ce Jour, il y aura des visages resplendissants...﴿ [Coran 75: 22] - *Fat'hou El-Bâri*, vol. 13, p. 419.

[19] *Sahih Al-Jami'e Al-Saghir,* vol. 3, p. 73, n° 3064.

[20] *Sahih Al-Jami'e-Al-Saghir,* vol. 3, p. 74, n° 3066.

D'après Abou Houraïra (ﷺ), le Messager d'Allah (ﷺ) a dit: «*Celui qui sodomise sa femme, Allah ne le regardera pas.*» Ce Hadith a été rapporté par Al-Baghaoui dans son livre *Charh Al-Sunna.* [21]

Dans le *Sahih* de Boukhari et dans le *Sahih* de Muslim, on a rapporté d'après Abou Houraïra (ﷺ) que le Messager d'Allah (ﷺ) a dit: «*Le Jour de la Résurrection, Allah ne regardera pas celui qui a laissé traîner son habit par orgueil.*» [22]

L'on y a également rapporté, d'après Ibn Omar (ﷺ), que le Prophète (ﷺ) a dit: «*Celui qui laisse traîner son habit par ostentation, Allah ne le regardera pas le Jour de la Résurrection.*» [23]

D'après Ibn Omar (ﷺ), le Prophète (ﷺ) a dit: «Al-Isbal *se fait dans l'*izar, *la chemise et le turban. Celui qui en laisse traîner une partie par orgueil, Allah ne le regardera pas, le Jour de la Résurrection.*» [24]

§ 4 - Les riches qui "jouissent" des bienfaits de la vie

Ceux qui se fient à la vie présente, qui s'abandonnent à elle et qui exagèrent dans la jouissance de ses délices, se sentiront à l'étroit le Jour de la Résurrection. Le Messager d'Allah (ﷺ) a dit que celui

---

[21] *Michkatou El-Massabih,* vol. 2, p. 184, n° 3194. Le correcteur de ce livre, cheikh Al-Albani, a dit: "Nassâ'i l'a rapporté dans *As-Sunan-El-Koubra.* C'est un Hadith authentique."

[22] *Michkatou El-Massabih,* vol. 2, p. 472, n° 4311.

[23] *Idem,* n° 4312.

[24] *Idem,* vol. 2, p. 474, n° 4332. Le correcteur de ce livre a confirmé l'authenticité de la chaîne de transmission du Hadith. Il a été rapporté par Abou Daoud, Nassâ'i et Ibn Majah.
(*Al-Isbal* en matière d'*izar* est le fait de le laisser descendre sous la cheville, *Al-Isbal* dans la chemise c'est le fait de laisser dépasser les manches sur les poignets, et quant au turban c'est lorsque ses pans descendent jusqu'à la moitié du dos). [*Trad.*]

qui a multiplié ses rassasiements dans la vie terrestre, prolongera sa faim le Jour de la Résurrection.

Dans les *Sunan* de Tirmidhi, dans celles d'Ibn Majah et dans le *Moustadrak* d'Al-Hâkim, on a rapporté que le Messager (ﷺ) a dit à l'un de ses Compagnons (رضي الله عنه): *«Epargne-nous ton rot car ceux qui se seront le plus rassasiés dans la vie terrestre seront ceux qui auront le plus faim au Jour de la Résurrection.»* [25]

Le Prophète (ﷺ) a également dit que ceux qui possèdent beaucoup d'argent et d'immenses biens de la vie ici-bas seront parmi les gens les moins récompensés le Jour de la Résurrection, tant qu'ils n'auront pas dépensé leurs biens dans les voies des œuvres de bienfaisance.

Dans le *Sahih* de Boukhari et dans celui de Muslim, d'après Abou Dherr, il a dit: *«Les plus pourvus* [en biens] *seront les moins pourvus* [en degré] *le Jour de la Résurrection, sauf celui à qui Allah a donné de l'argent et qui en a fait largesse à sa droite, à sa gauche, devant lui et derrière lui, et qui a fait du bien avec cette fortune.»* [26]

Le nombre faible de bonnes actions qu'ils auront accomplies les laisseront en arrière, plaçant ainsi ceux qui se trouvaient derrière eux dans la vie terrestre, devant eux le Jour de la Résurrection, inversant ainsi l'ordre établi dans le bas monde. Dans les *Sunan* d'Ibn Majah, on a rapporté d'après Abou Dherr (رضي الله عنه), que le Messager d'Allah (رضي الله عنه) a dit: *«Les plus pourvus en biens seront les plus bas* [en grade] *le Jour de la Résurrection, sauf celui qui a fait comme ceci et comme cela de l'argent, et qui a fait* [légitimement] *ses acquisitions.»* [27]

---

[25] Cheikh Nasser Eddine Al-Albani a mentionné les différentes voies de ce Hadith dans *Silsilate al-ahâdith assahiha,* Hadith n° 343.

[26] *Sahih El-Jami'e,* vol. 2, p. 165, n° 1950.

[27] *Silsilate al-ahâdith assahiha,* vol. 4, p. 364, n° 1766.

Le Messager d'Allah (ﷺ) nous a instruits que ceux qui ont surchargé leurs âmes de jouissances mondaines, de richesses et de fortunes de la vie ici-bas, seront incapables de franchir les obstacles et les effrois [28] au Jour de la Résurrection. Dans le livre *Chou'ab Al-Imêne*, on a rapporté qu'Oum Ad-Dardâ (qu'Allah l'agrée) a dit: j'ai dit à Abou Ad-Dardâ (رضي الله عنه): pourquoi ne demandes-tu pas comme a demandé untel? - Il m'a répondu: j'ai entendu l'Envoyé d'Allah (ﷺ) dire: *«Il y aura devant vous un obstacle pénible, que ne pourront franchir ceux qui sont alourdis.»* [29]

§ 5 - Le scandale de la perfidie

D'après Ibn Omar (رضي الله عنه), le Messager d'Allah (ﷺ) a dit: *«Lorsque Allah rassemblera les premiers et les derniers le Jour de la Résurrection, un drapeau sera hissé pour chaque personne qui n'aura pas accompli ce pourquoi il s'était engagé et on dira: c'est la perfidie d'untel, fils d'untel.»* Ce Hadith a été rapporté par Muslim. [30]

L'on hissera derrière celui qui n'a pas accompli ce à quoi il s'est engagé, un drapeau où l'objet du scandale sera inscrit. Il sera ainsi démasqué le Jour de la Résurrection. Ce drapeau sera accroché à son postérieur.

Dans le *Sahih* de Muslim, on a rapporté, d'après Abou Saïd (رضي الله عنه), que le Messager d'Allah (ﷺ) a dit: *«Pour chaque personne qui n'a pas accompli ce à quoi elle s'est engagée, il y aura un drapeau que l'on accrochera à son postérieur, le Jour de la Résurrection.»* [31]

---

[28] Par les obstacles et les terreurs, l'on signifie: la mort, la tombe, la traversée du Pont, etc. [*Trad.*]

[29] *Michkatou El-Massabih,* vol. 2, p. 607, n° 5204. Dans *Sahih El-Jami'e*, cheikh Nasser a aussi attribué ce Hadith à El-Hâkim, vol. 2, p. 178, n° 1997.

[30] *Sahih* de Muslim, vol. 3, p. 1359, n° 1735. Ce Hadith a aussi été rapporté par Boukhari, Abou Daoud, Tirmidhi et d'autres.

[31] *Sahih* de Muslim, vol. 3, p. 1361, n° 1738.

Plus la honte sera grande, plus le drapeau sera élevé. Ceci permettra de le couvrir de honte le Jour de la terrible Situation. Dans le *Sahih* de Muslim, on a rapporté d'après Abou Saïd (ﷺ) que le Messager d'Allah (ﷺ) a dit: «*Pour chaque personne qui n'a pas accompli ce à quoi elle s'est engagée, il y aura un drapeau le Jour de la Résurrection que l'on hissera en proportion de son scandale. Il n'y aura pas de plus grande honte que celle d'un gouverneur ou d'un calife.*» [32]

Sa honte est la plus grande car le mal, qu'il a causé, a lésé beaucoup de personnes et, en plus, il détenait la force et l'autorité. Il n'a donc nul besoin de trahir ses engagements et promesses.

Allah (ﷻ) a instauré la punition, de cette manière, afin que les humains la reconnaissent et la comprennent.

N'avez-vous pas eu vent de la parole de leur poète:

Ô Soumeyya! Malheur à toi! As-tu eu vent de l'avilissement?
Un drapeau a été hissé pour nous
Dans l'assemblée, à cause de cela.
Les Arabes hissaient un drapeau pour celui
Qui ne tenait pas son engagement aux moments des lieux de réunion
Et des saisons du pèlerinage.
Ainsi faisait-on connaître le coupable et son délit. [33]

§ 6 - Le vol du butin

Le vol du butin consiste à se l'approprier furtivement, avant son partage. C'est un péché qui dénote la cupidité et l'égoïsme. Allah (ﷻ) a menacé de dévoiler en public le voleur de butin le Jour de la Résurrection, en le lui faisant porter en ce jour:

---

[32] *Ibid.*

[33] *At-Tadhkira,* p. 297.

﴾Quiconque s'approprie du butin, viendra avec ce qu'il se sera approprié, le Jour de la Résurrection. Alors, à chaque individu, on rétribuera pleinement ce qu'il aura acquis, et ils ne seront point lésés.﴿ *[Coran 3: 161]*

Qortobi a dit au sujet de l'exégèse de ce verset: ''C'est-à-dire que le voleur de butin viendra avec ce qu'il se sera approprié en le portant sur son dos et son cou, châtié par sa charge et de sa lourdeur, épouvanté par le son qu'émettra ce butin, et puni par la divulgation de sa traîtrise au grand jour.'' [34]

Parmi les exemples de vol de butin, il y a l'argent et les biens destinés au peuple que s'approprient les gouvernants, les fonctionnaires, les collecteurs d'aumônes, les gouverneurs. Le Messager d'Allah (ﷺ) a expliqué, dans plus d'un Hadith, la manière par laquelle ces voleurs porteront ce qu'ils se sont appropriés, le Jour de la Résurrection.

On a rapporté qu'Abou Houraïra (رضي الله عنه) a dit: le Messager d'Allah (ﷺ) s'est tenu debout parmi nous un certain jour, et a évoqué le vol du butin en insistant sur son importance. Puis il a dit: *«Que je ne trouve personne parmi vous venant, le Jour de la Résurrection, en portant sur son cou un chameau qui mugit, et qui me dira: ô Messager d'Allah, sauve-moi! Et je lui dirai: ''Je ne peux rien pour toi, je t'avais déjà certes prévenu.''*

Que je ne trouve personne parmi vous venant, le Jour de la Résurrection, en portant sur son cou un cheval qui hennit, et qui me dira: ô Messager d'Allah, sauve-moi!, car je lui dirai: ''Je ne peux rien pour toi, je t'avais déjà certes prévenu.''

Et que je ne trouve personne parmi vous venant, le Jour de la Résurrection, en portant sur son cou un mouton qui bêle, et qui me dira: ô Messager d'Allah, sauve-moi!, car je lui dirai: ''Je ne peux rien pour toi, je t'avais déjà certes prévenu.''

---

[34] *Tafsir* de Qortobi, vol. 4, p. 256.

Et que je ne trouve personne parmi vous venant, le Jour de la Résurrection, en portant sur son cou une âme qui crie et qui me dira: ô Messager d'Allah, sauve-moi!, car je lui dirai: ''Je ne peux rien pour toi, je t'avais déjà certes prévenu.''

Et que je ne trouve personne parmi vous venant, le Jour de la Résurrection, en ayant sur sa tête des habits que le vent agite et qui claquent sous l'effet de son souffle, qui me dira: ô Messager d'Allah, sauve-moi!, car je lui dirai: ''Je ne peux rien pour toi, je t'avais déjà certes prévenu.''

Et que je ne trouve personne parmi vous venant, le Jour de la Résurrection, en portant sur son cou de l'or ou de l'argent, et qui me dira: *ô Messager d'Allah, sauve-moi!, car je lui dirai: ''Je ne peux rien pour toi, je t'avais déjà certes prévenu.''*»

Ce Hadith a été rapporté par Boukhari et Muslim. Cette variante est celle que Muslim a rapportée. Elle est la plus complète.[35]

Tabarani dans *Mou'jame Kabir*, Beihaqi dans ses *Sunan* et Al-Houmeidi dans son *Musned*, ont rapporté que le Messager d'Allah (ﷺ) a employé 'Obada Ibn As-Sâmite (رضي الله عنه) pour collecter les aumônes. Puis il a dit: *«Crains Allah, ô Abou Walid, crains l'idée de venir le Jour de la Résurrection portant sur ton cou un chameau qui mugit ou une vache qui beugle ou un mouton qui bêle.»*[36]

Ibn Kathir a mentionné dans son exégèse des Hadiths qui font redouter le vol du butin. Parmi ces Hadiths, il y a celui du vol des collecteurs d'aumônes. Il a cité le Hadith suivant d'Abou Houmeid Al-Saïdi (رضي الله عنه) qui a dit: le Messager d'Allah (ﷺ) a employé un homme de la tribu Ezd, qui se nommait Ibn Loutbiya (رضي الله عنه), pour collecter les aumônes. Puis cet homme est venu et a annoncé: ceci est pour vous et ceci m'a été donné en cadeau!

---

[35] *Michkatou El-Massabih,* vol. 2, p. 401, n° 3996.

[36] *Silsilate al-ahâdith assahiha,* vol. 2, p. 537, n° 857.

Alors le Messager d'Allah (ﷺ) monta sur la chaire et dit: *«Qu'est-ce qu'il a le collecteur que l'on envoie pour collecter les aumônes et qui dit: ceci est pour vous, et cela est pour moi. Ne s'est-il jamais été assis dans la maison de son père ou de sa mère pour voir si on lui donnera un cadeau ou non? Par Celui qui tient l'âme de Mohammed en Sa Main, personne parmi vous ne viendra avec une part de la collecte, le Jour de la Résurrection, sans qu'il ne la porte sur son cou: qu'il s'agisse d'un chameau qui mugit, d'une vache qui beugle ou d'un mouton qui bêle.»* Ce Hadith a été rapporté par Boukhari et Muslim.[37]

§ 7 - Le spoliateur de terre

D'après Ibn Omar (رضي الله عنه), le Prophète (ﷺ) a dit: *«Celui qui aura pris sans droit une parcelle de terre, sera englouti jusqu'à la septième terre le Jour de la Résurrection.»*[38]

§ 8 - Celui qui a deux visages

La personne, qui sera vraiment la pire de tout le monde le Jour de la Résurrection, est celle qui ne se maintient pas dans un même état et dans une même position. Elle vient vers certains avec un visage et vers d'autres avec un visage différent.

Boukhari et Muslim ont rapporté, dans leurs *Sahih,* selon Abou Houraïra (رضي الله عنه), que le Messager d'Allah (ﷺ) a dit: *«Le Jour de la Résurrection vous trouverez que la personne la pire de toutes sera celle qui a deux visages: celui qui vient vers certains avec un visage et vers d'autres avec un visage* [différent].»[39]

---

[37] *Tafsir* d'Ibn Kathir, vol. 2, p. 145.

[38] *Sahih* de Boukhari, livre des *Riqaq,* chapitre du péché de celui qui a été injuste dans l'acquisition d'une parcelle de terre. *Fat'hou El-Bâri,* vol. 5, p. 103.

[39] *Michkatou El-Massabih,* vol. 2, p. 578, n° 4822.

On a rapporté dans quelques Hadiths que ce groupe de gens aura une langue de feu le Jour de la Résurrection. Le Hadith suivant a été rapporté par Abou Daoud, mais a aussi été rapporté dans d'autres termes par Boukhari dans son livre *Al-Adab Al-Moufrad*, par Darimi, Abou Ya'la et d'autres, d'après 'Ammar Ibn Yassir (ﷺ) qui a dit que le Messager d'Allah (ﷺ) a dit: *«Celui qui à un double visage dans la vie terrestre, aura une langue de feu le Jour de la Résurrection.»* [40]

§ 9 - Le chef qui se détourne de ses administrés

Abou Daoud, Ibn Majah et Al-Hâkim ont rapporté selon une chaîne de transmission authentique d'après Abou Maryam Al-Asdi (رضي الله عنه) que le Messager d'Allah (ﷺ) a dit: *«Celui qui est responsable de quoi que ce soit, des affaires des musulmans et qui néglige leurs besoins, leur pauvreté, Allah ne répondra pas à son appel et le décevra dans ses espoirs pour ce qui est de ses besoins et sa pauvreté le Jour de la Résurrection.»* [41]

§ 10 - Celui qui mendie alors qu'il a ce qui lui suffit

Celui qui demande, alors qu'il a ce qui lui suffit, sera ressuscité avec des plaies ou des griffures sur son visage. Abou Daoud, Nassa'i, Tirmidhi, Darimi et d'autres ont rapporté d'après Abdallah Ibn Massoud (رضي الله عنه) que le Messager d'Allah (ﷺ) a dit: *«Celui qui mendie alors qu'il a ce qui lui suffit, sa demande se manifestera le Jour de la Résurrection sous forme d'écorchure, de plaie ou de griffure sur son visage.»* - On a demandé: ô Messager d'Allah, qu'est-ce qui suffit? - Il a dit: *«Cinquante dirhams ou leur valeur en or.»* [42]

---

[40] *Silsilate al-ahâdith assahiha,* vol. 2, p. 584, n° 892.

[41] *Sahih El-Jami'e El-Saghir,* vol. 5, p. 368, n° 6471.

[42] *Silsilate al-ahâdith assahiha,* n° 499.

Dans le *Musned* de l'imam Ahmed, on a rapporté d'après 'Imrane Ibn Hussein (ﷺ), que le Messager d'Allah (ﷺ) a dit: «*La demande* [d'argent en feignant la pauvreté] *dans le but de s'enrichir, sera une honte sur le visage de cette personne, le Jour de la Résurrection.*»[43]

§ 11 - Celui qui crache en direction de la Qibla

La direction de la *Ka'ba* est honorable et sacrée. C'est pour cette raison que des Hadiths sont venus interdire le fait d'uriner ou de faire ses besoins en donnant la face ou le dos à la *Qibla.*

Le Messager (ﷺ) a aussi interdit de cracher en sa direction. Il nous a informés que celui qui agit ainsi viendra, le Jour de la Résurrection, avec son crachat sur son visage.

Al-Bazzar dans son *Musned,* Ibn Hibbane dans son *Sahih* et Ibn Khouzeima dans son *Sahih,* ont rapporté un Hadith d'après Ibn Omar (ﷺ): «Celui qui a craché en direction de la *Qibla,* sera ressuscité le Jour de la Résurrection, avec son crachat sur le visage.»[44]

Abou Daoud dans ses *Sunan,* et Ibn Hibbane dans son *Sahih,* ont rapporté d'après Houdayfa Ibn Al-Yaman (ﷺ), que le Messager d'Allah (ﷺ) a dit: «*Celui qui crache en direction de la* Qibla, *viendra, le Jour de la Résurrection, avec son crachat entre ses deux yeux.*»[45]

---

[43] *Sahih El-Jami'e El-Saghir,* vol. 5, p. 208, nº 5747.

[44] *Idem,* vol. 3, p. 33, nº 2908. Cheikh Nasser Eddine Al-Albani a authentifié ce Hadith. Voir ses propos concernant ce Hadith dans *Silsilate al-ahâdith assahiha,* nº 223.

[45] *Silsilate al-ahâdith assahiha,* nº 222.

§ 12 - Celui qui prétend avoir fait un songe

Le Jour de la Résurrection, sera puni celui qui ment en prétendant avoir fait un rêve qu'il n'a pas vu, en étant châtié jusqu'à ce qu'il parvienne à lier deux minuscules grains d'orge. Quant à celui qui écoute indiscrètement une discussion et que cela répugne aux intéressés, il sera puni par un déversement de plomb fondu dans ses oreilles le Jour de la Résurrection.

Dans son *Sahih*, Boukhari a rapporté d'après Ibn Abbas (رضي الله عنه), que le Prophète (ﷺ) a dit: *«Celui qui raconte un rêve [en disant j'ai vu ceci et cela] alors qu'il ment, sera puni en étant châtié jusqu'à ce qu'il parvienne à lier deux petits grains d'orge, mais il n'y parviendra pas. Quant à celui qui écoute une conversation entre des personnes et que cela leur répugne ou qu'elles s'éloignent de lui, on lui versera du plomb fondu dans son oreille le Jour de la Résurrection.»* [46]

SECTION 3

LA SITUATION DES GENS PIEUX

§ 1er - Les hommes seront effrayés le Jour de la Résurrection, à l'exception des gens pieux

Il est un groupe parmi les serviteurs d'Allah (سبحانه وتعالى) qui ne sera ni effrayé ni attristé, lorsque les autres hommes le seront. Ceux-là sont les bien-aimés du Miséricordieux (سبحانه وتعالى), ceux qui ont eu foi en Lui (سبحانه وتعالى) et ont œuvré pour Son obéissance, en se préparant pour ce Jour.

---

[46] *Sahih* de Boukhari, livre de l'interprétation des rêves, chapitre de celui qui prétend mensongèrement avoir fait un rêve qu'il n'a pas fait. *Fat'hou El-Bâri*, vol. 12, p. 427.

Alors Allah (سبحانه وتعالى) les sécurisera en ce Jour. Lorsqu'ils seront ressuscités de leurs tombes, les Anges du Miséricordieux (سبحانه وتعالى) les accueilleront pour les rassurer de leur peur et tranquilliser leurs cœurs:

﴿En seront écartés, ceux à qui étaient, précédemment, promises de belles récompenses de Notre part. Ils n'entendront pas son crépitement *[de l'Enfer]* et jouiront éternellement de ce que leurs âmes désirent. La grande terreur ne les affligera pas et les Anges les accueilleront: voici le jour qui vous a été promis.﴾ *[Coran 21: 101-103]*

La grande terreur désigne ce qui atteindra les serviteurs quand ils seront ressuscités de leurs tombes.

﴿Il leur accordera un délai jusqu'au jour où leurs regards se figeront.﴾ *[Coran 14: 42]*

En ce jour, un crieur du Miséricordieux (سبحانه وتعالى) hurlera en faveur des bien-aimés du Tout-Miséricordieux (سبحانه وتعالى), afin qu'ils soient tranquillisés:

﴿Ô Mes serviteurs, vous ne devez avoir aucune crainte aujourd'hui, vous ne serez point affligés, ceux qui croient à Nos signes et sont musulmans.﴾ *[Coran 43: 68-69]*

Le Très-Haut (سبحانه وتعالى) dit également, à un autre endroit:

﴿En vérité, les bien-aimés d'Allah seront à l'abri de toute crainte, et ils ne seront point affligés, ceux qui croient et qui craignent *[Allah]*. Il y a pour eux une bonne annonce dans la vie terrestre, tout comme dans l'Au-delà.﴾ *[Coran 10: 62-64]*

Le secret de la sécurité dans laquelle Allah (سبحانه وتعالى) enveloppera Ses serviteurs pieux est que leurs cœurs, dans le bas monde, étaient remplis de crainte d'Allah (سبحانه وتعالى), qu'ils passaient leurs nuits en prière, qu'ils jeûnaient le jour et qu'ils se préparaient en vue du Jour où ils se tiendront debout devant Allah (ﷻ). Leur Seigneur (ﷻ) a rapporté qu'ils disaient:

﴾Nous redoutons, de notre Seigneur, un jour terrible et catastrophique.﴿ *[Coran 76: 10]*

Celui dont la situation est semblable, Allah (ﷻ) le protégera contre le mal de ce jour, et le sécurisera:

﴾Allah les protégera du mal de ce jour-là, et leur fera rencontrer la splendeur et la joie, et les rétribuera pour ce qu'ils auront enduré, en leur donnant le Paradis et des *[vêtements]* de soie.﴿ *[Coran 76: 11-12]*

Dans le Hadith qui a été rapporté par Abi Nou'aym, dans son livre *Al-Hilyah*, d'après Chaddad Ibn Aws (رضي الله عنه), le Messager d'Allah (ﷻ) a dit: «*Allah dit*: ''*Par Ma Dignité et Ma Majesté, Je ne regrouperai pas pour Mon serviteur deux sécurités et deux peurs. Si dans la vie terrestre il s'est senti en sécurité contre Moi, Je lui inspirerai la peur le jour où Je rassemblerai Mes serviteurs. Et s'il M'a craint dans la vie terrestre, Je le sécuriserai le jour où Je rassemblerai Mes serviteurs*''.»[47]

Plus le serviteur est sincère envers son Seigneur (ﷻ), plus il se sentira en sécurité le Jour de la Résurrection. Les monothéistes qui n'ont pas mêlé l'idolâtrie (*chirk*) à leur foi, seront dans une entière sécurité le Jour de la Résurrection. Cela a été indiqué dans la réponse d'Abraham à son peuple, quand ils l'ont menacé de leurs idoles. Abraham leur a répondu:

﴾Et comment aurais-je peur des associés que vous Lui donnez, alors que vous n'avez pas eu peur d'associer à Allah des choses pour lesquelles Il ne vous a fait descendre aucune preuve? Lequel donc des deux groupes aura le plus droit à la sécurité? *[Dites-le]* si vous savez! Ceux qui ont cru

---

[47] *Silsilate al-ahâdith assahiha,* vol. 2, p. 377, nº 742.

et n'ont point troublé la pureté de leur foi par quelque iniquité, ceux-là ont la sécurité, et ce sont eux les bien guidés.﴿ *[Coran 6: 81-82]*

§ 2 - Ceux qu'Allah (ﷻ) abritera sous Son Ombre

Lorsque les gens se tiendront dans le Grand Emplacement, sous la rude ardeur du soleil, ils goûteront de l'épreuve qui fera succomber les montagnes élevées et solidement fixées. Un groupe d'élus sera apaisé sous l'Ombre du Trône du Miséricordieux (ﷻ). Ils ne subiront pas les angoisses qu'endureront les autres.

Ceux-là sont ceux qui avaient une grande détermination et des résolutions sincères à travers lesquelles la croyance de l'Islam et ses valeurs vertueuses se sont manifestées ou ceux qui ont accompli des œuvres honorables qui ont une grande valeur dans la morale islamique. Qui sont-ils?

Ce sont:

- L'Imam (Guide) juste, celui qui possède la force et l'autorité, qui ne tyrannise pas et qui établit la justice entre les serviteurs, selon la législation divine.

- Le jeune homme qui a grandi dans l'adoration de son Seigneur (ﷻ), qui a marqué son âme par les marques de la crainte d'Allah (ﷻ), qui a écarté son âme de la passion, et qui a vécu dans la pureté.

- Ceux qui ont empli les mosquées d'Allah (ﷻ) pour L'adorer, trouvant dans leurs enceintes l'intimité pour L'adorer et un lieu approprié pour s'adresser secrètement à Lui (ﷻ), puis qui, lorsqu'ils sont sur le point de les quitter, voient leurs cœurs se tourner avec nostalgie vers elles.

- Ceux qui se sont aimés en Allah (ﷻ), qui se sont liés d'amitié fraternelle par bonté pieuse, par crainte d'Allah (ﷻ) et par piété, qui ne se séparent l'un de l'autre que pour une bonne œuvre.

- Ceux qui ont été exposés à la tentation des femmes et pour lesquels la crainte d'Allah (ﷻ) s'est interposée entre eux et la chute dans la fornication.

- Celui qui dépense dans les œuvres pieuses, qui rend sa foi sincère pour Allah et qui cache son aumône, même à sa propre personne.

- Celui dont la crainte d'Allah (ﷻ) remplit le cœur et que ses yeux, quand il est seul, s'emplissent de larmes à cette simple pensée.

Boukhari et Muslim ont rapporté dans leurs *Sahih*, d'après Abou Houraïra (رضي الله عنه), que le Messager d'Allah (ﷺ) a dit: *«Sept personnes seront abritées sous Son Ombre, le jour où il n'y aura d'autre ombre que la Sienne: l'Imam (le Guide) juste, le jeune qui a grandi dans l'adoration de son Seigneur, un homme dont le cœur est attaché aux mosquées, deux hommes qui se sont aimés en Allah - ils se sont réunis sur la base de cet amour et se séparent sur la base de cet amour -, un homme à qui une belle femme de haut rang social s'est présentée se proposant à lui, puis qui répond: je crains Allah, un homme qui a fait aumône cachée au point que sa main gauche ignore ce que sa main droite a dépensé, et un homme qui évoque Allah quand il est seul jusqu'à ce que ses yeux s'emplissent de larmes.»* [48]

De nombreux textes qui ont été rapportés, indiquent que ceux qui se sont aimés en Allah (ﷻ) seront sous l'Ombre d'Allah ce jour-là. Parmi ces textes, il y a le Hadith rapporté par Muslim, d'après Abou Houraïra (رضي الله عنه) qui a dit: le Messager d'Allah (ﷺ) a dit: *«Le Jour de la Résurrection, Allah dira: ''Où sont ceux qui se sont aimés dans Ma Majesté,* [car] *aujourd'hui Je les abriterai sous Mon Ombre, le jour où il n'y a d'autre ombre que la Mienne''.»* [49]

---

[48] *Sahih* de Boukhari, livre de l'appel à la prière, chapitre de celui qui est assis dans la mosquée. *Fat'hou El-Bâri,* vol. 2, p. 143. Et *Sahih* de Muslim, vol. 2, p. 715, n° 1031. Cette variante est celle que Boukhari a rapportée.

[49] *Sahih* de Muslim, vol. 4, p. 1988, n° 2566.

Dans le *Mou'jame Kabîr* de Tabarani, dans le *Musned* d'Ahmed, dans le *Sahih* d'Ibn Hibbane et dans le *Moustadrak* d'Al-Hâkim, on a rapporté d'après Mou'adh (رضي الله عنه) que le Messager d'Allah (ﷺ) a dit: *«Ceux qui s'aiment en Allah seront sous l'Ombre du Trône.»* [50]

Dans le livre *Al-Ikhwane* d'Ibn Abi Dounia, un Hadith, d'une chaîne de transmission authentique, a été rapporté d'après 'Okba Ibn Sâmit (رضي الله عنه) qui a dit: le Messager d'Allah (ﷺ) a dit: *«Allah le Très-Haut a dit: ''Mon amour sera certes pour ceux qui se sont aimés* [en Moi]. *Je les abriterai sous l'Ombre du Trône, le Jour où il n'y aura d'autre ombre que la Mienne''.»* [51]

L'Ombre protectrice du Trône n'est pas seulement réservée aux sept personnes citées dans le Hadith. De nombreux textes, qui indiquent qu'Allah (سبحانه وتعالى) ombragera d'autres personnes, ont été rapportés. Ibn Hajar Al-'Asqalani a regroupé les qualités des personnes qu'Allah ombragera, dans son livre intitulé *Ma'rifatou Al-Khissal Al-Mossila ilaa Adh-Dhilal.* [52]

Parmi ces qualités, il y a: le fait de venir en aide au pauvre et le fait de le débarrasser de quelque souci. Dans le *Sahih* de Muslim et dans le *Musned* d'Ahmed, on a rapporté, d'après Abou Al-Yassar (رضي الله عنه) que le Messager d'Allah (ﷺ) a dit: *«Celui qui viendra en aide à celui qui est dans la gêne ou qui le débarrasse de quelque souci, Allah l'abritera sous l'Ombre de Son Trône.»* [53]

Dans le *Musned* d'Ahmed et dans les *Sunan* de Darimi, on a rapporté, selon une chaîne de transmission authentique, d'après Abou Qutada (رضي الله عنه), que le Messager d'Allah (ﷺ) a dit: *«Celui qui viendra en aide à son débiteur ou qui lui annule sa dette, sera sous l'Ombre du Trône, le Jour de la Résurrection.»* [54]

---

[50] *Sahih El-Jami'e El-Saghir,* vol. 2, p. 161, nº 1933.

[51] *Sahih El-Jami'e El-Saghir,* vol. 4, p. 116.

[52] *Fat'hou El-Bâri,* vol. 2, p. 144.

[53] *Sahih* de Muslim, vol. 4, p. 2302, nº 3006.

[54] *Sahih El-Jami'e El-Saghir,* vol. 4, p. 364, nº 1452.

§ 3 - Ceux qui secourent leurs frères nécessiteux

Parmi les choses les plus importantes qui dissiperont les afflictions du serviteur le Jour de la Résurrection, figurent les efforts que le serviteur fournit dans la vie terrestre afin de soulager les soucis des angoissés, d'assister les nécessiteux, de faciliter les dettes de ceux qui sont dans la gêne soit en leur accordant un délai, soit en les leur annulant partiellement ou totalement, et à absoudre les faux pas de ceux qui ont commis des erreurs.

On a rapporté, dans le *Sahih* de Muslim, qu'Abou Houraïra (رضي الله عنه) a dit: le Messager d'Allah (ﷺ) a dit: *«Celui qui dissipe d'un croyant, une angoisse des angoisses de la vie ici-bas, Allah lui dissipera une angoisse des angoisses du Jour de la Résurrection. Celui qui facilite* [le remboursement de la dette] *à celui qui est dans la gêne, Allah lui facilitera* [des choses] *dans la vie terrestre et dans l'Au-delà. Celui qui dissimule* [les défauts d'un musulman]*, Allah lui dissimulera* [ses défauts] *dans la vie terrestre et dans l'Au-Delà. Allah est au secours de Son serviteur tant que celui-ci est au secours de son frère.»* [55]

Dans le *Sahih* de Boukhari on a rapporté d'après Abdallah Ibn Omar (رضي الله عنه): le Messager d'Allah (ﷺ) a dit: *«Le musulman est le frère du musulman, il ne l'opprime pas et ne l'abandonne pas. Celui qui subvient au besoin de son frère, Allah subviendra à son besoin. Celui qui dissipe l'angoisse d'un musulman, Allah lui dissipera une angoisse des angoisses du Jour de la Résurrection. Celui qui dissimule* [ses défauts] *d'un musulman, Allah lui dissimulera* [ses défauts] *dans la vie terrestre et dans l'Au-delà.»* [56]

Dans le *Moujalassah* de Dinawari, dans le *Chou'ab Al-Imêne* de Beihaqi et dans le *Moukhtara* de Adh-Dhiya', on a rapporté d'après

---

[55] *Michkatou El-Massabih*, vol. 1, p. 71, n° 204.

[56] *Sahih* de Boukhari, livre des injustices, chapitre: le musulman n'opprime pas le musulman *Fat'hou El-Bâri,* vol. 5, p. 97.

Anas (ﷺ) que le Prophète (ﷺ) a dit: *«Celui qui secourt son frère en son absence, Allah le secourra dans la vie terrestre et dans l'Au-delà.»* [57]

§ 4 - Ceux qui facilitent les choses à ceux qui sont dans la difficulté

Dans le *Sahih* de Boukhari et dans celui de Muslim, on a rapporté d'après Abou Houraïra (ﷺ) que le Prophète (ﷺ) a dit: *«Un homme accordait des prêts aux gens dans ses transactions commerciales. Il disait à son domestique: quand tu en arrives à celui qui est dans la gêne, sois indulgent envers lui, peut-être qu'Allah nous pardonnera-Il.»* Puis, le Prophète (ﷺ) a dit: *«Et il a donc rencontré Allah qui lui a pardonné.»* [58]

Nassa'i, Ibn Hibbane et Al-Hâkim ont rapporté, selon une chaîne de transmission authentique, d'après Abou Houraïra (ﷺ), que le Prophète (ﷺ) a dit: *«Il y avait un homme qui n'avait jamais fait de bien auparavant. Il accordait des prêts aux gens dans ses transactions commerciales, et il disait à son envoyé: récupère l'argent de celui qui est aisé et laisse celui de l'homme en difficulté, et sois indulgent, il se peut qu'Allah nous pardonne. Puis, lorsqu'il est mort, Allah lui a dit: ''As-tu fait du bien auparavant?'' - L'homme répondit: non, sauf que j'avais un domestique et que j'accordais des prêts aux gens dans mes transactions commerciales. Quand je l'envoyais pour réclamer le remboursement des dettes, je lui disais: récupère l'argent de celui qui est aisé et laisse celui de l'homme en difficulté, et sois indulgent, il se peut qu'Allah nous pardonne. - Allah a dit: ''Je t'ai pardonné''!»* [59]

---

[57] *Silsilate al-ahâdith assahiha,* vol. 3, p. 218, n° 1217.

[58] *Michkatou El-Massabih,* vol. 2, p. 108, n° 2901.

[59] *Sahih El-Jami'e El-Saghir,* vol. 2, p. 204, n° 2073.

Dans le *Moustadrak* d'Al-Hâkim, selon une chaîne de transmission authentique, on a rapporté d'après Houdayfa (رضي الله عنه), 'Okba Ibn 'Amir (رضي الله عنه) et Abou Massoud (رضي الله عنه) que le Messager d'Allah (ﷺ) a dit: *«On a amené devant Allah un serviteur à qui Allah a donné de l'argent. Allah a dit: ''Qu'as-tu fait dans la vie terrestre?'' - Le serviteur a dit: je n'ai rien fait, ô Seigneur! Sauf que Tu m'as donné de l'argent et je concluais des transactions avec les gens. Mon comportement consistait à faciliter les choses à celui qui était en mesure de rembourser la dette, et d'être indulgent pour le remboursement de la dette pour celui qui était dans la gêne. - Allah le Très-Haut a dit: ''Moi, Je suis plus digne que toi d'agir ainsi! Pardonnez à Mon serviteur''.»* [60]

§ 5 - Ceux qui sont justes dans leurs jugements, dans leurs familles et envers leurs administrés

Les justes seront dans un endroit élevé le Jour de la Résurrection. Ils seront assis sur des chaires de lumière à la droite du Tout Miséricordieux (سبحانه وتعالى). Ses deux Mains sont Sa Droite. Dans le *Sahih* de Muslim on a rapporté, d'après Abdallah Ibn 'Amr (رضي الله عنه) que le Messager d'Allah (ﷺ) a dit:

«Les justes seront auprès d'Allah sur des chaires de lumière, à la droite du Tout Miséricordieux - et Ses deux Mains sont [Sa] Droite.» [61]

§ 6 - Les martyrs et les sentinelles

Les hommes seront terrifiés le Jour de la Résurrection, à l'exception du martyr. Dans les *Sunan* de Tirmidhi et dans celles d'Ibn Majah, on a rapporté d'après Miqdam Ibn Mu'di (رضي الله عنه) que le Messager d'Allah (ﷺ) a dit: *«Le martyr a six vertus auprès d'Allah:*

---

[60] *Sahih El-Jami'e El-Saghir,* vol. 1, p. 92, n° 124.

[61] *Sahih de Muslim*, vol. 3, p. 1458, n° 1827.

on lui pardonnera à la première goutte de sang écoulée, on lui montrera son emplacement au Paradis, le châtiment de la tombe lui sera épargné, il sera en sécurité le Jour de la grande terreur et on lui placera une couronne de sagesse sur la tête. Le rubis de cette couronne a plus de valeur que le bas monde et son contenu. On le mariera à soixante-douze houris aux grands yeux et l'on acceptera qu'il intercède pour soixante-dix de ses proches.» [62]

Ce Hadith montre que le martyr sera préservé de la grande frayeur. Et la grande frayeur désigne l'effroi du Jour de la Résurrection.

Comme le martyr, la sentinelle dans le chemin d'Allah (ﷻ) sera préservée, par Allah de la grande frayeur, si elle meurt en montant la garde. Tabarani a rapporté selon une chaîne de transmission authentique d'après Abou Ad-Dardaâ (رضي الله عنه) que le Prophète (ﷺ) a dit: *«Un jour de garde est mieux que le jeûne ininterrompu. Celui qui meurt en montant la garde dans le chemin d'Allah, sera à l'abri de la grande terreur, et on lui fournira sa nourriture ainsi que le parfum du Paradis. La récompense de la sentinelle croît jusqu'au jour où Allah la ressuscitera.»* [63]

Parmi les honneurs qu'Allah (ﷻ) accordera au martyr le Jour de la Résurrection, il y a le fait qu'Il le ressuscitera avec sa blessure de laquelle dégouttera un sang, de couleur de sang, dont l'odeur sera celle du musc.

Dans le *Sahih* de Boukhari, on a rapporté d'après Abou Houraïra (رضي الله عنه) que le Messager d'Allah (ﷺ) a dit: *«Par Celui qui tient mon âme en Sa Main, il n'y a pas un qui soit blessé dans le chemin d'Allah - et Allah sait mieux qui est blessé dans Son chemin - qui ne viendra,*

---

[62] *Michkatou El-Massabih,* vol. 2, p. 358, n° 3834. Cheikh Al-Albani, le correcteur de ce livre, a affirmé l'authenticité de la chaîne de transmission du Hadith.

[63] *Sahih El-Jami'e El-Saghir,* vol. 3, p. 171, n° 3479.

le Jour de la Résurrection, avec sa blessure couleur sang, dont l'odeur sera celle du musc.» [64]

Tirmidhi, Nassa'i et Abou Daoud ont rapporté, selon une chaîne de transmission authentique, que Mou'adh Ibn Jabal (رضي الله عنه) a entendu le Messager d'Allah (ﷺ) dire: *«A celui qui combat dans le chemin d'Allah entre deux traites de sa chamelle* [c'est-à-dire: qui combat peu], *le Paradis lui revient obligatoirement. Celui qui a été blessé ou qui a été atteint par une difficulté* [65] dans le chemin d'Allah, sa blessure viendra le Jour de la Résurrection, coulant plus abondamment que dans la vie terrestre, sa couleur sera celle du safran et son odeur sera celle du musc.» [66]

Ibn Hajar a dit: les savants ont dit: la raison de sa résurrection dans cet état est qu'il doit avoir avec lui un témoin de son mérite, qui est d'avoir fourni des efforts dans l'obéissance à Allah le Très-Haut (سبحانه وتعالى). [67]

§ 7 - Ceux qui dominent leur colère

Nombreuses sont les situations lors desquelles le serviteur est atteint par des préjudices divers, qui peuvent être causés par un proche, un ami ou une personne qui lui veut du bien. Il n'y a aucun doute que le mal qui nous atteint, que ce soit sous forme visuelle, sonore ou concrète, nous cause une douleur intérieure. Nous nous agitons et pouvons nous laisser aller jusqu'à un affrontement vif. Dans de tels cas, très peu d'hommes parviennent à la maîtrise de soi.

---

[64] *Sahih* de Boukhari, livre de la guerre sainte, chapitre de celui qui sort dans le chemin d'Allah. *Fat'hou El-Bâri,* vol. 6, p. 20.

[65] C'est-à-dire qui a été blessé non par un ennemi, dans le chemin d'Allah. *[Trad.]*

[66] *Michkatou El-Massabih,* vol. 2, p. 355, n° 3825.

[67] *Fat'hou El-Bâri,* vol. 6, p. 20.

L'Islam considère le fait de contenir sa colère comme un comportement excellent. Celui qui agit ainsi mérite donc le respect, le Paradis, large comme les cieux et la terre, qui a été préparé pour les gens pieux. Et contenir sa colère est la première des qualités des gens pieux:

> ﴿Et concourez au pardon de votre Seigneur, et à un Jardin large comme les cieux et la terre, préparé pour les gens pieux, qui dépensent dans l'aisance et dans l'adversité, qui dominent leur courroux et pardonnent à autrui. Car Allah aime les bienfaiteurs.﴾ *[Coran 3:133-134]*

Au Jour de la Résurrection, le Seigneur de la Puissance (ﷻ) appellera en public celui qui a dominé son courroux, puis Il lui demandera de choisir n'importe quelle houri aux grands yeux qu'il désire. Tirmidhi et Abou Daoud ont rapporté, d'après Sahl le fils de Mou'adh Ibn Jabal que son père (رضي الله عنه) a dit: le Messager d'Allah (ﷺ) a dit: *«Celui qui domine son courroux alors qu'il est capable de le concrétiser, Allah l'appellera en public, le Jour de la Résurrection, afin qu'il choisisse celle des houris aux grands yeux qu'il désirera.»* [68]

§ 8 - L'affranchissement d'esclaves musulmans

Parmi les œuvres généreuses, qui permettront à celui qui les pratique de franchir les obstacles pénibles le Jour de la Résurrection, figure l'affranchissement des esclaves. Allah le Très-Haut (ﷻ) a dit:

> ﴿Il ne franchira pas l'obstacle, et qui te dira ce qu'est l'obstacle? C'est affranchir un esclave...﴾ *[Coran 90: 11-13]*

---

[68] *Michkatou El-Massabih,* vol. 2, p. 631, n° 5088. Cheikh Al-Albani a dit: "La chaîne de transmission du Hadith est bonne" *dans Sahih El-Jami'e El-Saghir,* vol. 5, p. 353, n° 6398, et il l'a aussi attribué à Ahmed et Tabarani - Voir au n° 6394.

Ibn Kathir a cité, en ce qui concerne l'exégèse de cette sourate, des Hadiths qui éclaircissent le sens de ces versets. L'imam Ahmed a dit: Ali Ibn Ibrahim nous a raconté: Abdallah (Ibn Saïd Ibn Abi Hind) nous a raconté que, d'après Ismaël Ibn Abi Hakim, le domestique de la famille Zoubaïr, Saïd Ibn Marjanah a entendu Abou Houraïra dire que le Messager d'Allah (ﷺ) a dit: *«Celui qui affranchit un esclave croyant, Allah lui sauvera du feu, chaque membre de son corps pour chaque membre de l'esclave, jusqu'à ce qu'Allah lui sauve la main pour la main, le pied pour le pied et le sexe pour le sexe.»*

Ali Ibn Hussein a dit: as-tu entendu cela de la bouche d'Abou Houraïra (رضي الله عنه)? Saïd a répondu: oui. Ali Ibn Hussein a dit à son domestique le plus vigoureux: fais-moi venir Moutarref. Lorsque ce dernier s'est présenté devant lui, Ali lui a dit: allez, pars. Tu es libre pour le Visage d'Allah!

Boukhari, Muslim, Tirmidhi et Nassa'i ont rapporté le Hadith précédent, par le biais de voies d'après Saïd Ibn Marjanah. Dans le *Sahih* de Muslim, il est rapporté qu'on avait proposé, à Ali Ibn Al-Hussein Zein Al-'Abidine, dix mille dirhams pour le servant qu'il a affranchi.

Qutada a dit d'après Salim Ibn Abi Al-Ja'd, d'après Ibn Abi Talha, qu'Abou Najih (رضي الله عنه) a entendu le Messager d'Allah (ﷺ) dire: *«Pour tout musulman qui affranchira un esclave musulman, Allah fera de chaque os de l'affranchi une protection contre l'Enfer pour chaque os de son squelette. Pour toute musulmane qui affranchira une esclave musulmane, Allah fera de chaque os de l'affranchie une protection contre l'Enfer pour chaque os de son squelette.»* Ce Hadith a été rapporté par Ibn Jarir.[69] Abou Najih était le surnom du Compagnon appelé 'Amr Ibn 'Abassa As-Sulami (رضي الله عنه).

---

[69] Ce Hadith a été aussi rapporté par Abou Daoud. Voir *Sahih El-Musned mimma layssa fi Es-Sahihayne* de cheikh Mouqbel Ibn Hadi Al-Wadi'i, vol. 2, p. 129. [*Trad.*]

L'imam Ahmed a dit: Haïwa Ibn Chouraïh nous a raconté en disant: Baqiya nous a raconté en disant: Bajir Ibn Sa'd m'a raconté d'après Khalid Ibn Ma'dan, d'après Kathir Ibn Mourra, que 'Amr Ibn Abassa (رضي الله عنه) leur a raconté que le Prophète (ﷺ) a dit: *«Quiconque construit une mosquée afin qu'on y évoque Allah, Allah lui construira une maison au Paradis. Celui qui a affranchi une âme musulmane, cet affranchissement sera sa rançon contre l'Enfer. Celui qui vieillit dans l'Islam jusqu'à ce qu'apparaisse un cheveu (*ou/et *poil) blanc, celui-ci sera pour lui une lumière le Jour de la Résurrection.»*

Ahmed a dit: Al-Hakam Ibn Nafi'e nous a raconté en disant: Jarir nous a raconté que d'après Salim Ibn 'Amir, Chourahbil Ibn Simt a dit à 'Amr Ibn 'Abassa (رضي الله عنه): raconte-nous un Hadith qui ne comporte ni rajout, ni oubli. 'Amr (رضي الله عنه) a dit: j'ai entendu le Messager d'Allah (ﷺ) dire: *«Celui qui affranchit un esclave musulman, cet affranchissement sera sa délivrance du feu, membre pour membre. Celui qui vieillit dans le chemin d'Allah jusqu'à ce qu'un cheveu (*et/ou *poil) blanc apparaisse, ce cheveu (*et/ou *poil) lui sera une lumière le Jour de la Résurrection. Et pour celui qui a tiré une flèche, atteignant l'ennemi ou non, c'est comme s'il avait affranchi un esclave des enfants d'Ismaël.»* Une partie de ce Hadith a été rapportée par Abou Daoud et Nassa'i.

Ahmed a dit: Hachim Ibn Al-Qassim nous a raconté: Al-Faraj nous a raconté: Loqman nous a raconté que d'après Abou Oumama (رضي الله عنه), 'Amr Ibn 'Abassa As-Soulami (رضي الله عنه) a dit: je lui ai dit: cite-nous un Hadith que tu as entendu de la bouche du Messager d'Allah (ﷺ), qui ne comporte ni abstraction, ni illusion. Il a dit: je l'ai entendu dire: *«Celui qui a eu trois enfants dans l'Islam et qui sont morts avant leur puberté, Allah le fera entrer au Paradis par Sa grâce et Sa Miséricorde envers eux. Et celui qui vieillit dans le chemin d'Allah, jusqu'à ce qu'apparaisse un cheveu (*et/ou *poil) blanc, ce cheveu (*et/ou *poil) sera pour lui une lumière le Jour de la*

Résurrection. Celui qui tire une flèche, atteignant ou non l'ennemi, dans le chemin d'Allah, c'est comme s'il avait affranchi un esclave. Et celui qui affranchit un esclave croyant, Allah lui sauvera du feu pour chaque membre de l'esclave, un de ses membres. Et celui qui dépense une paire dans le chemin d'Allah: le Paradis a huit portes, Allah le fera entrer par la porte qu'il désire.»

Ces chaînes de transmission de Hadiths sont solides et renforcées. La Louange est à Allah (ﷻ).

Abou Daoud a transmis que Al-Gharif Ibn 'Ayach a dit: nous sommes allés chez Wâthila Ibn Al-Esqa'e (رضي الله عنه) et nous lui avons dit: cite-nous un Hadith qui ne comporte ni rajout, ni oubli. Il s'est énervé et a dit: personne parmi vous n'a-t-il jamais récité le Coran, en y rajoutant ou en en oubliant, alors que son Livre Coranique se trouve suspendu chez lui?

Nous avons dit: nous voulions seulement que tu nous rapportes un Hadith que tu as entendu de la bouche du Messager d'Allah (ﷺ).

Il (رضي الله عنه) a alors dit: nous avons amené un de nos Compagnons au Messager d'Allah (ﷺ), qui avait commis un acte entraînant en Enfer celui qui l'a commis *[c'est-à-dire: pour avoir tué]*. Alors, le Prophète (ﷺ) a dit: *«Affranchissez un esclave pour lui. Allah lui sauvera du feu chaque membre pour les membres de l'esclave.»*

Nassa'i a également rapporté ce Hadith selon la même chaîne de transmission: d'après Ibrahim Ibn Abi 'Abla d'après Al-Gharif Ibn 'Ayach qui l'a rapporté d'après Wâthila Ibn Al-Asqa'e (رضي الله عنه).[70]

Ahmed a dit: Abdessamad nous a raconté: Hicham nous a raconté, d'après Qutada que Qaïs Al-Jouzami (رضي الله عنه) a raconté d'après 'Okba Ibn 'Amir Al-Jouhani (رضي الله عنه) que le Messager d'Allah (ﷺ) a

[70] A noter que la chaîne de transmission de ce Hadith est faible. Voir *Da'if-El-Jami'e El-Saghir,* n° 1191. [*Trad.*]

dit: *«Celui qui affranchit un esclave musulman, celui-ci sera sa rançon contre le feu.»*

D'après 'Okba Ibn 'Amir (ﷺ), selon Ahmed, le Messager d'Allah (ﷺ) a dit: *«Celui qui affranchit un esclave croyant, cet affranchissement sera* [pour lui] *une délivrance du feu, membre pour membre.»* [71]

L'imam Ahmed a dit: Yahia Ibn Adam et Abou Ahmed nous ont rapporté: 'Issa Ibn Abderrahman Al-Bajali des Bani Bajila des Bani Soulaïm nous a raconté d'après Talha Ibn Moussarref, d'après Abderrahman Ibn 'Awsaja, qu'Al Bara' Ibn 'Azib (ﷺ) a dit: un bédouin (ﷺ) est venu vers le Messager d'Allah (ﷺ) et lui a demandé: ô Messager d'Allah! Indique-moi une œuvre qui me fasse entrer au Paradis!

Le Messager (ﷺ) a dit: *«Tu as écourté ton discours et tu as élargi la question. Affranchis l'esclave* (an-nassama) *et libère l'esclave* (ar-raqaba).» Le bédouin a dit: ô Messager d'Allah! Ces deux actes ne sont-ils pas semblables? Il a répondu: *«Non, car l'affranchissement d'un esclave* ('itqu an-nassama) *consiste à ce que tu l'affranchisses seul, et la libération d'un esclave* (fakkou ar-raqaba) *veut dire que tu participes à son affranchissement.* [Sinon], *offre une chamelle ou une brebis laitière dont le lait est abondant à quelqu'un jusqu'à ce que son lait tarisse; sois bienveillant envers celui de ta famille qui est injuste et fais-lui de l'aumône. Si tu ne peux faire cela, donne à manger à celui qui a faim et donne à boire à celui qui a soif, ordonne le bien et interdis le mal. Et si tu n'es pas capable de faire cela, retiens ta langue pour ne dire que du bien.»* [72]

---

[71] Ce Hadith a été égalemnent rapporté par Abou Ya'la et Al-Hâkim. Il s'agit d'un Hadith authentique - Voir *Sahih Targhib wa Tarhib,* n° 1893. [*Trad.*]

[72] Voir tous ces Hadiths dans le *Tafsir* d'Ibn Kathir, vol. 7, p. 295.

§ 9 - Le mérite des muezzins

Les muezzins font partie de ceux dont le mérite sera évident le Jour de la Résurrection. Ils auront «les cous les plus longs» ce jour-là. Muslim a rapporté dans son *Sahih*, que Mou'awiya Ibn Abi Soufiane (رضي الله عنه) a dit: j'ai entendu le Messager d'Allah (ﷺ) dire: «*Les* muedhins *(muezzins) auront les cous les plus longs le Jour de la Résurrection.*» [73]

La longueur du cou désigne la beauté. Cette description convient tout à fait à ce qu'ils ont accompli sur terre, puisqu'ils faisaient parvenir aux gens, avec leurs voix, les paroles de l'appel à la prière qui proclament l'unicité d'Allah (سبحانه وتعالى) et invitent à la prière.

Toute chose qui aura entendu la voix du muezzin, lorsqu'il élevait sa voix pour l'appel à la prière dans la vie terrestre, témoignera en sa faveur le Jour de la Résurrection.

Boukhari a rapporté dans son *Sahih*, qu'Abou Saïd Al-Khoudri (رضي الله عنه) a dit à Abderrahman Ibn Sa'sa'a (رضي الله عنه): «Je vois que tu aimes les ovins et le pâturage. Si tu te trouves parmi tes ovins ou dans ton pâturage, et que tu fais l'appel à la prière, élève alors ta voix, car il n'y a pas un djinn, un être humain ou une chose qui entende la portée de la voix du muezzin sans témoigner pour lui le Jour de la Résurrection.» [74]

§ 10 - Ceux qui vieillissent en restant musulmans jusqu'à ce qu'apparaisse un cheveu (et/ou poil) blanc

Le Jour de la Résurrection, la canitie sera une lumière pour l'homme, s'il est musulman, comme cela a été authentifié dans des

---

[73] *Sahih* de Muslim, n° 387.

[74] *Sahih* de Boukhari, livre de l'Unicité, chapitre de la parole du Prophète (): celui qui est habile dans la récitation du Coran... - *Fat'hou El-Bâri*, vol. 13, p. 518.

Hadiths. Dans les *Sunan* de Tirmidhi et dans celles de Nassa'i, on a rapporté d'après Ka'b Ibn Mourra (رضي الله عنه) que le Messager d'Allah (ﷺ) a dit: *«Celui qui vieillit dans l'Islam, jusqu'à ce qu'apparaisse un cheveu* (et/ou *poil) blanc, cela sera pour lui une lumière le Jour de la Résurrection.»* [75]

Dans le *Musned* d'Ahmed, les *Sunan* de Tirmidhi, dans celles de Nassa'i et dans le *Sahih* d'Ibn Hibbane, on a rapporté d'après 'Amr Ibn 'Abassa (رضي الله عنه) que le Messager d'Allah (ﷺ) a dit: *«Celui qui vieillit dans le chemin d'Allah jusqu'à ce qu'apparaisse un cheveu* (et/ou *poil) blanc, son cheveu* (et/ou *poil) sera pour lui une lumière le Jour de la Résurrection.»* [76]

Beihaqi a rapporté, dans son livre *Chou'ab Al-Imane*, selon une chaîne de transmission bonne, d'après Abdallah Ibn 'Amr (رضي الله عنه) que le Messager d'Allah (ﷺ) a dit: *«La canitie est la lumière du musulman. Il n'y a pas un homme qui ait un cheveu* (et/ou *un poil) blanc, dans l'Islam, sans en être récompensé d'une bonne action et élevé d'un degré.»* [77]

Ce Hadith est confirmé par un autre Hadith *châhid* (témoin) rapporté d'après Abou Houraïra (رضي الله عنه) qui a dit: le Prophète (ﷺ) a dit: *«N'ôtez pas la canitie, car elle sera une lumière le Jour de la Résurrection. Celui qui a un cheveu (et/ou poil) blanc, dans l'Islam, pour chaque cheveu* (et/ou *poil) il aura une bonne action et on l'élèvera d'un degré.»* Ce Hadith a été rapporté par Ibn Hibbane selon une chaîne de transmission bonne. [78]

Beihaqi, dans son livre *Chou'ab Al-Imane*, et Ibn 'Adi ont rapporté d'après Ibn 'Oubaïd (رضي الله عنه), que le Messager d'Allah (ﷺ) a

---

[75] *Sahih El-Jami'e El-Saghir,* vol. 5, p. 304, nº 6183.

[76] *Idem,* nº 6184.

[77] *Silsilate al-ahâdith assahiha,* vol. 3, p. 247, nº 1243.

[78] *Ibid.*

dit: *«La canitie* (chayb) *est une lumière sur le visage du musulman. A chacun, s'il le veut, d'ôter cette lumière!»* [79]

§ 11 - Le mérite des ablutions

Ceux qui ont répondu (à l'appel) du Messager (ﷺ), qui ont accompli la prière et qui ont fait leurs ablutions comme leur Prophète (ﷺ) le leur a ordonné, seront appelés le Jour de la Résurrection avec des lumières sur leurs visages et les membres à cause des traces laissées par les ablutions. [80]

Dans le *Sahih* de Boukhari, on a rapporté qu'Abou Houraïra (رضي الله عنه) a dit: j'ai entendu le Messager d'Allah (ﷺ) dire: *«Ma communauté sera appelée le Jour de la Résurrection, ayant des lumières sur leurs visages* (ghourrène), *et des lumières sur les membres de leurs corps* (mouhajjalîne) *à cause des traces laissées par des ablutions.»*

Ibn Hajar a dit: *Ghourrène* (غُرًّا)est le pluriel du mot *agharrou* (أَغَرُّ). L'origine du mot *ghourratou* (غُرَّةٌ) est la tache blanche située sur le front du cheval. Ce mot, dans la langue arabe, a été employé pour la beauté, la célébrité et la bonne renommée. Le sens de ce mot, dans le Hadith, est la lumière qui se trouvera sur les visages de la communauté de Mohammed (ﷺ).

Dans la parole du Prophète (ﷺ), le mot *mouhajjalîne* (مُحَجَّلِين) provient du mot *tahjilou* (التَّحْجِيلُ) qui désigne le blanc qui se situe sur trois des quatre pattes du cheval. L'origine de ce mot provient du mot *hijlou* (الحِجْلُ) qui désigne le bracelet de cheville. Dans le Hadith, sa signification est la lumière. [81]

---

[79] *Silsilate al-ahâdith assahiha*, vol. 3, p. 247, n° 1244.

[80] *Sahih* de Boukhari, livre des ablutions, chapitre du mérite des ablutions. *Fat'hou El-Bâri,* vol. 1, p. 235.

[81] *Fat'hou El-Bâri,* vol. 1, p. 236.

Ces lumières sur le visage et les membres du croyant seront un ornement pour lui, le Jour de la Résurrection. Dans le *Sahih* de Muslim, on a rapporté d'après Abou Houraïra (ﷺ), que le Messager d'Allah (ﷺ) a dit: *«L'ornement parera le croyant là où l'eau des ablutions sera parvenue.»* [82]

Grâce à cet ornement lumineux, on distinguera cette nation le Jour de la Résurrection. C'est par cet ornement que le Messager d'Allah (ﷺ) reconnaîtra sa nation parmi toutes les créatures. Il n'y aura aucune distinction entre ses Compagnons et les autres musulmans.

Dans le *Sahih* de Muslim, on a rapporté qu'Abou Houraïra (ﷺ) a dit: le Messager d'Allah (ﷺ) s'est rendu au cimetière et a dit: *«Que la paix soit sur vous, ô gens de la demeure du peuple croyant, et si Allah veut, nous serons vos suivants...J'aurais aimé que nous puissions voir nos frères.»* Les Compagnons ont dit: ne sommes-nous pas tes frères, ô Envoyé d'Allah? Il a répondu: *«Vous êtes mes Compagnons. Nos frères sont ceux qui ne sont pas encore venus.»* Ils ont dit: comment reconnaîtras-tu *[le Jour de la Résurrection]* ceux de ta communauté qui ne sont pas encore venus, ô Envoyé d'Allah? Il a répondu: *«Vois-tu si un homme possédait des chevaux tachetés de blanc sur leurs fronts et leurs pattes, et qui se tiennent parmi des chevaux noirs, ne reconnaîtrait-il pas ses chevaux?»* Ils ont dit: sûrement oui, ô Envoyé d'Allah! Alors, il a dit: *«Ils viendront avec des lumières sur leurs visages et leurs membres laissées par les traces des ablutions. Et je les devancerai au Bassin.»* [83]

Ahmed a rapporté, selon une chaîne de transmission authentique d'après Abou Ad-Dardaâ (ﷺ), que le Messager d'Allah (ﷺ) a dit: *«Je serai le premier à être autorisé à se prosterner, le Jour de la Résurrection, et je serai le premier à être autorisé à relever la tête. Je*

---

[82] *Michkatou El-Massabih,* vol. 1, p. 96, n° 291.

[83] *Michkatou El-Massabih,* vol. 1, p. 98, n° 298.

regarderai devant moi et je reconnaîtrai ma Nation parmi les communautés, il en sera de même [lorsque je regarderai] *derrière moi, à ma droite et à ma gauche.»*

Un homme a dit: ô Envoyé d'Allah! Comment reconnaîtras-tu ta nation parmi les nations, de celle de Noé jusqu'à la tienne? Il a dit: *«Ils auront des lumières sur leurs visages et leurs membres laissées par les traces des ablutions. Nul ne sera ainsi, sauf les gens de ma communauté. Je les reconnaîtrai car on leur donnera leurs livres dans leurs mains droites. Je les reconnaîtrai, aussi, par leurs lumières courant devant eux et à leur droite.»*

CHAPITRE 9

L'INTERCESSION

L'affliction sera intense dans le Grand Emplacement, les serviteurs peineront longtemps dans la recherche des personnes de haut rang auprès d'Allah (سبحانه وتعالى) pour qu'elles intercèdent en leur faveur auprès de leur Seigneur (سبحانه وتعالى) afin qu'Il vienne trancher pour le Compte et qu'ils soient délivrés des terreurs et afflictions de l'Emplacement.

Ils demanderont à leur père Adam de remplir cette importante tâche, tout en lui rappelant son mérite et l'honneur qu'il a auprès d'Allah (سبحانه وتعالى). Or il refusera, s'excusera et mentionnera sa désobéissance à son Seigneur (سبحانه وتعالى) lorsqu'il a mangé des fruits de l'arbre interdit. Il les enverra donc vers Noé, le premier Messager envoyé aux humains, qu'Allah (سبحانه وتعالى) a qualifié de serviteur fort reconnaissant. Or Noé refusera et évoquera sa négligence à propos de certains devoirs envers son Seigneur et son Maître. C'est ainsi qu'il les enverra vers les Messagers doués de fermeté lui succédant. Puis, chacun d'entre eux repoussera leur requête vers le Messager qui le suit, jusqu'à ce qu'ils arrivent vers le Sceau des Messagers: Mohammed (ﷺ) à qui Allah (سبحانه وتعالى) a pardonné ses péchés antérieurs et postérieurs. Il prendra une position pour laquelle les premiers et les derniers le loueront. C'est alors qu'apparaîtra l'importance de son rang et son haut degré. Il demandera autorisation *[d'intercéder]* à son

Seigneur (سبحانه وتعالى), qui la lui accordera. Le Prophète (ﷺ) glorifiera et louera Allah (سبحانه وتعالى). Il L'invoquera en faveur de sa communauté, et il sera exaucé.

Il en sera ainsi, parce qu'Allah (سبحانه وتعالى) a accordé, à chaque prophète, une invocation en faveur de sa communauté qui n'est pas refusée. Chaque prophète s'est empressé de la demander dans la vie terrestre, tandis que le Messager (ﷺ) a mis de côté et dissimulé son invocation dans le dessein de la conserver jusqu'à ce moment précis, pour le besoin de sa communauté. Et que les prières et les bénédictions d'Allah (سبحانه وتعالى) soient sur lui (ﷺ), car il est miséricordieux et compatissant envers les croyants, comme Allah (سبحانه وتعالى) l'a décrit.

Tout ceci a été confirmé dans le *Sahih* de Boukhari et dans celui de Muslim, où l'on a rapporté d'après Anas Ibn Malik (رضي الله عنه), que le Messager d'Allah (ﷺ) a dit: *«Chaque prophète a fait sa requête* - ou il a dit - *chaque prophète a fait usage de l'invocation pour sa communauté, tandis que j'ai mis de côté et dissimulé la mienne afin d'intercéder pour ma communauté, le Jour de la Résurrection.»* [1]

Dans le *Sahih* de Muslim, on a rapporté d'après Jabir Ibn Abdallah (رضي الله عنه), que le Prophète (ﷺ) a dit: *«Chaque prophète a fait usage de l'invocation pour sa communauté, tandis que j'ai mis de côté et dissimulé la mienne afin d'intercéder pour ma communauté le Jour de la Résurrection.»* [2]

Dans le *Sahih* de Boukhari, dans celui de Muslim et dans les *Sunan* de Tirmidhi, on a rapporté, d'après Abou Houraïra (رضي الله عنه) que le Messager d'Allah (ﷺ) a dit: *«Pour chaque prophète, il y a une invocation exaucée. Tous les Prophètes se sont empressés d'en faire usage dans leurs invocations, tandis que j'ai mis de côté et dissimulé la mienne afin d'intercéder pour ma communauté le Jour de la*

---

1 *Jami'e El-Ossole,* vol. 10, p. 475, nº 8009.

2 *Idem*, nº 8010.

Résurrection. Elle sera destinée, si Allah le veut, à celui de ma communauté qui est mort en n'ayant rien associé à Allah.» [3]

Tirmidhi et Abou Daoud ont rapporté, d'après Anas Ibn Malik (رضي الله عنه), que le Messager d'Allah (ﷺ) a dit: *«Mon intercession sera pour ceux de ma communauté qui ont commis des grands péchés.»* [4]

SECTION PREMIERE

LES HADITHS DE L'INTERCESSION

De nombreux Hadiths qui décrivent la Grande Intercession ont été rapportés. Nous allons nous contenter de citer ceux qu'Ibn Al-Athir a compilés dans son livre *Jami'e al-Ossole.* [5]

1- Boukhari et Muslim, dans leurs *Sahih* respectifs, ont rapporté que Ma'bed Ibn Hilal a dit: nous sommes partis chez Anas Ibn Malik (رضي الله عنه), en emmenant Thabit (رضي الله عنه) avec nous afin qu'il intervienne auprès de lui pour que nous entendions de lui le Hadith de l'intercession. Quand nous sommes arrivés chez lui, il était en train d'accomplir la prière du jour montant (*Dhoha*). Thabit (رضي الله عنه) lui a demandé, pour nous, la permission d'entrer. Puis nous sommes entrés chez lui. Anas Ibn Malik (رضي الله عنه) a fait asseoir Thabit (رضي الله عنه) sur son lit.

Puis Thabit (رضي الله عنه) lui a dit: ô Abou Hamza! Tes frères de Bassora te demandent que tu leur parles du Hadith de l'intercession. Anas (رضي الله عنه) a dit: Mohammed (ﷺ) nous a dit: *«Quand le Jour de la Résurrection viendra, les gens s'agiteront les uns les autres. Ils iront vers Adam et lui demanderont: intercède pour ta descendance! Il*

---

[3] *Jami'e El-Ossole*, vol. 10, p. 476, n° 8011.

[4] *Idem*, vol. 10, p. 476, n° 8012. Voir *Sahih Sunan At-Tirmidhi,* n° 1983.

[5] *Jami'e El-Ossole,* vol. 10, p. 477.

dira: je ne la mérite pas. Allez plutôt vers Abraham, car il est l'Intime d'Allah (Khalîl Arrahmane). *Ils iront vers Abraham et il dira: je ne la mérite pas. Allez plutôt vers Moïse, car il est celui qui a parlé à Allah de vive voix. Ils iront vers Moïse et il dira: je ne la mérite pas. Allez plutôt vers Jésus, car il est un souffle de vie et une parole venant d'Allah. Ils iront vers Jésus et il dira: je ne la mérite pas. Allez plutôt vers Mohammed. Ils arriveront vers moi et je dirai: "Je suis la personne qui la mérite". Alors, je partirai et je demanderai la permission* [d'intercéder] *à mon Seigneur qui m'autorisera. Je me tiendrai debout devant Lui. Je Le louerai de louanges que je ne pourrai* [prononcer] *que lorsqu'Il me les aura inspirées. Puis, je me jetterai prosterné devant notre Seigneur. Allah me dira: "Ô Mohammed! Relève ta tête. Parle et tu seras écouté, implore et on t'exaucera, intercède et ton intercession sera acceptée." Je dirai: "Ô Seigneur! Ma communauté, ma communauté!" Allah dira: "Avance. Je le ferai sortir de l'Enfer, celui qui aura le poids d'un grain de blé ou d'orge de foi dans son cœur." J'avancerai et je m'exécuterai. Puis, je retournerai vers mon Seigneur, je Le louerai par ces mêmes louanges, puis, je me jetterai prosterné devant Lui. On me dira: ô Mohammed! Relève la tête. Parle, tu seras écouté, implore et on t'exaucera, intercède et ton intercession sera acceptée. Je dirai: "Ô mon Seigneur! Ma communauté, ma communauté!" On me dira: avance. Je le ferai sortir de l'Enfer, celui qui aura dans son cœur le poids d'un grain de moutarde de foi. J'avancerai et je m'exécuterai. Puis, je retournerai vers mon Seigneur, je Le louerai par ces louanges, et je me jetterai prosterné devant Lui. On me dira: ô Mohammed! Relève la tête. Parle, tu seras écouté, implore et on t'exaucera, intercède et ton intercession sera acceptée. Je dirai: "Ô mon Seigneur! Ma communauté, ma communauté!" On me dira: avance. Je ferai sortir de l'Enfer celui qui a dans son cœur moins, moins, moins, trois fois moins que le poids d'un grain de moutarde de foi. J'avancerai donc et je m'exécuterai.»*

Tel est le Hadith qu'Anas Ibn Malik (ﷺ) nous a communiqué. Puis nous sommes sortis de chez lui. Lorsque nous avons gagné le cimetière, nous avons dit: ''Et si nous nous dirigions chez Al-Hassan pour le saluer, car il se cache dans la maison d'Abou Khalifa, en raison de la crainte qu'il a d'Al-Hajaj? Ma'bad a dit: nous sommes entrés chez lui et nous l'avons salué. Nous avons dit: ô Abou Saïd! Nous venons de chez ton frère Abou Hamza. Nous n'avons jamais entendu pareil Hadith concernant l'Intercession. Al-Hassan a dit: citez-le-moi donc! Nous lui avons raconté le Hadith. Il a dit: poursuis donc! Nous lui avons dit: il n'a rien ajouté d'autre. Al-Hassan a dit: il nous l'a raconté, il y a vingt ans de cela. En ce temps-là, il avait un corps vigoureux et une excellente mémoire. Il a délaissé une partie *[du Hadith]*. Je ne sais pas s'il l'a oubliée ou si cela lui a répugné de vous la raconter, de peur que vous comptiez *[uniquement sur l'intercession du Prophète (ﷺ)]*. Nous lui avons dit: raconte-la-nous! Il a ri et a dit: l'homme a été créé d'empressement! Je ne vous l'ai jamais raconté auparavant, bien que je voulusse vous la faire connaître.

C'est ensuite là que le Prophète (ﷺ) dira: *«Puis, je retournerai une quatrième fois vers mon Seigneur, je Le louerai par ces louanges, et je me jetterai prosterné devant Lui. Puis, on me dira: ô Mohammed! Relève la tête. Parle, tu seras écouté, invoque et on t'exaucera, intercède et ton intercession sera acceptée. Je dirai: ''Ô Seigneur! Permets-moi d'intercéder pour celui qui a dit: il n'y a de divinité qu'Allah.'' Allah dira: ''Ceci ne te revient pas''*, ou Il dira: *''Ceci n'est pas pour toi. Mais ceci relève de Ma Puissance, de Mon Orgueil et de Ma Grandeur. Je ferai assurément sortir de l'Enfer celui qui a dit: il n'y a de divinité qu'Allah''.»*

Ma'bad a dit: il fit témoigner à Al-Hassan qu'il nous l'a raconté et qu'il l'a entendu d'Anas Ibn Malik (ﷺ), qu'il a vu vingt ans auparavant, et qu'à cette époque, Anas (ﷺ) était fort, tant au niveau du corps qu'à celui de la mémoire.

Dans une autre variante, d'après Qutada, Anas (رضي الله عنه) a dit: le Messager d'Allah (ﷺ) a dit: *«Allah rassemblera les gens le Jour de la Résurrection et ils seront préoccupés par la question de l'Intercession* - et dans une autre variante*: Allah leur inspirera la question de l'Intercession - et ils diront: si nous demandions à quelqu'un d'intercéder pour nous auprès de notre Seigneur, afin qu'Il nous libère de la situation dans laquelle nous sommes? Ils se dirigeront donc vers Adam. Ils lui diront: Adam! C'est toi le père de la création, Allah t'a créé de Sa Main, Il t'a insufflé de Son souffle et Il a ordonné aux Anges de se prosterner devant toi. Intercède pour nous auprès de ton Seigneur, afin qu'Il nous procure du repos de la situation dans laquelle nous sommes. Il répondra: je ne suis pas la personne qui vous convient. Il citera le péché qu'il a commis. Il aura honte d'intercéder auprès de son Seigneur. Il leur dira: allez plutôt vers Noé qui est le premier Messager qu'Allah a envoyé aux gens de la terre.»*

Le Prophète (ﷺ) a ensuite dit: *«Ils se dirigeront vers Noé qui dira: je ne suis pas la personne qui la mérite. Il mentionnera le péché qu'il a commis, et il aura honte d'intercéder auprès de son Seigneur. Il dira: allez plutôt vers Abraham qu'Allah a pris pour Intime. Ils se dirigeront donc vers Abraham qui dira: je ne suis pas la personne qui la mérite. Il évoquera le péché qu'il a commis, et il aura honte d'intercéder auprès de son Seigneur. Il dira: allez plutôt vers Moïse à qui Allah a parlé de vive voix et à qui Il a donné la Torah.* Puis, le Prophète (ﷺ) a dit: *ils se dirigeront vers Moïse qui dira: je ne suis pas la personne qui la mérite. Il évoquera le péché qu'il a commis, et il aura honte d'intercéder auprès de son Seigneur. Il dira: allez plutôt vers Jésus, le souffle et la parole venant d'Allah. Ils se dirigeront vers Jésus le souffle et la parole venant d'Allah, qui dira: je ne suis pas la personne qui la mérite. Allez plutôt vers Mohammed qui est un serviteur à qui Allah a pardonné ses péchés antérieurs et postérieurs.»*

Le Messager d'Allah (ﷺ) a encore dit: «*Ils se dirigeront donc vers moi, et je demanderai la permission* [d'intercéder] *à mon Seigneur qui m'autorisera. Quand je Le verrai, je me jetterai prosterné. Allah me laissera ainsi aussi longtemps qu'Il voudra. On me dira: ô Mohammed! Relève la tête. Parle, tu seras écouté, implore et on t'exaucera, intercède et ton intercession sera acceptée. Je relèverai ma tête et je louerai mon Seigneur avec des louanges qu'Il m'apprendra. Puis j'intercéderai et Allah déterminera la limite de mon intercession. Je les ferai ainsi sortir de l'Enfer pour les faire entrer au Paradis. Ensuite je retournerai* [vers mon Seigneur] *et je me jetterai prosterné. Je resterai ainsi, aussi longtemps qu'Allah voudra. On me dira: ô Mohammed! Relève ta tête. Parle, tu seras écouté, implore et on t'exaucera, intercède et ton intercession sera acceptée. Je relèverai ma tête. Je louerai mon Seigneur avec des louanges qu'Il m'apprendra, puis j'intercéderai et Allah me fixera la limite de mon intercession. Je les ferai ainsi sortir de l'Enfer pour les faire entrer au Paradis.* Il a dit: *je ne saurai pas si c'est à la troisième ou à la quatrième fois, et je dirai: ô Seigneur! Il ne reste, en Enfer, que celui à qui a été imposée l'éternité.*» Ce Hadith a été rapporté par Boukhari et Muslim.

Boukhari a rapporté en marge que d'après Qutada, Anas Ibn Malik (رضي الله عنه) a dit: le Prophète (ﷺ) a dit: «*Le Jour de la Résurrection, les croyants seront retenus* (...) - il a cité le même Hadith et, à la fin, il a dit: *il ne restera en Enfer que celui à qui a été imposée l'éternité.*» Puis, il a récité:

> ﴾Il se peut que ton Seigneur te ressuscite en une position de gloire.﴿ *[Coran 17: 79]*

Anas Ibn Malik (رضي الله عنه) a dit: ceci est la position de gloire que l'on a promise à votre Prophète (ﷺ). Il a ajouté dans une autre variante: le Prophète (ﷺ) a dit: «*On fera sortir du Feu celui qui aura dit* il n'y a de divinité qu'Allah *et qui aura dans son cœur du bien équivalant au poids d'un grain d'orge. Puis on fera sortir du Feu celui qui aura dit* il n'y a de divinité qu'Allah *et qui aura dans son cœur du bien équivalant au poids d'un grain de blé. Puis on fera sortir du Feu celui qui aura dit* il n'y a de divinité qu'Allah *et qui aura dans son cœur du bien équivalant au poids d'un atome.*»

Yazid Ibn Zouray'e a dit: j'ai rencontré Chou'ba et je lui ai raconté le Hadith. Chou'ba a dit: Qutada nous a raconté le même Hadith d'après Anas Ibn Malik (ﷺ) qui l'a entendu du Prophète (ﷺ). Sauf que Chou'ba a dit «grain de maïs» à la place du mot «atome». Puis, Yazid a dit: Abou Bistam a commis une erreur dans le Hadith. C'est de cette manière que la variante de Yazid d'après Cho'ba a été rapportée dans le livre de Muslim. Boukhari a dit: Abane a rapporté de Qutada les mêmes propos de ce Hadith et l'on y trouve à la place du mot «bien», le mot «foi».

Boukhari a rapporté, dans une autre variante, que le Prophète (ﷺ), dans le Hadith de la question posée par des croyants au sujet de l'intercession, a dit: *«Ils arriveront vers moi, et je demanderai permission* [d'intercéder] *à mon Seigneur dans Sa Demeure, et Il me donnera la permission.»*

Il a également rapporté une partie de ce Hadith d'après Houmeid, d'après Anas (ﷺ), qui a entendu le Prophète (ﷺ) dire: *«Quand le Jour de la Résurrection viendra, j'intercéderai et je dirai*: ''*Fais entrer au Paradis celui qui a dans son cœur un grain de moutarde de foi*''. *Et ils* [y] *entreront. Puis, je dirai*: ''*Fais entrer au Paradis celui qui a dans son cœur la plus infime parcelle* [de foi]''.»

Anas Ibn Malik (ﷺ) a dit: c'est comme si je voyais les doigts du Prophète (ﷺ). [6]

---

[6] *Sahih* de Boukhari, vol. 13, pp. 395-397, au livre de l'Unicité, chapitre des Paroles du Très-Haut avec les prophètes et autres le Jour de la Résurrection; le chapitre de la Parole du Très-Haut: ﴿Ce que J'ai créé de Mes deux Mains﴾; le chapitre de la Parole du Très-Haut: ﴿Et Allah a parlé à Moïse de vive voix﴾. Ainsi qu'au livre de l'interprétation du Coran,=

2- Boukhari, Muslim et Tirmidhi ont rapporté qu'Abou Houraïra (ﷺ) a dit: nous étions invités à un repas de mariage avec le Prophète (ﷺ) et on a approché de lui une épaule de mouton - qui était la partie qu'il préférait du mouton - et il y a mordu dedans avec ses incisives. Puis, il a dit: «*Je serai le maître des gens, au Jour de la Résurrection. Savez-vous en quoi? Allah rassemblera les premiers et les derniers dans une seule et immense terre nivelée où ils seront vus par celui qui le désire et écoutés par celui qui les appellera. Le soleil s'approchera d'eux. Les gens seront atteints par des souffrances et des angoisses qu'ils ne pourront supporter. Les gens se diront mutuellement: ne voyez-vous pas la situation dans laquelle vous êtes? Ne voyez-vous pas ce qui vous a atteints? Ne voyez-vous pas quelqu'un qui puisse intercéder pour vous auprès de votre Seigneur?Puis certaines personnes diront à d'autres: votre père Adam!*

Ils se dirigeront donc vers Adam et lui diront: ô Adam Tu es le père de la création, Allah t'a créé de Sa Main, Il t'a insufflé de Son souffle [de vie], *Il a ordonné aux Anges de se prosterner devant toi, et Il t'a fait habiter au Paradis. Ne pourrais-tu pas intercéder pour nous auprès de ton Seigneur? Ne vois-tu pas la situation dans laquelle nous sommes et ce qui nous a atteints? Il répondra: Mon Seigneur s'est courroucé aujourd'hui comme Il ne l'a jamais été auparavant et comme Il ne se courroucera plus de la sorte. Il m'a interdit de l'arbre et j'ai désobéi. Mon âme! Mon âme! Mon âme! Allez chez quelqu'un d'autre, allez donc chez Noé!*

Ils se dirigeront vers Noé et lui diront: ô Noé! Tu es le premier des Messagers envoyé aux gens de la terre. Allah t'a dénommé le

---

=interprétation de la sourate *Al-Baqara* [Coran, 2], chapitre de la Parole du Très-Haut: ﴿Et Il a appris, à Adam, les noms *[de toutes choses]*﴾. Enfin au livre des Riqaq, chapitre de la description du Paradis et de l'Enfer. Voir aussi *Sahih* de Muslim, n° 193, livre de la Foi, chapitre de celui, parmi les gens du Paradis, qui est au plus bas degré.

Serviteur fort reconnaissant. Ne vois-tu pas la situation dans laquelle nous sommes? Ne vois-tu pas ce qui nous a atteints? N'intercéderas-tu pas pour nous auprès de ton Seigneur? Il dira: mon Seigneur S'est mis en colère aujourd'hui comme Il ne l'a jamais fait auparavant et comme Il ne se courroucera plus jamais. J'avais une invocation que j'ai utilisée contre mon peuple. Mon âme! Mon âme! Mon âme! Allez chez quelqu'un d'autre! Allez donc chez Abraham!

Ils se dirigeront vers Abraham et lui diront: tu es le prophète d'Allah, et tu es Son Intime parmi les gens de la terre. N'intercéderas-tu pas pour nous auprès de ton Seigneur? Ne vois-tu pas la situation dans laquelle nous sommes? Il leur dira: mon Seigneur s'est courroucé aujourd'hui comme Il ne l'a jamais fait auparavant et comme Il ne se courroucera plus jamais. J'ai proféré trois mensonges - et il les citera - Mon âme! Mon âme! Mon âme! Allez chez quelqu'un d'autre, allez donc chez Moïse!

Ils se dirigeront vers Moïse et lui diront: tu es le Messager d'Allah. Il t'a préféré aux autres hommes par Sa Parole et Ses Messages. N'intercéderas-tu pas pour nous auprès de ton Seigneur? Ne vois-tu pas la situation dans laquelle nous sommes? Il dira: mon Seigneur s'est courroucé aujourd'hui comme Il ne l'a jamais fait auparavant et comme Il ne se courroucera plus jamais. J'ai tué une personne qu'on ne m'a pas autorisé à tuer. Mon âme! Mon âme! Mon âme! Allez chez quelqu'un d'autre! Allez chez Jésus!

Ils se dirigeront vers Jésus et lui diront: ô Jésus! Tu es le Messager d'Allah et Sa Parole qu'Il a envoyée à Marie, tu *es un souffle* [de vie] *venant de Lui. Tu parlais aux gens quand tu n'étais encore qu'au berceau. N'intercéderas-tu pas pour nous auprès de ton Seigneur? Ne vois-tu pas la situation dans laquelle nous sommes? Jésus dira: mon Seigneur s'est courroucé aujourd'hui comme Il ne l'a jamais fait auparavant, et comme il ne se courroucera plus jamais - et il ne citera pas de péchés. Mon âme!*

Mon âme! Mon âme! Allez chez quelqu'un d'autre, allez chez Mohammed (ﷺ).

Ils se dirigeront vers Mohammed (ﷺ) - dans une autre variante: ils se dirigeront vers moi - et ils diront: ô Mohammed! Tu es le Messager d'Allah et le sceau des Prophètes. Allah t'a pardonné tes péchés antérieurs et postérieurs. Intercède pour nous auprès de ton Seigneur. Ne vois-tu pas la situation dans laquelle nous sommes?

Je partirai, j'arriverai sous le Trône, et je me jetterai prosterné devant mon Seigneur. C'est alors qu'Allah me révèlera des louanges et les meilleurs compliments pour Lui, qui n'ont jamais été révélés à personne avant moi.

Puis on me dira: ô Mohammed! Relève la tête, demande et on te donnera, intercède et on acceptera ton intercession.

Je relèverai ma tête et je dirai: "Ô mon Seigneur, ma communauté! Ô mon Seigneur, ma communauté! Ô mon Seigneur, ma communauté!"

On dira: ô Mohammed! Fais entrer au Paradis ceux de ta communauté qui n'ont aucun compte à rendre, par la porte d'Ayman, une des portes du Paradis. Cependant, ils seront aussi autorisés à entrer par d'autres portes que celle-ci, en compagnie d'autres personnes.»

Puis le Prophète (ﷺ) a dit: *«Par Celui qui tient mon âme en Sa Main, entre les deux côtés* [d'une porte] *du Paradis, il y a la distance qui va de la Mecque à Hejer* هجر - ou *de La Mecque à Bosra* - et dans le livre de Boukhari: *de La Mecque à Himyar.»* [7]

---

[7] Hejer est une contrée située à l'est de la Péninsule Arabique. Bousra est une ville de Syrie connue sous le nom de Hawaran, elle se situe à 40 km de Damas. Et Himyar est une région située à l'ouest de San'a la capitale du Yémen. [*Trad.*]

Dans une autre variante, on a rapporté qu'Abou Houraïra (ﷺ) a dit: on a posé devant le Messager d'Allah (ﷺ) une grande gamelle contenant du bouillon de mouton avec de la viande. Il a pris l'épaule du mouton - la partie qu'il préférait du mouton - et y a mordu avec les incisives. Puis, il a dit: *«Au Jour de la Résurrection, je serai le maître des gens.»* Il y a mordu de nouveau avec les incisives et a dit: *«Au Jour de la Résurrection, je serai le maître des gens.»* Comme il voyait que ses Compagnons ne l'interrogeaient pas, il a dit: *«Ne dites-vous pas: de quelle manière, ô Messager d'Allah?»* Ils ont dit: de quelle manière, ô Messager d'Allah?

Il a dit: *«Les gens se tiendront debout devant le Seigneur des Mondes* - puis Abou Houraïra (ﷺ) a cité le Hadith précédent et a rajouté, pour le récit d'Abraham: le Prophète (ﷺ) a rappelé les propos d'Abraham, à propos de l'étoile quand il a dit: «Celle-ci, c'est mon Seigneur!», et sur les divinités de son peuple: «C'est la plus grande d'entre elles, que voici, qui l'a fait», et quand il a dit: «Je suis malade».

Puis, le Prophète (ﷺ) a dit: *«Par Celui qui tient l'âme de Mohammed en Sa Main, l'épaisseur d'un côté d'une porte du Paradis, est équivalente à la distance qui existe entre la Mecque et Hejer* ou *entre Hejer et la Mecque»*, je ne sais plus dans quel ordre il l'a dit. (Rapporté par Boukhari, Muslim et Tirmidhi). Quant à Muslim, dans son livre, il a rapporté: *«Mon âme! Mon âme!»*, pour chaque parole de chaque prophète. Al-Houmeidi a cité le Hadith comme nous l'avons mentionné. Dans la variante de Tirmidhi, il est rapporté: *«Mon âme! Mon âme! Mon âme!»*, trois fois pour tous les Prophètes. [8]

---

[8] *Sahih* de Boukhari, vol. 6, pp. 264-265, au livre des prophètes, chapitre de la Parole du Très-Haut: ﴾Et Nous avons envoyé Noé à son peuple﴿, chapitre de la Parole du Très-Haut: ﴾Et Allah a pris Abraham pour Intime﴿, et chapitre de l'interprétation de la sourate *Al-Isra'* [Coran, 17]: ﴾Les descendants de ceux que Nous avons transportés dans l'Arche avec Noé, celui-ci était vraiment un serviteur fort reconnaissant﴿. Voir aussi *Sahih*=

3- Muslim a rapporté, d'après Houdhaïfa Ibn Al-Yemêne (رضي الله عنه) et Abou Houraïra (رضي الله عنه), que le Messager d'Allah (ﷺ) a dit: *«Allah (سبحانه وتعالى) rassemblera les gens le Jour de la Résurrection et les croyants se tiendront debout jusqu'à ce qu'on leur rapproche le Paradis.*

Ils se dirigeront vers Adam et diront: ô notre Père! Demande qu'on nous ouvre le Paradis! Il dira: n'est-ce pas uniquement le péché de votre père Adam qui vous a fait sortir du Paradis? Je ne suis pas la personne qui la mérite. Allez chez mon fils Abraham, l'Intime d'Allah (Khalîl Arrahmane). *Abraham dira: je ne suis pas la personne qui la mérite. Je ne suis que l'Intime d'Allah qui s'est adressé à moi par l'intermédiaire de Gabriel. Dirigez-vous plutôt vers Moïse à qui Allah a parlé de vive voix. Ils se dirigeront vers Moïse qui dira: je ne suis pas la personne qui la mérite. Dirigez-vous plutôt vers Jésus, la Parole et le souffle* [de vie] *venant d'Allah. Mais Jésus dira: je ne suis pas la personne qui la mérite.*

Ils se dirigeront donc vers Mohammed (ﷺ). Il se tiendra debout et on lui permettra [d'intercéder]. *On enverra le Dépôt et le lien de sang qui se tiendront sur les deux côtés du Pont: un à droite et un à gauche. Le premier d'entre vous traversera comme l'éclair.»* Abou Houraïra (رضي الله عنه) a dit: que je ne donne pour toi mon père et ma mère, c'est quoi, comme l'éclair? Il (ﷺ) a répondu:

«Ne voyez-vous pas l'éclair comme il arrive et repart en un clin d'œil? Puis il y en aura qui traverseront à la vitesse du vent, puis d'un oiseau, puis à l'allure des hommes quand ils courent. Leurs vitesses de traversée seront déterminées par les œuvres qu'ils ont accomplies - votre Prophète se tiendra debout sur le Pont et dira: ''Ô Seigneur! Préserve, préserve!'' - au point que les œuvres des

---

=de Muslim, n° 194, au livre de la Foi, chapitre de celui, parmi les gens du Paradis, qui est au plus bas degré. *Sunan* de Tirmidhi, n° 2436, au livre de la description de la Résurrection, chapitre de ce qui a été mentionné au sujet de l'Intercession.

serviteurs les rendront incapables [de poursuivre la traversée] *et au point que l'homme ne pourra se déplacer qu'en rampant.*

Sur les côtés du Pont il y aura des crochets suspendus auxquels il sera ordonné de prendre ce qui leur a été ordonné de prendre. Celui qui sera égratigné [par les crochets] *sera sauvé, et celui qui sera violemment renversé et poussé, sera dans le Feu. Par Celui qui tient l'âme d'Abou Houraïra en Sa Main, la profondeur de l'Enfer est de soixante-dix années.»*

4- Tirmidhi a rapporté, d'après Abou Saïd Al-Khoudri (رضي الله عنه), que le Messager d'Allah (ﷺ) a dit: *«Le Jour de la Résurrection, je serai le maître des enfants d'Adam, et ceci* [je le dis] *sans gloriole. Entre mes mains se trouvera le drapeau de la louange, et ceci sans orgueil. Ce jour-là, il n'y aura pas un prophète, que ce soit Adam ou un autre, qui ne se trouvera pas sous mon drapeau. Je serai le premier à qui la terre s'ouvrira, et ceci sans gloriole.*

Puis les gens seront effrayés de trois frayeurs. Ils se dirigeront vers Adam et lui diront: tu es notre père Adam. Intercède pour nous auprès de ton Seigneur. Il dira: j'ai commis un péché qui m'a fait descendre sur terre. Allez plutôt voir Noé.

Ils se dirigeront vers Noé qui dira: j'ai fait usage de mon invocation contre les gens de la terre, et ils ont péri. Allez plutôt vers Abraham.

Ils se dirigeront vers Abraham qui dira: j'ai commis trois mensonges... - Puis, le Messager d'Allah (ﷺ) a dit: *il n'y a pas parmi ces mensonges, un mensonge qui n'ait pas été commis en faveur de la religion d'Allah -...Dirigez-vous plutôt vers Moïse. Ils se dirigeront vers Moïse qui dira: j'ai tué une personne. Allez plutôt vers Jésus. Ils se dirigeront donc vers Jésus qui dira: on m'a adoré en dehors d'Allah, allez plutôt vers Mohammed (ﷺ).*

Ils se dirigeront donc vers moi, je partirai avec eux...- Ibn Jud'ane a dit: Anas Ibn Malik a dit: c'est comme si j'étais en train de voir le Messager d'Allah (ﷺ) -...et je saisirai l'anneau de la porte du Paradis en y frappant. On me dira: qui est-ce? Il sera dit: c'est Mohammed. Ils m'ouvriront, m'accueilleront et me diront: bienvenue!

Alors, je me jetterai prosterné et Allah m'inspirera des compliments et des louanges. Alors on me dira: relève la tête. Demande et on te donnera, intercède et ton intercession sera acceptée, parle et on écoutera ta parole.

Telle est la position de Gloire qu'Allah le Très-Haut a mentionnée:

﴿Se peut-il que ton Seigneur te ressuscite en une position de gloire﴾» *[Coran 17: 79]*

Soufiane, un des rapporteurs de la chaîne de transmission, a dit: Anas Ibn Malik (رضي الله عنه) n'a rapporté comme paroles que: «*Je prendrai l'anneau de la porte du Paradis et je le ferai cliqueter.*» Ce Hadith a été rapporté par Tirmidhi. [9]

SECTION 2

LE BIEN-FONDE DU RECOURS AUX HADITHS A PROPOS DE LA GRANDE INTERCESSION

Celui qui examine ces Hadiths remarquera que les croyants supplieront les Prophètes dont le dernier est Mohammed (ﷺ) pour

---

[9] *Sunan* de Tirmidhi, Hadith n° 3147 au livre de l'interprétation du Coran, chapitre de la Sourate *Al-Isra'* [Coran, 17]. Voir *Sahih Sunan At-Tirmidhi,* n° 2516.

qu'il puisse les délivrer du Grand Emplacement, mais nous nous apercevons que lorsque le Messager d'Allah (ﷺ) intercédera, il ne le fera que pour sa communauté.

Le commentateur de *Al-'Aqida At-Tahawiya*, après avoir mentionné les quelques Hadiths concernant l'intercession que nous avons ici exposés, a dit: ce qui est très étonnant, c'est que les imams qui ont rapporté ce Hadith - selon plusieurs voies - n'ont pas évoqué la première intercession du Prophète (ﷺ) dans laquelle Il demande que le Seigneur (ﷻ) vienne afin qu'il rende la décision du Jugement - comme cela a été cité dans le long Hadith de la Trompe. Or les gens désireront bénéficier de cette intercession dans cet emplacement, conformément à la narration du début du Hadith: les hommes demanderont uniquement à Adam et aux autres Prophètes qui le suivent d'intercéder pour eux auprès d'Allah (ﷻ) afin qu'Il tranche entre les gens et qu'ils puissent être libérés de leurs situations en cet Emplacement, comme l'indiquent les narrations des versions du Hadith.

Or, s'agissant des gens arrivant à la Rétribution, les imams ont seulement parlé de l'intercession pour les gens désobéissants de la communauté musulmane et de leur sortie de l'Enfer. C'est comme si le but visé par les Prédécesseurs (*Salaf*)- dans le fait de se limiter à cette partie du Hadith - était la réfutation des propos des Kharijites et de ceux qui les ont suivis parmi les Mou'tazilites qui nient la possibilité de sortir de l'Enfer pour celui qui y aura pénétré. Ils citent donc cette partie du Hadith qui renferme le passage explicite réfutant leurs innovations qui vont à l'encontre des Hadiths. [10]

Les propos de Mohammed Ibn Mohammed Ibn Abi Al-'Izz Al-Hanafi portent sur plusieurs points:

---

[10] Explication d'*Al-'Aqida At-Tahawiya,* p. 255.

1- Il a relevé l'ambiguïté présente dans ces Hadiths. Parmi ceux qui ont aussi mentionné cette ambiguïté, il y a Ibn Hajar Al-'Asqalani qui la rapporte de Ad-Darawardi en ces termes: c'est comme si le rapporteur du Hadith y avait ajouté une partie non conforme à son texte original, et ce, parce qu'au début il a cité l'intercession afin que les gens soient libérés des afflictions de l'Emplacement, puis à la fin, il a cité l'intercession afin que les gens puissent sortir de l'Enfer. Cette dernière intercession signifie qu'elle aura seulement lieu après que les gens auront quitté l'Emplacement, et qu'ils seront passés sur le Pont, duquel certains tomberont en Enfer en le traversant. C'est alors qu'aura lieu l'intercession pour que les gens sortent de l'Enfer.[11] Ibn Hajar, après avoir rapporté ces propos de Ad-Darawardi, a dit: c'est en effet une très grande ambiguïté.[12]

2- Le commentateur de *Al-'Aqida At-Tahawiya*, a résolu cette ambiguïté, comme nous l'avons précédemment rapporté: ceux qui ont rapporté ces textes ont été en faute concernant le Hadith original. La raison de ce manquement était qu'ils voulaient répondre aux Kharijites qui ont nié la possibilité de sortir de l'Enfer pour ceux qui y auront pénétré. Ceux-là ont prétendu que celui qui entrera en Enfer y restera éternellement. Puis, le commentateur avance comme argument le Hadith de la Trompe, qui énonce que le Messager (ﷺ) intercédera la première fois en demandant à Allah (سبحانه وتعالى) de venir procéder au jugement entre les gens, puis, il intercédera une autre fois afin que les gens entrent au Paradis.

Or, si le Hadith de la Trompe était authentique, cela aurait résolu l'ambiguïté. Mais ce Hadith est faible, comme l'a démontré cheikh Nasser Eddine Al-Albani, dans sa correction des Hadiths du livre *Al-'Aqida At-Tahawiya.*

---

[11] *Fat'hou El-Bâri*, vol. 11, p. 437.

[12] *Idem*, p. 438.

Il se peut que *Al-Qâdhi* 'Iyadh ait opté pour cette position et il a été suivi dans son choix par Nawawi, Ibn Hajar et d'autres qui sont plus précis et plus exacts que le commentateur de *Al-'Aqida At-Tahawiya.* Ibn Hajar a dit: *Al-Qâdhi* 'Iyadh a résolu cette ambiguïté et Nawawi et d'autres l'ont suivi et ils ont dit qu'il manque (quelque chose), après les propos du Prophète (ﷺ) dans le Hadith de Houdhayfa (رضي الله عنه), le Hadith lié à celui d'Abou Houraïra (رضي الله عنه): *«Ils se dirigeront vers Mohammed. Il se tiendra debout, puis on lui permettra d'intercéder. On enverra alors le Dépôt et le lien de sang qui se tiendront sur les deux côtés du Pont, l'un à droite et l'un à gauche. Le premier d'entre vous traversera comme l'éclair.»* (Le Hadith précédent)

Al-Qâdhi 'Iyadh a dit: on voit à travers cela la cohérence du propos, car l'intercession à laquelle les gens recourront est la demande de libération des afflictions de l'Emplacement. C'est ensuite que surviendra l'intercession pour leur sortie de l'Enfer. En effet, dans le Hadith d'Abou Houraïra (رضي الله عنه), il a été rapporté que chaque communauté devra suivre ce qu'elle a adoré, que, ensuite, la distinction entre les hypocrites et les croyants aura lieu, et que, ultérieurement, la permission et la concrétisation de l'Intercession auront lieu après le dressage du Pont et sa traversée. L'ordre à chaque communauté de suivre ce qu'elle a adoré est donc la première décision du jugement avec la libération des afflictions de l'Emplacement. Ibn Hajar a dit: grâce à cela, les différentes versions des Hadiths concordent entre elles. [13]

Al-Hafidh Ibn Hajar a apporté de plus amples éclaircissements à cette question. Il a cité quelques textes indiquant que certains Hadiths sont écourtés. Il a précisé: "Je dis: c'est comme si certains rapporteurs avaient mémorisé ce que d'autres n'ont pas mémorisé. Et le reste sera mentionné dans l'explication du Hadith du chapitre qui

---

[13] *Fat'hou El-Bâri,* vol. 11, p. 438.

suivra, où il est rapporté ce qui suit: «... *Et au point que l'homme ne pourra se déplacer qu'en rampant. Sur les côtés du Pont se trouveront des crochets suspendus, chargés de saisir qui leur a été ordonné de saisir. Celui qui sera égratigné* [par les crochets] *sera sauvé, et celui qui sera violemment renversé et poussé, sera dans le Feu...*» Il ressort de cela, que le Prophète (ﷺ) intercédera, en premier, pour que l'on juge entre les créatures, et que viendra par la suite, l'intercession en faveur de celui qui sera tombé en Enfer afin qu'il en sorte.

Cela a été explicité clairement dans le Hadith d'Ibn Omar (رضي الله عنه) qui s'est limité au long Hadith qu'Anas (رضي الله عنه) et Abou Houraïra (رضي الله عنه) ont rapporté. Il a précédemment été cité dans le livre de la *Zakate*, par la voie de Hamza Ibn Abdallah Ibn Omar d'après son père (رضي الله عنه), ce qui suit: «... *Le soleil s'approchera jusqu'à ce que la sueur atteigne le milieu des oreilles. Tandis qu'ils seront dans cet état, ils demanderont de l'aide à Adam, puis à Moïse, puis à Mohammed (ﷺ) qui intercédera pour que le jugement soit fait entre les créatures. Il marchera jusqu'à ce qu'il arrête l'anneau de la porte* [du Paradis], *et ce jour-là, Allah le ressuscitera en une Position de Gloire et il sera loué par tous les gens du Rassemblement.*»

Il a également rapporté dans le Hadith d'Oubey Ibn Ka'b (رضي الله عنه), rapporté par Abou Ya'la, ce qui suit: «...*Puis, je ferais les éloges de Lui pour lesquels Il sera satisfait de moi. Puis, on me permettra de parler. Ensuite, ma communauté traversera le Pont qui sera dressé entre les deux extrémités de la Géhenne. Et ils traverseront.*»

Il a été rapporté dans le Hadith d'Ibn Abbas (رضي الله عنه), variante rapportée par Ahmed d'après Abdallah Ibn Al-Harith (رضي الله عنه) d'après Ibn 'Abbas, ce qui suit: «*Il (سبحانه وتعالى) dira:* ''Ô Mohammed! Que veux-tu que Je fasse pour ta communauté?'' - *Je dirai:* ''Ô Seigneur! Précipite leur jugement''.» Et, dans une variante d'Ibn Abbas (رضي الله عنه), rapportée par Ahmed et Abou Ya'la: «... *Je dirai: ''Je suis celui qui mérite cette intercession''. Jusqu'à ce qu'Allah autorise à l'intercession celui qu'Il veut et dont Il est satisfait. Quand Allah voudra juger Ses créatures, un Crieur annoncera: ''Où sont Mohammed et sa communauté?''»*

At-Teibi a résolu cette ambiguïté d'une autre manière, en disant: on peut admettre que l'Enfer désigne leur rétention, l'affliction et les difficultés qui atteindront les gens de l'Emplacement, lorsque le soleil s'approchera au-dessus de leurs têtes, ainsi que l'affliction causée par sa chaleur et le changement de teint qu'il provoquera au point que la sueur atteindra leurs bouches. L'on peut admettre que la sortie de l'Enfer désigne leur délivrance de cette situation dans laquelle ils se trouvaient.

Ibn Hajar a dit: cette probabilité est à écarter. Nous pouvons seulement dire que deux sorties auront lieu, dont l'une a été citée dans le Hadith du chapitre, suivant les différentes voies selon lesquelles ce Hadith a été rapporté. La désignation de la première sortie est la délivrance des afflictions de l'Emplacement. Quant à la deuxième sortie, elle est indiquée dans le Hadith du chapitre suivant, où il est dit: *«Et Il dira: ''Celui qui a adoré quelque chose, qu'il le suive''.»* Après la libération totale de l'Emplacement, le dressage du Pont, et l'autorisation de sa traversée. La deuxième sortie aura lieu pour celui qui sera tombé en Enfer lors de la traversée du Pont. Les deux sorties se joignent donc.

Qortobi a donné une réponse à l'origine de cette ambiguïté, à savoir qu'à la fin du Hadith d'Abou Zour'a, rapporté d'après Abou Houraïra (رضي الله عنه), il est mentionné après la parole du Prophète (ﷺ): *«Je dis ô Seigneur! Ma communauté, ma communauté!»*, qu'*«on dira, alors: ''Fais entrer au Paradis, par la porte de Aymen, une des portes du Paradis, ceux de ta communauté qui n'ont ni de compte à rendre, ni de châtiment* [à subir]''.»

Qortobi a dit: cela indique que l'intercession du Prophète (ﷺ) consistera à demander l'accélération du Compte pour sa communauté.

Lorsque l'on permettra au Prophète (ﷺ) de faire entrer au Paradis celui qui n'a aucun compte à rendre, ceci indique l'ajournement du Compte de celui qui a des comptes à rendre afin qu'il soit jugé. De plus, il a été mentionné, dans le long Hadith de la Trompe rapporté par Abou Ya'la, ce qui suit: «... *Je dirai: ''Tu m'as promis l'intercession, et mon intercession est pour les hommes afin qu'ils puissent y entrer.'' Allah le Très-Haut dira: ''J'accepte ton intercession en leur faveur, et Je leur permets d'entrer au Paradis''.*»

Ibn Hajar a dit: je dis que ceci contient donc la notification selon laquelle l'Exposition des Comptes, la Balance et le Déploiement des Feuilles où sont consignées les actes des serviteurs, se dérouleront en ce lieu. Puis un Crieur annoncera: ''Que chaque communauté suive ce qu'elle a adoré!'' Les mécréants tomberont donc en Enfer. Puis, on distinguera les croyants des hypocrites, par l'examen de la prosternation, lorsque Allah (ﷻ) découvrira Sa Jambe. Puis on permettra de dresser le Pont et de le traverser. La lumière des hypocrites s'éteindra et ils tomberont également en Enfer. Les croyants traverseront le Pont pour aller au Paradis. Parmi les gens désobéissants, certains tomberont en Enfer, et d'autres qui auront été sauvés se tiendront debout sur l'extrémité du Pont contigu au Paradis. Puis ils accéderont au Paradis. [14]

Quant à l'auteur de ces lignes, il dit: si cela était confirmé, l'ambiguïté aurait été levée. Mais Al-Kalbi est un homme faible, et, de surcroît, il ne l'a pas transmis. Ceci est en contradiction avec le caractère évident des Hadiths authentiques qui montrent que la demande des croyants aux Prophètes, l'un après l'autre, aura uniquement lieu dans l'Emplacement avant l'entrée des croyants au Paradis. C'est Allah (ﷻ) qui en sait plus.

---

[14] *Fat'hou El-Bâri,* vol. 11, p. 438.

SECTION 3

LES TYPES D'INTERCESSION ACCEPTEE L'INTERCESSION REFUSEE

Les Hadiths que nous avons cités ont montré deux types d'intercession parmi les intercessions qui auront lieu ce Jour-là:

Premièrement: La Grande intercession

C'est la position de gloire que les premiers et les derniers convoiteront pour le Messager (ﷺ) afin qu'il intercède auprès de son Seigneur (سبحانه وتعالى) pour que les serviteurs soient délivrés des frayeurs du Rassemblement.

Deuxièmement: L'intercession pour les pécheurs parmi les croyants monothéistes qui seront en Enfer

Un Hadith relatif à ce genre d'intercession sera rapporté dans la partie «L'accès au Paradis» du livre de cette même série, intitulé *Le Paradis et l'Enfer*, si Allah le Très-Haut le veut.

Il reste d'autres intercessions qui ont été mentionnées dans les Hadiths, que nous allons brièvement exposer.

Premièrement et deuxièmement: L'intercession du Messager d'Allah (ﷺ) pour des gens dont les bonnes et les mauvaises actions s'équivalent. Il intercédera en leur faveur afin qu'ils entrent au Paradis, et en faveur d'autres qui auront été destinés vers l'Enfer, afin qu'ils n'y entrent pas.

Troisièmement: Le Prophète (ﷺ) intercédera afin de les élever en degrés Au-delà de la récompense correspondant à leurs œuvres pour qu'ils entrent au Paradis.

Quatrièmement: L'intercession pour les gens qui entreront au Paradis sans rendre de compte.

L'on peut prendre comme témoignage pour cela, le Hadith de 'Oukacha Ibn Mouhsin (ﷺ). En effet, le Messager d'Allah (ﷺ) a invoqué Allah en sa faveur afin qu'il soit parmi les soixante-dix mille qui entreront au Paradis sans rendre de compte. Ce Hadith se trouve dans le *Sahih* de Boukhari et dans celui de Muslim.

Cinquièmement: L'intercession du Messager (ﷺ) pour l'allégement du châtiment de son oncle Abou Taleb.

Allah (ﷻ) le fera sortir de son emplacement en Enfer, de sorte que le feu couvre seulement ses pieds et fasse bouillir son cerveau.

Sixièmement: Son intercession pour obtenir la permission que les croyants entrent au Paradis.

Ce Hadith concernant ce type d'intercession sera cité dans le livre *Le Paradis et L'Enfer*, si Allah le Très-Haut (ﷻ) le veut.[15]

L'intercession en faveur des pécheurs n'est pas particulière au Messager d'Allah (ﷺ). Les Prophètes, les martyrs et les savants intercéderont également, de même que les œuvres de l'homme. Mais notre Messager (ﷺ) aura la part la plus importante. D'autres intercéderont également pour que les degrés des croyants soient élevés. Quant aux autres types d'intercession, ils sont propres au Messager d'Allah (ﷺ).

Tels sont donc les types d'intercession qui auront lieu au Jour de la Résurrection. Quant à l'intercession refusée, c'est l'intercession que les gens pratiquent dans la vie terrestre où l'intercesseur intercède, même si celui auprès duquel l'on intercède n'est pas satisfait de la personne qui fait l'objet de l'intercession. De plus, il se peut que celui auprès duquel l'on intercède répugne d'agréer l'intercession des intercesseurs en raison de leurs hauts rangs sociaux, de leur force et de leur courage. C'est cette intercession que

---

[15] Sinon voir ce sujet dans L'Explication d'*Al-'Aqida At-Tahawiya*, p. 253.

les idolâtres et les chrétiens attribuent à leurs divinités; il en est de même des innovateurs de cette communauté *[musulmane]* pour leurs 'cheikhs'. Or, Allah (ﷻ) les a démentis, car nul n'intercédera, ce Jour-là, si ce n'est par la permission d'Allah (ﷻ) et qu'Allah (ﷻ) agrée l'intercesseur et celui pour qui l'on intercède. Le Très-Haut (ﷻ) dit:

﴾Qui peut intercéder auprès de Lui, sans Sa Permission?﴿
[Coran 2: 255]

﴾Et ils n'intercèdent qu'en faveur de ceux qu'Il agrée.﴿
[Coran 21: 28]

C'est pour cela qu'Allah (ﷻ) refusera, ce Jour-là, l'intercession d'Abraham, Son Intime, en faveur de son père qui est mort mécréant. Boukhari a rapporté, dans son *Sahih,* d'après Abou Houraïra (رضي الله عنه), que le Prophète (ﷺ) a dit: *«Abraham rencontrera son père Azar, le Jour de la Résurrection, son visage couvert de poussière et de noirceur d'angoisse et de tristesse. Abraham lui dira: ne t'avais-je pas dit de ne pas me désobéir? - Son père lui répondra: Aujourd'hui, je ne te désobéirai pas. Alors Abraham dira: ô mon Seigneur! Tu m'as promis que Tu ne me couvriras pas d'ignominie le Jour où les gens seront ressuscités. Or quelle plus grande ignominie que l'éloignement de mon père de la miséricorde d'Allah! - Allah le Très-Haut dira: "J'ai assurément interdit le Paradis à tout mécréant." Puis, l'on dira à Abraham: qu'y a-t-il sous les pieds? Il regardera, et son père sera changé en une hyène* [à l'aspect] *mâle, très poilue et souillée de boue, que l'on saisira par les pattes et qu'on jettera en Enfer.»* [16]

---

[16] *Michkatou El-Massabih,* vol. 3, p. 58.

CHAPITRE 10

LE COMPTE ET LA RETRIBUTION

PREAMBULE

DEFINITION DU COMPTE ET DE LA RETRIBUTION

Le Compte et la Rétribution signifient qu'Allah le Véridique (سبحانه وتعالى) fera comparaître Ses serviteurs devant Lui (سبحانه وتعالى). Il leur fera connaître les actes qu'ils ont faits, les paroles qu'ils ont proférées, quelles étaient leur foi ou leur mécréance dans la vie terrestre, leur droiture ou leur perversion, leur obéissance ou leur désobéissance, et ce qu'ils ont mérité comme récompense ou châtiment selon les œuvres accomplies. On remettra aux serviteurs vertueux leurs livres dans la main droite et aux mauvais serviteurs, dans la main gauche.

Le Compte englobe ce qu'Allah (سبحانه وتعالى) dira à Ses serviteurs et ce qu'ils Lui répondront, ainsi que les preuves et arguments qu'Allah (سبحانه وتعالى) leur présentera. Ce Compte englobe aussi la comparution des témoins, ainsi que la pesée des actes.

Il y aura des comptes sévères et des comptes faciles, des comptes honorables et des comptes blâmables, de bienfaits et de clémence, qui seront pris en charge par le Plus Noble des Nobles (سبحانه وتعالى).

SECTION PREMIERE

LA SCENE DU REGLEMENT DES COMPTES

Notre Seigneur (سبحانه وتعالى) nous a décrit la scène du règlement des comptes et de la Rétribution le Jour de la Résurrection:

> ﴿Et la terre resplendira de la lumière de son Seigneur, le livre sera déposé et on fera venir les Prophètes et les témoins. On décidera entre eux, en toute équité, et ils ne seront pas lésés.﴾ *[Coran 39: 69]*

Il nous suffit de savoir que le Juge et Celui qui réglera les comptes, en ce Jour, sera le Juste Arbitre Suprême, le Maître des cieux et de la terre (سبحانه وتعالى), pour prendre conscience de toute la grandeur de cette scène. Il se peut que l'éclat plein de splendeur mentionné dans le verset se manifeste seulement à la venue du Vénérable Souverain, lorsqu'Il viendra rendre la sentence du Jugement. Le Très-Haut (سبحانه وتعالى) dit:

> ﴿Qu'attendent-ils, sinon qu'Allah leur vienne à l'ombre des nuées de même que les Anges, et que leur sort soit réglé? Et c'est à Allah que toute chose est ramenée.﴾ *[Coran 2: 210]*

Allah (سبحانه وتعالى) seul sait de quelle manière Il viendra ce Jour-là. Nous, nous croyons en elle et nous savons que c'est la vérité. Nous ne l'interprétons pas, ni ne l'altérons, ni ne démentons Sa Venue. Le verset évoque aussi la venue des Anges. Il s'agira d'un emplacement glorieux où les Anges du Miséricordieux (سبحانه وتعالى) seront présents avec les livres des actes qui dénombrent les œuvres des créatures, leurs conduites, leurs paroles, afin qu'ils soient un argument contre les serviteurs. C'est un livre qui n'oublie de mentionner ni péché véniel, ni péché capital:

> ﴿Et le livre sera déposé. Tu verras les scélérats saisis d'effroi par son libellé: malheur à nous! gémiront-ils. Qu'a donc ce

livre à n'omettre de mentionner ni péché véniel, ni péché capital? Et ils trouveront devant eux tout ce qu'ils ont fait. Et ton Seigneur ne fait du tort à personne.﴿ *[Coran 18: 49]*

On fera venir, à l'Emplacement du Jugement et du Compte, les Messagers qui seront interrogés à propos du Dépôt dont Allah (ﷻ) les a chargés, qui consistait à faire parvenir la Révélation d'Allah (ﷻ) aux peuples auxquels ils étaient envoyés. Ils témoigneront contre leurs peuples sur ce qu'ils ont appris d'eux.

En ce grand Jour, les témoins s'élèveront pour témoigner contre les créatures au sujet de ce qu'elles ont accompli. Ces témoins sont les Anges qui enregistrent les actes de l'individu. Les Prophètes, les savants témoigneront aussi, c'est aussi le cas de la terre, du ciel, des nuits et des jours qui témoigneront contre les serviteurs.

L'on fera venir les serviteurs pour lesquels Allah le Véridique (ﷻ) instaurera un immense tribunal, dans le but de les juger. Ils seront présentés en rangs devant le Seigneur des serviteurs (ﷻ):

﴾Et ils seront présentés en rangs devant ton Seigneur.﴿ *[Coran 18: 48]*

L'on fera venir les coupables - ceux qui ont démenti les Messagers, qui se sont révoltés contre leur Seigneur (ﷻ) et qui se sont enorgueillis sur terre - attachés avec des chaînes, avec des tuniques de goudron:

﴾Et ce jour-là, tu verras les coupables attachés avec des chaînes, leurs tuniques seront de goudron, et le feu couvrira leurs visages, afin qu'Allah rétribue chaque âme de ce qu'elle aura acquis. Certes, Allah est prompt pour le Compte.﴿ *[Coran 14: 49-51]*

Sous l'effet de l'intensité de la terreur et de l'ampleur de ce que les gens verront, chaque nation sera agenouillée lorsque les gens seront appelés pour le Compte, à cause de ce qui les atteindra ce jour-là:

﴾Et tu verras chaque communauté agenouillée. Chaque communauté sera appelée vers son livre: on vous rétribuera, aujourd'hui, selon ce que vous faisiez.﴿ *[Coran 45: 28]*

C'est une exposition redoutable et grave, contre laquelle nous demandons à Allah (ﷻ) de nous sauver par Sa Grâce, Sa Générosité et Son Bienfait.

SECTION 2

LES MECREANTS SERONT-ILS INTERROGES? ET POURQUOI?

Les savants ont divergé au sujet des mécréants: seront-ils jugés et interrogés? Ou ordonnera-t-on de les jeter en Enfer sans qu'ils soient interrogés, parce que leurs actes sont vains et nuls, et que de ce fait, il n'y a aucune utilité de les interroger et de les juger? Et s'ils sont jugés et interrogés, quelle serait l'utilité de leur compte et de leur interrogatoire?

Ibn Taymiya a dit: au sujet de cette question, les derniers contemporains parmi les compagnons de l'imam Ahmed et d'autres ont divergé. Parmi ceux qui ont affirmé que les mécréants ne seront pas jugés, il y a: Abou Bakr Abdelaziz, Abou Al-Hassan At-Tamimi, *Al-Qâdhi* Abou Ya'la et d'autres. Et parmi ceux qui ont affirmé qu'ils seront jugés, il y a: Abou Hafs Al-Barmaki *[un des compagnons de l'imam Ahmed]*, Abou Souleiman Ad-Dimachqi et Abou Talib. [1]

La vérité est que les mécréants seront jugés, interrogés et que leurs actes seront pesés. Cela est indiqué par de nombreux textes tels que les Paroles du Très-Haut (ﷻ):

---

[1] *Majmou'e El-Fatawa* d'Ibn-Taymiya, vol. 4, p. 305.

﴾Et le jour où Il les appellera, Il dira alors: où sont ceux que vous prétendiez être Mes associés?﴿ *[Coran 28: 62]*

﴾Et le jour où Il les appellera, et qu'Il dira alors: que répondiez-vous aux Messagers?﴿ *[Coran 28: 65]*

﴾Quant à celui dont les balances seront lourdes, il sera dans une vie agréable, et quant à celui dont les balances seront légères, sa mère (destination) sera un abîme très profond et qui te dira ce que c'est? C'est un feu ardent.﴿

[Coran 101: 6-11]

﴾Et ceux dont les balances seront légères seront ceux qui ont ruiné leurs propres âmes et ils demeureront éternellement en Enfer. Le feu brûlera leurs visages et ils auront les lèvres crispées: Mes versets ne vous étaient-ils pas récités, et vous les traitiez alors de mensonges?﴿ *[Coran 23: 103-105]*

Il n'y a aucun doute que ces textes visent les mécréants polythéistes. La raison pour laquelle on procédera à leur jugement et à la pesée de leurs actes - bien que ceux-ci soient vains et non acceptés - repose sur les points suivants:

1- Ceci, afin qu'une preuve contre eux soit fournie, et qu'apparaisse la Justice d'Allah (تعالى) envers eux. Nul n'aime plus qu'Allah (تعالى) que la preuve soit fournie. C'est Lui (تعالى) le Détenteur de la Justice entière. C'est pour cette raison qu'Il les interrogera, qu'Il les jugera et qu'Il leur montrera leurs feuillets où sont consignés leurs actes. La Balance fera apparaître leurs grands péchés et le caractère hideux de leurs actes:

﴾Au Jour de la Résurrection, Nous placerons les balances exactes. Pas âme qui soit lésée en rien, fût-ce du poids d'un grain de moutarde, que Nous ferons venir. Nous suffisons largement pour dresser les comptes.﴿ *[Coran 21: 47]*

﴾Et le livre sera déposé. Tu verras les scélérats saisis d'effroi par son libellé: malheur à nous! gémiront-ils. Qu'a donc ce livre à n'omettre de mentionner ni péché véniel, ni péché capital? Et ils trouveront devant eux tout ce qu'ils ont fait. Et ton Seigneur ne fait du tort à personne.﴿ *[Coran 18: 49]*

Qortobi a dit: le Créateur (ﷻ) interrogera les créatures dans la vie terrestre et dans l'Au-delà pour dresser les preuves et mettre en évidence la Sagesse. [2]

2- Allah (ﷻ) les jugera pour les blâmer et les réprimander. *Cheikh Al-Islam [Ibn-Taymiya]* a dit: on entend par compte l'exposition des actes des mécréants et les reproches portant sur eux. On entend aussi par compte la pesée des bonnes et des mauvaises actions. Si on donne au compte le premier sens, alors, il n'y a point de doute qu'ils seront jugés dans cette perspective. Mais si on lui donne le deuxième sens, alors la conséquence de ceci est que les mécréants conserveront leurs bonnes actions avec lesquelles ils pourraient obtenir le Paradis, or ceci est une erreur évidente! [3]

Ce compte désigne le reproche, la réprimande et le blâme mis en évidence dans de nombreux textes, comme dans les Paroles du Très-Haut (ﷻ):

﴾Si tu les voyais, quand ils comparaîtront devant leur Seigneur. Il leur dira: cela n'est-il pas la vérité? Ils diront: mais si! Par notre Seigneur! Et Il dira: goûtez alors au châtiment pour n'avoir pas cru!﴿ *[Coran 6: 30]*

﴾Ô communauté des djinns et des humains! Ne vous est-il pas venu des Messagers, choisis parmi vous, qui vous ont exposé Mes signes et avertis de la rencontre de ce jour? Ils diront: nous témoignons contre nous-mêmes. La vie présente les a trompés, et ils ont témoigné contre eux-mêmes qu'en vérité ils étaient mécréants.﴿ *[Coran 6: 130]*

---

[2] *At-Tadhkira* de Qortobi, p. 225.

[3] *Majmou'e El-Fatawa* de *cheikh Al-Islam*, vol. 4, p. 305.

﴿Et l'on exposera, aux errants, la Fournaise, et on leur dira: où sont ceux que vous adoriez?﴾ *[Coran 26: 91-92]*

﴿Et on dira: appelez vos associés! Ils les appelleront, mais ceux-ci ne leur répondront pas. Quand ils verront le châtiment, ils désireront alors avoir suivi le droit chemin.﴾ *[Coran 28: 64]*

Ibn Kathir a dit: quant aux mécréants, leurs actes seront pesés, même s'ils n'ont pas de bonnes actions qui puissent leur profiter, et on montrera leur mécréance afin de faire apparaître leur tristesse et de les démasquer devant toutes les créatures.[4]

3- Les mécréants sont chargés de suivre les bases de la *Chari'a*, tout comme ils sont chargés de suivre ses différentes branches. Ils seront donc interrogés sur les obligations qu'ils ont négligées et au sujet des points sur lesquels ils ont contredit la Vérité.

Qortobi a dit: il existe dans le Coran des indications claires qui montrent que les mécréants sont concernés par elles *[c'est-à-dire les branches de la* Chari'a*]* Ils ont des responsabilités vis-à-vis de la *Chari'a,* ils seront interrogés à ce sujet et ils seront sanctionnés pour tout manquement à son endroit. Allah le Très-Haut (ﷻ) dit:

﴿Et malheur aux polythéistes, qui ne s'acquittent pas de la *Zakate* et ne croient pas à l'Au-delà!﴾ *[Coran 41: 6-7]*

Allah (ﷻ) les a menacés de châtiment parce qu'ils ne se sont pas acquittés de la Zakate. En effet, Allah (ﷻ) a dit à propos des coupables:

﴿Qu'est-ce qui vous a acheminés à *Saqar [Enfer]*. Ils diront: nous n'étions pas de ceux qui faisaient la Prière, et nous ne nourrissions pas le pauvre, et nous nous associions à ceux qui tenaient des conversations futiles, et nous traitions de mensonge le Jour de la Rétribution.﴾ *[Coran 74: 42-46]*

---

4 *Nihaya* d'Ibn Kathir, vol. 2, p. 35

Il apparaît de façon évidente à travers ce passage que les idolâtres sont tenus d'avoir la foi et de croire à la Résurrection, d'accomplir la Prière et de s'acquitter de la *Zakate*. Ils seront donc interrogés, et rétribués pour cela, *conclut Qortobi.*[5]

4- Les mécréants diffèrent les uns des autres dans leur mécréance et leurs péchés. Ils seront établis en Enfer proportionnellement à l'ampleur de leurs péchés. L'Enfer a des degrés placés les uns sur les autres, tout comme le Paradis a des degrés placés les uns au-dessus des autres. Plus la mécréance et l'égarement de l'homme sont grands, plus le châtiment sera douloureux. Certains mécréants seront au plus profond degré de l'Enfer. Parmi eux, il y a les hypocrites:

> ﴿Les hypocrites seront, certes, au plus profond degré du Feu.﴾ *[Coran 4: 145]*

Ibn Taymiya a dit: le châtiment de celui dont les péchés sont nombreux est plus important que le châtiment de celui dont les péchés sont moindres. Celui qui a des bonnes actions, son châtiment sera allégé; ainsi le châtiment d'Abou Taleb sera plus léger que celui d'Abou Lahab. Le Compte a été instauré pour mettre en évidence les degrés du châtiment, et non pas pour que les mécréants entrent au Paradis.[6]

Qortobi expose, en ce qui concerne la pesée des actes des serviteurs, deux cas de figure:

1- On mettra, sur l'un des deux plateaux de la Balance, la mécréance et les mauvaises actions. Le mécréant ne trouvera pas une seule bonne action qu'on puisse déposer sur l'autre plateau; ainsi le plateau de la Balance où se trouveront les mauvaises actions l'emportera, étant donné que le plateau des bonnes actions sera vide.

---

5 *At-Tadhkira,* p. 309.

6 *Majmou'e El-Fatawa,* vol. 4, p. 305.

2- Les bonnes actions du mécréant - telles que le fait d'entretenir les liens de sang, de faire l'aumône, et d'octroyer aux gens une partie de ses biens afin qu'ils aient de quoi combler leurs besoins - seront posées sur le plateau de la Balance des bonnes actions, mais celui des mauvaises actions l'emportera, à cause de la mécréance et de l'idolâtrie (*chirk*).[7]

Le premier cas est vrai, car l'idolâtrie rend l'œuvre vaine:

﴾Si tu donnes des associés à Allah, ton œuvre sera, certes, vaine.﴿ *[Coran 39: 65]*

﴾Et ceux qui parmi vous abjureront leur religion et mourront infidèles, vaines seront leurs actions dans la vie terrestre et dans l'Au-Delà. Voilà les gens du feu: ils y resteront éternellement.﴿ *[Coran 2: 217]*

Nassa'i a rapporté d'après Abou Oumama (رضي الله عنه), que le Prophète (ﷺ) a dit: *«Allah n'accepte l'œuvre que si elle a été sincère et que, par son entremise, on a recherché Sa Face.»*[8]

Il est aussi rapporté selon une source authentique que le Messager d'Allah (ﷺ) a dit que le mécréant est nourri grâce à ses bonnes actions dans la vie d'ici bas, puis quand il arrivera au Jour de la Résurrection, il n'aura aucune bonne action. Dans le *Sahih* de Muslim et dans le *Musned* d'Ahmed, on a rapporté que le Messager d'Allah (ﷺ) a dit: *«Allah ne manquera pas de récompenser le croyant de sa bonne action: on le récompensera à travers elle dans la vie terrestre* - dans une autre variante: *il sera récompensé de celle-ci en recevant sa subsistance dans la vie terrestre -, et il en sera récompensé dans l'Au-Delà. Quant au mécréant, on lui donnera sa subsistance grâce aux bonnes actions qu'il a accomplies pour Allah*

---

7 *At-Tadhkira,* p. 312.

8 *Silsilate al-ahâdith assahiha,* n° 52.

dans la vie terrestre, puis quand il arrivera dans l'Au-delà, il ne sera rétribué d'aucune bonne action.» [9]

L'interpretation des Textes qui montrent que les mecreants ne seront pas interroges

Supposons que l'on nous dise: vous avez affirmé, précédemment, que les mécréants seront interrogés, qu'ils argumenteront, parleront et produiront des excuses pour leur plaidoirie. Que faites-vous donc des textes indiquant le contraire, comme les Paroles du Très-Haut (ﷻ):

﴾Et les criminels ne seront pas interrogés sur leurs péchés.﴿ *[Coran 28: 78]*

﴾Alors, ni aux hommes, ni aux djinns, on ne posera des questions à propos de leurs péchés.﴿ *[Coran 55: 39]*

﴾Ce sera le jour où ils ne parleront pas, et point ne leur sera donné permission de s'excuser.﴿ *[Coran 77: 35-36]*

Et bien d'autres textes dans ce sens...

Nous répondons qu'il n'y a aucune contradiction entre ces textes-ci et ce qui a été précédemment cité. Les gens de Science ont mis en accord cela, en présentant diverses hypothèses:

1- Les mécréants ne seront pas soumis à des questions apaisantes et commodes, mais seulement à des questions entraînant blâmes et reproches: «Pourquoi avez-vous fait ceci ou cela?» [10]

C'est ce qui se produira lors de leurs entretiens et de leurs plaidoyers, c'est-à-dire qu'Allah (ﷻ) ne s'entretiendra pas avec eux d'une manière qu'ils apprécieront, mais Il s'adressera à eux pour les blâmer et leur faire des reproches. [11]

---

[9] *Silsilate al-ahâdith assahiha,* vol. 1, p. 82, n° 53.

[10] *At-Tadhkira* de Qortobi, p. 286.

[11] *Idem,* p. 287.

2- Ils ne seront pas soumis à de véritables interrogatoires - car Allah le Très-Haut (سبحانه وتعالى) est parfaitement informé de leurs actes - mais ils seront seulement tenus de répondre à des questions qui confirmeront ce qui est inscrit sur leur compte: «Pourquoi avez-vous fait cela?» Al-Hassan et Qutada ont dit: on ne les interrogera pas au sujet de leurs péchés, car Allah (سبحانه وتعالى) en a connaissance et que les Anges les ont enregistrés. [12]

3- Ils seront interrogés, le Jour de la Résurrection, «en un lieu différent du lieu où ils se tiendront debout».

Qortobi a dit: la Résurrection a plusieurs lieux: un où se dérouleront l'interrogatoire et l'entretien, un autre où il n'y aura rien... [13]

Safaarini a dit: on a dit qu'ils seront interrogés «en un lieu différent du lieu où ils se tiendront debout».

Ceci a été rapporté par 'Ikrima d'après Ibn Abbas (رضي الله عنه)... à savoir que les gens se trouveront dans plusieurs situations le Jour de la Résurrection. Les versets sont mentionnés en fonction de ces situations. C'est pourquoi l'imam Ahmed a dit: «Le premier état dans lequel les créatures seront ressuscitées sera le suivant: elles ne parleront pas pendant une durée équivalente à soixante années, et permission ne leur sera point donnée de s'excuser. Ce n'est que plus tard qu'il leur sera permis de parler, alors elles parleront. Telle est la Parole du Très-Haut (سبحانه وتعالى):

> ﴿Notre Seigneur, nous avons vu et entendu, renvoie-nous donc *[sur terre]* afin que nous puissions faire du bien.﴾ [14]
>
> *[Coran 32: 12]*

---

[12] *Lawami'e El-Anwar El-Bahiya* de Safaarini, vol. 2, p. 174.

[13] *At-Tadhkira,* p. 286.

[14] *Lawami'e El-Anwar El-Bahiya*, vol. 2, p. 174.

Quand on leur permettra de parler, ils parleront et se disputeront, d'où la Parole du Très-Haut (ﷻ):

﴿Ensuite, au Jour de la Résurrection, vous vous disputerez auprès de votre Seigneur.﴾ *[Coran 39: 31]*

Au moment du Compte et de la restitution des droits des opprimés, puis on leur dira:

﴿*[Allah]* dira: ne vous disputez pas devant Moi, alors que Je vous ai déjà fait part de la Menace.﴾ *[Coran 50: 28]*

C'est-à-dire la vie terrestre. Le châtiment par cette parole, aura donc lieu. [15]

4- Qortobi a dit que le verset suivant du Très-Haut (ﷻ):

﴿Et les criminels ne seront pas interrogés sur leurs péchés﴾ *[Coran 28: 78],*

veut dire que c'est une question de reconnaissance, afin de distinguer les croyants des mécréants, c'est-à-dire que les Anges n'auront nul besoin de demander à quelqu'un, le Jour de la Résurrection: «Quelle était ta religion?» ou «que faisais-tu dans la vie terrestre?», pour que leur soit montré si la personne est croyante ou mécréante. En effet, les croyants auront les visages resplendissants et les poitrines épanouies, tandis que les idolâtres auront les visages noirs et seront ternes du fait de leur tristesse. Lorsque les Anges seront chargés d'emmener les coupables en Enfer et de les distinguer dans l'Emplacement, il leur suffira seulement de les regarder afin d'être informés de leurs religions... [16]

---

[15] *Ibid.*

[16] *At-Tadhkira* de Qortobi, p. 287.

SECTION 3

LES BASES SUR LESQUELLES LES SERVITEURS SERONT JUGES

Si Allah (ﷻ) châtiait toutes Ses créatures, Il ne serait pas injuste envers elles, car ils sont Ses serviteurs et Son royaume. Le Roi (ﷻ) se comporte, dans Son Royaume, comme Il le désire. Or, Allah le Véridique (ﷻ) jugera Ses serviteurs d'un Jugement juste et sans précédent pour les serviteurs. Notre Seigneur (ﷻ) nous a exposé, dans de nombreux textes, les bases sur lesquelles le jugement reposera ce jour-là. Nous allons citer ceux que nous connaissons:

1- La Justice totale d'Allah (ﷻ) ne sera pas entachée d'injustice:

Allah le Véridique (ﷻ) rétribuera totalement Ses serviteurs, le Jour de la Résurrection. Aucune âme ne sera lésée, fût-ce du poids d'un grain de moutarde:

﴾Alors chaque âme sera pleinement rétribuée de ce qu'elle aura acquis, et ils ne seront point lésés.﴿ *[Coran 2: 281]*

Loqman en s'adressant à son fils, en lui donnant des recommandations et en lui faisant connaître la Justice d'Allah, a dit:

﴾Ô mon enfant! Fût-ce le poids d'un grain de moutarde, au fond d'un rocher ou dans les cieux ou dans la terre, Allah le fera venir. Allah est infiniment Doux et Parfaitement Connaisseur.﴿ *[Coran 31: 16]*

Allah (ﷻ), à différents endroits du Coran, dit:

﴾Certes, Allah ne lèse *[personne]*, fût-ce du poids d'un atome.﴿ *[Coran 4: 40]*

﴾Mais la vie future est meilleure pour quiconque est pieux. Et on ne vous lésera pas, fût-ce d'un brin de noyau de datte.﴿ *[Coran 4: 77]*

﴿Et quiconque, homme ou femme, fait de bonnes œuvres, tout en étant croyant, les voilà ceux qui entreront au Paradis. Et on ne leur fera aucune injustice, fût-ce d'un creux de noyau de datte.﴾ *[Coran 4: 124]*

﴿Quiconque fait du bien, fût-ce du poids d'un atome, le verra. Et quiconque fait un mal, fût-ce du poids d'un atome, le verra.﴾ *[Coran 99: 7-8]*

Allah (ﷻ) annonce ainsi dans ces textes que chaque serviteur sera rétribué selon son œuvre, et rien n'en sera négligé, ni diminué, fût-ce du poids d'un atome ou du poids d'un brin de noyau de datte ou d'un creux de noyau de datte.

2- Nul ne sera châtié pour les péchés d'un autre

La règle du Compte et de la Rétribution - qui représente la valeur même et le plus haut degré de la Justice - consiste en ce qu'Allah (ﷻ) rétribuera les serviteurs selon leurs œuvres: si elles sont bonnes, l'homme en sera rétribué en bien, et si elles sont mauvaises, il en sera rétribué en mal. Allah (ﷻ) ne fera pas porter à quelqu'un le fardeau d'autrui, comme le Très-Haut (ﷻ) l'a cité:

﴿Chacun n'acquiert *[le mal]* qu'à son détriment, et personne ne portera le fardeau d'autrui. Puis, vers votre Seigneur, sera votre retour, et Il vous informera de ce en quoi vous divergiez.﴾ *[Coran 6: 164]*

Telle est cette Justice qui ne sera jamais égalée. Quant à celui qui est bien guidé, il récoltera les fruits de sa guidance, et quant à celui qui s'égare, il ne s'égare qu'à son propre détriment:

﴿Quiconque prend le droit chemin, ne le prend que pour lui-même. Et quiconque s'égare, ne s'égare qu'à son propre détriment. Et nul ne portera le fardeau d'autrui. Et nous n'avons jamais puni *[un peuple]* avant de *[lui]* avoir envoyé un Messager.﴾ *[Coran 17: 15]*

Cette règle très importante est l'une des législations que les Messagers célestes, tous sans exception, ont transmises. Le Très-Haut (ﷻ) dit:

﴾Ne lui a-t-on pas annoncé ce qu'il y avait dans les feuilles de Moïse. Et celles d'Abraham, qui a parfaitement tenu *[sa promesse]* de transmettre: qu'aucune *[âme]* ne portera le fardeau d'autrui, et qu'en vérité, l'homme n'obtient que *[le fruit]* de ses efforts, et que son effort, en vérité, lui sera présenté. Ensuite il en sera pleinement récompensé.﴿

[Coran 53: 36-41]

Qortobi dit en ce qui concerne l'exégèse de la Parole du Très-Haut (ﷻ):

﴾Et personne ne portera le fardeau d'autrui﴿ *[Coran 6: 164]:*

c'est-à-dire qu'aucun ne portera le fardeau d'un autre, et qu'aucune âme ne sera blâmée pour le péché d'une autre. Chaque âme sera plutôt blâmée pour son infraction et punie pour son péché. Le fardeau désigne la charge, comme dans les paroles du Très-Haut (ﷻ):

﴾Et ne t'avons-Nous pas déchargé du fardeau.﴿ *[Coran 94: 2]*

Le mot fardeau désigne le péché... Le verset a été révélé à propos de Walid Ibn Al-Moughira qui disait: suivez mon chemin, je porterai vos fardeaux. Propos cités par Ibn Abbas (رضي الله عنه).

Aussi a-t-on dit que ce verset a été révélé pour réfuter les propos des Arabes de la Période préislamique qui affirmaient que l'homme sera châtié pour les péchés de son père, de son fils et de son allié. [17]

Ceux qui porteront des fardeaux en plus de leurs propres fardeaux: certains savants contredisent ce que nous avons cité précédemment, à savoir que l'homme ne portera rien du fardeau des autres, en citant les paroles du Très-Haut (ﷻ):

---

[17] *Tafsir* de Qortobi, vol. 4, p. 157.

﴾Et très certainement, ils porteront leurs fardeaux, et d'autres fardeaux en plus de leurs propres fardeaux.﴿ *[Coran 29: 13]*

﴾... Ainsi qu'une partie des fardeaux de ceux qu'ils égarent, par manque de savoir.﴿ *[Coran 16: 25]*

En réalité, ces passages concordent tout à fait avec notre position, et il n'y a aucune contradiction. Ces textes indiquent que l'homme portera ses péchés, mais aussi ceux des gens qu'il a égarés par ses propos et ses actes, tout comme les prêcheurs de la bonne guidance obtiendront la récompense de ce qu'ils ont fait et, en outre, la même récompense que ceux qui ont été guidés par leur biais, en ayant profité de leur savoir. Dans le cas des pécheurs, le fait qu'ils aient égaré d'autres qu'eux-mêmes constitue donc un de leurs propres péchés, et ils seront punis pour cela.

3- La prise de connaissance par les serviteurs de ce qu'ils ont accompli comme acte

L'équité et la justice d'Allah (ﷻ) envers Ses serviteurs font qu'Il porte à leur connaissance ce qu'ils ont accompli comme bonnes et mauvaises actions, afin qu'ils se jugent eux-mêmes et afin qu'ils n'aient plus aucune excuse après cela. Le Très-Haut (ﷻ) dit:

﴾C'est vers Allah que vous retournerez tous, alors Il vous informera de ce que vous faisiez.﴿ *[Coran 5: 105]*

﴾Le jour où chaque âme se trouvera confrontée avec ce qu'elle aura fait de bien et ce qu'elle aura fait de mal, elle souhaitera qu'il y ait, entre ce mal et elle, une longue distance.﴿ *[Coran 3: 30]*

﴾Toute âme saura, alors, ce qu'elle a accompli et ce qu'elle a remis à plus tard.﴿ *[Coran 82: 5]*

﴾Et ils trouveront devant eux tout ce qu'ils ont fait. Et ton Seigneur ne fait du tort à personne.﴿ *[Coran 18: 49]*

Les serviteurs prendront connaissance de ce qu'ils ont accompli à travers la remise et la lecture de leurs feuillets où sont consignés leurs actes. Notre Seigneur (ﷻ) nous a appris qu'Il a chargé deux Anges d'inscrire les bonnes et les mauvaises actions pour chaque homme. Quand l'homme mourra, son livre sera scellé et on le lui remettra le Jour de la Résurrection. On lui dira: ''Lis ton livre, tu te suffis comme ton propre comptable!'' Allah le Très-Haut (ﷻ) dit:

﴾Et au cou de chaque homme, Nous avons attaché son œuvre. Et au Jour de la Résurrection, nous lui sortirons un écrit qu'il trouvera déroulé. Lis ton écrit! Aujourd'hui tu te suffis comme ton propre comptable.﴿ *[Coran 17: 13-14]*

Cet écrit englobe toutes les œuvres, grandes et petites:

﴾Et le livre sera déposé. Tu verras les scélérats saisis d'effroi par son libellé: malheur à nous! gémiront-ils. Qu'a donc ce livre à n'omettre de mentionner ni péché véniel, ni péché capital? Et ils trouveront devant eux tout ce qu'ils ont fait. Et ton Seigneur ne fait du tort à personne.﴿ *[Coran 18: 49]*

4- La Multiplication des bonnes œuvres et non des mauvaises

Les bonnes actions seront multipliées, par la Miséricorde d'Allah (ﷻ):

﴾Si vous faites à Allah un prêt sincère, Il le multipliera pour vous, et Il vous pardonnera.﴿ *[Coran 64: 17]*

Au minimum, la bonne action sera multipliée par dix:

﴾Une bonne action sera payée au décuple à qui l'aura à son actif.﴿ *[Coran 6: 160]*

Quant à la mauvaise action, elle ne sera rétribuée que par son équivalent:

﴾...Tandis qu'un châtiment équivalent frappera tout acte pervers.﴿ *[Coran 6: 160]*

Telle est l'exigence de Sa Justice (ﷻ).

Al-Hâkim, dans son *Moustadrak* et Ahmed dans son *Musned* ont rapporté selon une chaîne de transmission bonne, qu'Abou Dherr (ﷺ) a dit: le ''véridique déclaré véridique'' (ﷺ) nous a dit de par ce qu'il rapporte de son Seigneur (ﷻ) que: «*La bonne action sera rétribuée dix fois son équivalent ou J'en rajouterai, et La mauvaise action, d'une seule, ou Je la pardonnerai. Si tu Me rencontres avec l'équivalent du contenu de la terre en péchés sans M'avoir rien associé, Je te rencontrerai avec l'équivalent de son contenu en pardon.*» [18]

Le Messager d'Allah (ﷺ) nous a informés que la lecture du Coran fait partie des actes dont la récompense sera multipliée dix fois. Dans le Hadith rapporté par Tirmidhi et Darimi, selon une chaîne de transmission authentique d'après Ibn Massoud (رضي الله عنه), le Messager d'Allah (ﷺ) a dit: «*Celui qui lit une lettre* [d'alphabet] *du Livre d'Allah, sera récompensé par une bonne action. Et la bonne action sera rétribuée dix fois son équivalent. Je ne dis pas que* (آلم) = (alif-lam-mim) *est une lettre, mais je dis que* (alif = أ) *est une lettre*, (lam = ل) *est une lettre et* (mim = م) *est une lettre.*» Tirmidhi a dit: ce Hadith est bon, authentique et sa chaîne de transmission est étrange. [19]

Notre Messager (ﷺ) nous a aussi informés que la récompense du rappel et de l'évocation d'Allah (*dhikr*) sera multipliée dix fois. Dans les *Sunan* de Tirmidhi, dans celles de Nassa'i, et dans celles d'Abou Daoud, on a rapporté d'après Abdallah Ibn 'Amr Ibn Al-'As (رضي الله عنه), que le Messager d'Allah (ﷺ) a dit: «*Il n'y a pas un homme musulman qui soit assidu à deux pratiques, sans qu'il entre au Paradis. Elles sont aisées et leur pratique représente peu: glorifier Allah dix fois, Le louer dix fois, proclamer Sa Grandeur dix fois, après chaque prière obligatoire.*» 'Amr (رضي الله عنه) a dit: j'ai vu le Messager d'Allah (ﷺ) les

---

[18] *Silsilate al-ahâdith assahiha*, n° 128.

[19] *Sahih Sunan At-Tirmidhi*, n° 2327 et *Silsilate al-ahâdith assahiha*, n° 660.

dénombrer sur les phalanges de ses doigts, puis il a dit: *«Ceci équivaut à le dire cent cinquante fois avec la langue et équivaut à mille cinq cents dans la Balance. Puis, lorsque tu vas au lit, glorifie-Le, proclame Sa Grandeur et loue-Le cent fois. Ceci équivaut à le dire cent fois avec la langue et à mille dans la Balance. Qui d'entre vous* [ne pourrait pas être assidu à pratiquer ces deux qualités qui équivalent à deux mille cinq cents bonnes actions pour ôter] *deux mille cinq cents péchés en un jour et une nuit?»* Ils ont dit: comment ne pourrait-on pas être assidu dans ces deux pratiques! Le Prophète (ﷺ) a dit: *«Le diable se présente à l'un d'entre vous pendant sa prière et lui dit: rappelle-toi ceci, rappelle-toi cela, jusqu'à ce qu'il quitte sa prière et se peut-il qu'il n'évoque Allah. Puis, il vient vers lui quand il est dans son lit, et ne cesse de l'endormir jusqu'à ce qu'il dorme* [sans évoquer Allah].»[20]

Dans une variante d'Abou Daoud, on a rapporté, après sa première parole, «dans la Balance», que le Prophète (ﷺ) a dit: *«Il proclame Sa Grandeur trente-quatre fois quand il va au lit, Le loue trente-trois fois et Le glorifie trente-trois fois. Cela équivaut à le dire cent fois avec la langue et à mille dans la Balance.»* Il a dit: j'ai certes vu le Messager d'Allah (ﷺ) les dénombrer sur les phalanges de ses doigts. Ils ont dit: ô Messager d'Allah! Comment *[ne pourrait-on pas y être assidu]* alors que ces deux qualités sont aisées et leur pratique représente peu? Le Prophète (ﷺ) a répondu: *«Le diable vient vers l'un d'entre vous dans son lit et il l'endort avant qu'il ne les ait prononcées. Puis, il vient vers lui pendant sa prière et lui rappelle son affaire avant qu'il ne les ait prononcées.»* [21]

Notre Messager (ﷺ) nous a rapporté, dans le Hadith du Voyage Nocturne rapporté par Boukhari et d'autres, son va-et-vient entre son Seigneur (ﷻ) et Moïse, où Moïse lui indiquait chaque fois de

---

[20] Rapporté par Tirmidhi et Nassa'i.

[21] *Jami'e El-Ossole,* vol. 4, p. 372, n° 2418. Voir également *Sahih Sunan Tirmidhi,* n° 2714.

retourner vers son Seigneur (ﷻ) afin qu'Il lui allège la Prière, jusqu'à ce qu'elle ait été réduite de cinquante à cinq *[prières par jour].* A la fin, le Prophète (ﷺ) a dit: *«Le Contraignant (ﷻ) a dit: ''La parole ne change pas, conformément à ce que Je t'ai prescrit dans l'Ecriture-Mère: chaque bonne action équivaut à dix fois son équivalent. Les prières sont de cinquante dans l'Ecriture-Mère, et elles sont de cinq pour toi''. Puis, le Prophète (ﷺ) est retourné vers Moïse qui a dit: comment as-tu fait? Il (ﷺ) a répondu: ''Il nous a allégé* [le travail]*: il nous a donné pour chaque bonne action dix fois son équivalent.»*

Il se peut aussi qu'Allah (ﷻ) multiplie la bonne action encore plus que cela. Cette multiplication peut aller jusqu'à sept cents fois et encore plus. C'est notamment le cas de la récompense de celui qui dépense dans le chemin d'Allah (ﷻ) Allah le Très-Haut (ﷻ) dit:

> ﴾Ceux qui dépensent leurs biens dans le chemin d'Allah, ressemblent à un grain d'où naissent sept épis, à cent grains l'épi. Car Allah multiplie la récompense à qui Il veut et la Science d'Allah est immense.﴿ *[Coran 2: 261]*

Ibn Kathir a dit: ''C'est une grâce qu'Allah (ﷻ) a exprimée sous forme de parabole à propos de la multiplication de la récompense de celui qui dépense dans Son chemin et qui recherche Son agrément. Ce qui signifie que la bonne action peut être multipliée de dix à sept cents fois. Allah (ﷻ) dit: ﴾Ceux qui dépensent leurs biens dans le chemin d'Allah﴿.

Saïd Ibn Joubeir (رضي الله عنه) a dit: c'est-à-dire: dans l'obéissance à Allah (ﷻ). Mak'houl a dit: c'est-à-dire la dépense dans Son chemin: pour l'équipement de la cavalerie, la préparation comme armes pour lutter... Et Ibn Abbas (رضي الله عنه) a dit: «C'est-à-dire le dirham dépensé dans le chemin d'Allah et pour le pèlerinage, est multiplié jusqu'à sept cents fois.» [22]

---

[22] *Tafsir* d'Ibn Kathir, vol. 1, p. 561.

Ibn Kathir a cité, en ce qui concerne l'exégèse de ce verset, le Hadith rapporté par Muslim, Nassa'i et Ahmed d'après Abdallah Ibn Massoud (ﷺ) qui a dit: un homme a fait aumône d'une chamelle muselée dans le chemin d'Allah. Le Messager d'Allah (ﷺ) a dit: *«Tu viendras certainement, le Jour de la Résurrection, avec sept cents chamelles muselées.»* Cette variante-ci est celle qu'ont rapportée Ahmed et Nassa'i.

Dans la variante que Muslim a rapportée, il est dit: un homme est venu avec une chamelle muselée et a dit: ô Messager d'Allah! Ceci est pour la cause d'Allah. Alors le Prophète (ﷺ) a dit: *«Tu en seras rétribué, le Jour de la Résurrection, par sept cents chamelles.»* [23]

Parmi les bonnes actions qui seront multipliées d'un nombre de fois incalculable et que nul ne peut dénombrer à part Celui qui les rétribuera, se trouve le jeûne. Dans le Hadith rapporté par Boukhari, Muslim et Ahmed d'après Abou Houraïra (ﷺ), le Prophète (ﷺ) a dit: *«Chaque récompense des bonnes actions accomplies par le 'fils' d'Adam est multipliée de dix jusqu'à sept cents fois. Allah le Très-Haut a dit: ''Sauf le jeûne qui M'appartient* [24], et c'est Moi qui en donnerai la récompense''.» [25]

La récompense sera donnée au jeûneur sans compter, estimation parce que le jeûne fait partie de la patience. Et les gens endurants seront pleinement rétribués sans jugement. Allah le Très-Haut (ﷻ) dit:

> ﴾Les *[gens]* endurants auront leur pleine récompense, sans compter.﴿ *[Coran 39: 10]*

---

[23] *Tafsir* d'Ibn Kathir, vol. 1, p. 562.

[24] C'est-à-dire: le jeûne est une adoration secrète entre Moi et mon serviteur qui l'accomplit sincèrement pour Mon Visage, et dont les serviteurs n'ont aucune connaissance: Moi seul suis le plus savant de la récompense que cette adoration exige. [*Trad.*]

[25] *Michkatou El-Massabih,* vol. 1, p. 613, nº 1959.

Qortobi a dit: les gens de Science ont dit: chaque récompense sera mesurée et pesée, sauf le jeûne, car sa récompense est inestimable, comme le nombre de poignées de sable pour celui qui veut récolter tout le sable d'un désert, et comme le nombre de poignées d'eau pour celui qui veut puiser toute l'eau de la mer.[26]

Fait partie de l'endurance dans les malheurs de la vie ici-bas, ses tristesses et ses angoisses avec lesquels Allah (ﷻ) éprouve Ses serviteurs¤

> ﴿Très certainement, Nous vous éprouverons par un peu de peur, de faim, et de diminution de biens, de personnes et de fruits. Et fais la bonne annonce aux [gens] endurants, qui disent, quand un malheur les atteint: certes, nous sommes à Allah, et c'est à Lui que nous retournerons. Ceux-là auront pour lot miséricorde et bénédiction de leur Seigneur, et ils auront suivi le droit chemin.﴾ *[Coran 2:155-157]*

Lorsque les gens qui, dans le bas monde, se trouvaient dans le bienfait et le bien-être, verront l'immense récompense des gens endurants dans l'Au-delà, ils souhaiteront que leurs peaux eussent été transpercées par des instruments acérés, afin d'obtenir la récompense des gens endurants. Dans les *Sunan* de Tirmidhi, on a rapporté, d'après Jabir (رضي الله عنه) et dans le *Mou'jame* de Tabarani d'après Ibn Abbas (رضي الله عنه), selon une chaîne de transmission bonne, que le Messager d'Allah (ﷺ) a dit: *«Ceux qui jouissaient du bien-être, le Jour de la Résurrection aimeront certainement avoir eu leurs peaux transpercées par des instruments acérés, à cause de ce qu'ils verront de la récompense des gens qui ont subi des épreuves.»* [27]

Par les grâces d'Allah (ﷻ) il y a le fait que, pour le croyant qui a l'intention d'entreprendre une bonne action et qui n'y parvient pas, elle lui sera comptée entièrement comme une bonne action. Quant à

---

[26] *Tafsir* de Qortobi, vol. 15, p. 240.

[27] *Sahih El-Jami'e El-Saghir,* vol. 5, p. 111, nº 5360.

celui qui a l'intention d'entreprendre une mauvaise action, puis ressentant la crainte d'Allah (ﷻ), délaisse cette mauvaise action, cela lui sera compté entièrement comme une bonne action.

Dans le *Sahih* de Boukhari, d'après Ibn Abbas (رضي الله عنه), on a rapporté que le Prophète (ﷺ) a rapporté de son Seigneur (ﷻ): *«Allah a écrit les bonnes et les mauvaises actions, puis Il les a définies: celui qui a l'intention d'entreprendre une bonne action et qui ne la réalise pas, Allah la lui comptera, auprès de Lui, comme une entière bonne action. Et s'il a l'intention d'entreprendre une bonne action et qu'il l'accomplit, Allah la lui comptera, auprès de Lui, dix bonnes actions, jusqu'à sept cents fois ou encore plus. Et celui qui a l'intention d'entreprendre une mauvaise action, et qu'il ne l'accomplit pas, Allah la lui comptera comme une entière bonne action. Et s'il a l'intention de l'entreprendre, et qu'il l'accomplit, alors Allah la lui comptera comme une seule mauvaise action.»* [28]

La transformation des mauvaises actions en bonnes

La Grâce et la Miséricorde d'Allah (ﷻ) atteindront Ses serviteurs par le changement des mauvaises actions en bonnes actions. Dans le Hadith rapporté dans le *Sahih* de Muslim d'après Abou Dherr (رضي الله عنه), le Messager d'Allah (ﷺ) a dit: *«Je connais certes le dernier des gens du Paradis qui y entrera, et le dernier des gens de l'Enfer qui en sortira. C'est un homme que l'on fera venir le Jour de la Résurrection, à qui l'on dira: exposez-lui ses petits péchés. Alors, on lui dira: tu as fait en ce jour ceci, cela et tu as fait en ce jour ceci, cela, ceci, cela. Il en attestera et ne pourra le renier. Puis, il craindra que ne lui soient exposés ses grands péchés. On lui dira: tu as à la place de chaque mauvaise action, une bonne action. Il dira: ô mon*

---

[28] *Sahih* de Boukhari, livre des *Riqaq,* chapitre de celui qui a l'intention d'entreprendre une bonne ou une mauvaise action. *Fat'hou El-Bâri,* vol. 11, p. 323.

Seigneur! J'ai fait des choses que je ne vois pas ici! Abou Dherr (ﷺ) a dit: *j'ai certes vu le Messager d'Allah (ﷺ) rire, au point qu'apparaissent ses molaires.»* [29]

5- La comparution des témoins contre les mécréants et les hypocrites

Le jour du Retour, le plus grand Témoin contre les serviteurs sera leur Seigneur Créateur (ﷻ): celui à qui rien ne se cache de leurs situations. Allah le Très-Haut (ﷻ) dit:

﴿Vous n'accomplirez aucun acte sans que Nous soyons Témoin au moment où vous l'entreprendrez.﴾ *[Coran 10: 61]*

﴿Car Allah, en vérité, est Témoin de tout.﴾ *[Coran 4: 33]*

Allah (ﷻ) aime que la preuve soit fournie à Ses créatures. Il suscitera donc, parmi Ses créatures, des témoins contre les menteurs et renégats, jusqu'à ce qu'ils n'aient plus aucune excuse. Plus d'un verset évoquent les témoins qui témoigneront contre les serviteurs, comme l'attestent les Paroles du Très-Haut (ﷻ):

﴿Nous secourons, certes, Nos Messagers et ceux qui croient, dans la vie terrestre tout comme au Jour où les témoins se dresseront.﴾ *[Coran 40: 51]*

﴿Et l'on fera venir les Prophètes et les témoins.﴾ *[Coran 39: 69]*

Les premières personnes qui témoigneront contre les communautés seront leurs Messagers. Chaque Messager témoignera qu'il a transmis le Message à sa communauté:

﴿Comment seront-ils quand Nous ferons venir de chaque communauté un témoin, et que Nous te ferons venir comme témoin contre ces gens-ci?﴾ *[Coran 4: 41]*

---

[29] *Sahih* de Muslim, vol. 1, p. 177, nº 190.

﴾Et le Jour où dans chaque communauté, Nous susciterons parmi eux-mêmes un témoin contre eux, et Nous t'amènerons comme témoin contre ceux-ci.﴿ *[Coran 16: 89]*

La Parole d'Allah: ﴾Parmi eux-mêmes, un témoin contre eux﴿ désigne les Messagers, car chaque Messager est issu de la communauté à laquelle il a été envoyé, comme Allah le Très-Haut (ﷻ) dit:

﴾Certes un Messager pris parmi vous est venu à vous.﴿ *[Coran 9: 128]*

﴾Nous ferons sortir de chaque communauté un témoin, puis Nous dirons: apportez votre preuve décisive.﴿ *[Coran 28: 75]*

Autant ils témoigneront qu'ils ont transmis le Message Divin à leurs communautés, autant ils témoigneront du rejet que celles-ci ont manifesté:

﴾Le Jour où Allah rassemblera les Messagers, Il dira alors: que vous a-t-on donné comme réponse? Ils diront: nous n'avons aucun savoir, c'est Toi, vraiment, le Grand connaisseur de tout ce qui est inconnu.﴿ *[Coran 5: 109]*

﴾Nous interrogerons ceux vers qui furent envoyés des Messagers et Nous interrogerons aussi les Messagers. Nous leur raconterons en toute connaissance *[ce qu'ils faisaient]*, car Nous n'étions pas absents!﴿ *[Coran 7: 6-7]*

Ibn Kathir a dit en ce qui concerne l'interprétation du verset 109 de la sourate 5: ce verset est une annonce de ce qu'Allah (ﷻ) demandera à Ses Messagers, le Jour de la Résurrection, au sujet de la réponse qu'ils ont faite aux communautés pour lesquelles ils ont été envoyés...

Quant à la parole des Messagers ﴾Nous n'avons aucun savoir﴿, Moudjahid, Al-Hassan Al-Basri et As-Suddi ont dit: ''Ils diront cela à cause de la frayeur de ce jour.''

Et Ibn Abbas (ﷺ) a dit: «C'est-à-dire: nous n'avons aucun savoir, et Ta science est plus grande que la nôtre. Ceci a été rapporté par Ibn Jarir qui a opté pour cette interprétation. Il n'y a point de doute que c'est une bonne parole. Elle montre l'allégeance des Prophètes envers Allah (ﷻ), c'est-à-dire: ''Nous n'avons aucun savoir par rapport à Ta science qui entoure toute chose. Puis, même si l'on nous a répondu - et avec une telle réponse connue - nous ne connaissons, de certains d'entre eux seulement, que ce qu'ils manifestaient ouvertement, sans connaître ce qu'ils dissimulaient en eux. Or, Toi, Tu es l'Omniscient et Celui qui a parfaitement connaissance de toute chose. Notre savoir par rapport à Ta science, ne représente rien.'' [30]

Puis les communautés nieront les propos de leurs Messagers, et chacune dira qu'aucun avertisseur ne lui est parvenu. Alors, viendra cette Communauté - la communauté de Mohammed (ﷺ) - qui témoignera que les Messagers ont transmis, comme Allah le Très-Haut (ﷻ) dit:

> ﴾Et aussi Nous avons fait, de vous, une communauté médiane afin que vous soyez des témoins pour les hommes, et que le Messager soit un témoin pour vous.﴿ [31]
>
> *[Coran 2: 143]*

Boukhari a rapporté, dans son *Sahih*, dans le chapitre de l'exégèse du Coran, le Hadith d'Abou Saïd Al-Khoudri (ﷺ) disant le Messager d'Allah (ﷺ) a dit: *«On appellera Noé le Jour de la Résurrection et il dira: je suis à Ton service, ô Seigneur! Allah dira: ''As-tu transmis?'' Noé dira: oui. On dira à sa communauté: vous a-t-il transmis? Ils répondront: il ne nous est pas parvenu d'avertisseur. Alors Allah dira à Noé: ''Qui peut témoigner en ta faveur?'' Noé répondra: Mohammed et sa communauté. Alors ils*

---

[30] *Tafsir* d'Ibn Kathir, vol. 2, p. 676.

[31] *Sahih* de Boukhari, nº 4487.

témoigneront qu'il a bien transmis. Et le Messager sera témoin contre vous: telle est la parole d'Allah (ﷻ): ﴿Et aussi Nous avons fait, de vous, une communauté médiane afin que vous soyez des témoins pour les hommes, et que le Messager soit un témoin pour vous﴾.»

Ibn Hajar a déclaré que le Hadith a été rapporté par Ahmed, Nassa'i et Ibn Majah, dans les propos suivants: *«Le Jour de la Résurrection, on fera venir un prophète accompagné d'un homme, on fera venir un prophète accompagné de deux hommes, et on fera venir un prophète accompagné d'un nombre de personnes plus important. On leur dira: celui-ci vous a-t-il transmis? Ils diront: non. On dira au prophète: leur as-tu transmis? Il dira: oui. On lui dira: qui peut témoigner en ta faveur?...»*

Ibn Hajar a aussi rapporté, dans certaines variantes, le Hadith avec le rajout suivant: *«et on dira: quel est votre savoir* [là-dessus]*? Ils* [la communauté de Mohammed (ﷺ)] *diront: notre Prophète nous a informés que les Messagers ont transmis, et nous l'avons déclaré véridique.»* [32]

Parmi les témoins, il y aura la terre, les jours et les nuits. Ils témoigneront de ce qui s'est passé. L'argent témoignera pour ou contre son possesseur. Qortobi, dans son livre *At-Tadhkira*, a consacré un chapitre à ce sujet.

Il y a cité le Hadith rapporté par Tirmidhi d'après Abou Houraïra (رضي الله عنه), qui relate que le Messager d'Allah (ﷺ) a récité ce verset:

﴿Ce jour-là, elle [la Terre] *contera son histoire*﴾

[Coran 99: 4]

Puis, le Prophète (ﷺ) a dit: *«Savez-vous quelle est son histoire?»* Les Compagnons ont dit: Allah et Son Messager savent mieux! Il a alors

[32] *Fat'hou El-Bâri,* vol. 8, p. 172. Voir ces Hadiths dans *Silsilate al-ahâdith assahiha,* nº 2448.

dit: *«Son histoire est qu'elle témoignera contre chaque serviteur, homme ou femme, de ce qu'il y a perpétré. Elle dira: il a commis telle chose ce jour, cela, cela et cela. Telle est son histoire.»* Tirmidhi a dit: ce Hadith est bon, authentique et étrange.[33]

Les Anges du Miséricordieux qui consignaient ses bonnes et mauvaises actions témoigneront aussi contre le serviteur. Comme le Très-Haut (ﷻ) a dit:

> ﴾Alors chaque âme viendra, accompagnée d'un conducteur et d'un témoin.﴿ *[Coran 50: 21]*

Sâ'iq (conducteur) et *Chahîd* (témoin) sont les deux Anges qui étaient chargés de cette âme. Les Anges témoigneront contre les serviteurs sur ce qu'ils ont accompli:

> ﴾Et les témoins diront: voilà ceux qui ont menti contre leur Seigneur.﴿ *[Coran 11: 18]*

Puis, si le serviteur persévère toujours dans ses dénégations, en rejetant la parole de son Seigneur (ﷻ) et celle des témoins qui auront témoigné contre lui, Allah (ﷻ) lui fournira un témoin issu de lui-même: les membres de son corps qui témoigneront contre lui. Ce point a déjà été éclairci plus haut.

---

[33] Ce Hadith est bon. Voir *Bahjatou en-Nadhrin* de cheikh Salim El-Hilali, Hadith n° 408. [*Trad.*]

SECTION 4

SUR QUOI LES SERVITEURS SERONT INTERROGES

Les serviteurs seront interrogés sur la divinité qu'ils adoraient et sur les réponses qu'ils ont faites à l'appel des Messagers. Nous avons développé cela précédemment.

Ils seront également interrogés au sujet des actes qu'ils ont accomplis, et de ce dont ils ont joui, dans la vie terrestre, comme bienfaits. De la même façon, ils seront interrogés au sujet des pactes, des engagements de leurs ouïes, de leurs vues et de leurs cœurs. C'est ce que nous allons étudier à présent.

1- La mécréance et le polythéisme

Les points les plus importants sur lesquels les serviteurs seront interrogés sont leur mécréance et leur polythéisme (*chirk*). Ils seront interrogés sur les idoles (divinités) et les ''égaux'' qu'ils donnaient à Allah (ﷻ), et qu'ils adoraient en dehors de Lui (ﷻ). Comme Allah le Très-Haut (ﷻ) dit:

﴿Et on leur dira: où sont ceux que vous adoriez, en dehors d'Allah? Vous secourent-ils? Ou se secourent-ils eux-mêmes?﴾ *[Coran 26: 92-93]*

﴿Et le jour où Il les appellera, Il dira: où sont ceux que vous prétendiez être Mes associés?﴾ *[Coran 28: 62]*

Aussi seront-ils interrogés sur l'adoration qu'ils vouaient à autre qu'Allah (ﷻ), comme les offrandes aux divinités qu'ils vénéraient et les sacrifices des bêtes qu'ils faisaient en leurs noms:

﴿Et ils assignent une partie des *[bienfaits]* que Nous leur avons attribués à *[des idoles]* qu'ils ne connaissent pas. Par

Allah! Vous serez certes interrogés sur ce que vous inventiez.﴾ *[Coran 16: 56]*

Ils seront interrogés sur leur rejet des Messagers:

﴿Et le jour où Il les appellera, Il dira alors: que répondiez-vous aux Messagers? Ce jour-là, leurs arguments deviendront obscurs, et ils ne poseront point de questions.﴾ *[Coran 28: 65-66]*

2- Ce que l'Homme a fait dans sa vie terrestre

L'individu sera interrogé, le Jour de la Résurrection, sur la totalité des actes qu'il aura accomplis dans la vie terrestre. Comme Allah le Très-Haut (ﷻ) dit:

﴿Par ton Seigneur! Nous les interrogerons tous, sur ce qu'ils faisaient.﴾ *[Coran 15: 92-93]*

﴿Nous interrogerons ceux vers qui furent envoyés des Messagers et Nous interrogerons aussi les Messagers.﴾ *[Coran 7: 6]*

Dans les *Sunan* de Tirmidhi, on a rapporté d'après Abou Barza Al-Aslami (رضي الله عنه), que le Messager d'Allah (ﷺ) a dit: *«Les pieds du serviteur ne glisseront le Jour de la Résurrection sans qu'il soit interrogé sur quatre* [choses]*: sur sa vie: dans quoi l'a-t-il passée? Sur sa science: qu'en a-t-il fait? Sur son argent: comment l'a-t-il gagné et dans quoi l'a-t-il dépensé? Sur son corps: dans quoi l'a-t-il dépensé?»* [34]

Dans les *Sunan* de Tirmidhi, on a rapporté, d'après Abdallah Ibn Massoud (رضي الله عنه), que le Prophète (ﷺ) a dit: *«Les pieds du 'fils'*

---

[34] *Jami'e El-Ossole,* vol. 10, p. 436, n° 7969. Le correcteur de ce livre, cheikh Abdelqadir Al-Arnaoute, a dit: "Tirmidhi a dit: ce Hadith est bon et authentique." Cheikh Al-Albani l'a authentifié dans son livre *Sahih El-Jami'e El-Saghir,* vol. 6, p. 148, n° 7177.

d'Adam ne glisseront le Jour de la Résurrection devant son Seigneur, qu'il est déjà interrogé sur cinq [choses]*: sur sa vie: pour quoi l'a-t-il dépensée? Sur sa jeunesse: dans quoi l'a-t-il dépensée? Sur son argent: comment l'a-t-il gagné et dans quoi l'a-t-il dépensé? Qu'a-t-il fait de ce qu'il a appris?»* [35]

Celui qui médite sur de tels Hadiths, apprend la raison pour laquelle le Messager d'Allah (ﷺ) invitait le musulman à alléger le poids de ses richesses, car plus l'argent du serviteur augmente, plus son compte se diversifie et s'allongera; et moins il possède d'argent, plus son compte s'allégera et l'on s'empressera de l'emmener au Paradis. Le Messager (ﷺ) nous a informés que les pauvres parmi les *Mouhajirine [Emigrés]* devanceront les riches *Mouhajirine,* au Paradis, de quarante années.

Dans le *Sahih* de Muslim, on a rapporté qu'Abou Abderrahman Al-Houbouli a dit: trois hommes sont venus vers Abdallah Ibn 'Amr Ibn Al-'As (رضي الله عنه), tandis que je me trouvais auprès de lui. Ils ont dit: ô Abou Mohammed! Par Allah, nous n'avons pas la capacité de faire quelque chose: même pas une dépense, ni *[acquérir une]* monture, ni un bien. Abdallah (رضي الله عنه) a répondu: que voulez-vous? Voulez-vous revenir vers nous et que nous vous donnions ce dont Allah vous facilitera *[l'acquisition]*? Ou voulez-vous que nous citions votre cas au Sultan? Ou si vous voulez, patientez, car j'ai entendu le Messager d'Allah (ﷺ) dire *«que les pauvres des* Mouhajirine *devanceront les riches, au Paradis, de quarante ans, le Jour de la Résurrection.»* [36]

---

[35] *Jami'e El-Ossole,* vol. 10, p. 437, n° 7970. Ce Hadith est bon comme l'a indiqué le correcteur cheikh Abdelqadir El-Arnaoute, ainsi que cheikh El-Albani dans *Sahih El-Jami'e El-Saghir,* vol. 6, p. 148, n° 7176.

[36] *Sahih* de Muslim, vol. 4, p. 2285, n° 2979.

3- Les délices dont il aura joui

Le Jour de la Résurrection, Allah (ﷻ) interrogera Ses serviteurs sur les délices qu'Il leur a accordées dans la vie terrestre, comme Allah (ﷻ) l'a indiqué:

﴾Puis, assurément, vous serez interrogés, ce jour-là, sur les délices.﴿ *[Coran 102: 8]*

On entend par délices l'assouvissement des estomacs, les boissons fraîches, les habitations bien à l'ombre, les parures du corps et les plaisirs du sommeil.

Saïd Ibn Joubeir (رضي الله عنه) a dit: ils seront même interrogés sur une gorgée de miel. Moudjahid a dit: ils seront interrogés sur chaque jouissance des jouissances de la vie ici-bas. Al-Hassan Al-Basri a dit: ils seront interrogés sur les plaisirs du déjeuner et du dîner. Abou Qilaba a dit: ils seront interrogés sur les délices de la consommation du beurre et du miel avec le pain blanc. Ibn Abbas (رضي الله عنه) a dit: les délices sont la santé du corps, de l'ouïe et de la vue.[37]

Voici les interprétations qu'ils ont données du verset à cause de la diversité de l'exégèse, car les délices sont nombreuses et l'on ne peut ni les compter, ni les énumérer:

﴾Et si vous comptiez les bienfaits d'Allah, vous ne sauriez les dénombrer.﴿ *[Coran 14: 34]*

Certains types de jouissance font partie des besoins nécessaires de la vie, tandis que d'autres font partie du luxe et des choses superflues. C'est sur ces choses-ci que les gens se distinguent entre eux, car l'on trouve à certaine époque ce que les gens d'autres époques ne trouvent pas; de même que, dans un pays, l'on ne trouve pas ce qu'il y a dans d'autres pays. C'est sur tout cela que les serviteurs seront interrogés.

---

[37] *Tafsir* d'Ibn Kathir, vol. 7, p. 364.

Tirmidhi a rapporté d'après Abou Houraïra (ﷺ), que le Messager d'Allah (ﷺ) a dit: *«La première chose sur laquelle le serviteur rendra compte, le Jour de la Résurrection, en ce qui concerne les délices, est qu'on lui dira: "Ne t'avons-Nous pas donné un corps sain, et abreuvé d'eau fraîche?"»* [38]

Or, certaines personnes n'ont pas conscience des immenses bienfaits qu'Allah (ﷻ) leur a accordés. Ils n'apprécient *[n'appréhendent]* pas les délices qui se trouvent dans une gorgée d'eau, dans une bouchée de nourriture, ou dans les demeures, épouses et enfants, dans *[tout]* ce qu'Allah (ﷻ) leur a accordés. Ils pensent que les délices se trouvent uniquement dans les palais, les jardins et les montures. Un homme a demandé à Abdallah Ibn 'Amr Ibn Al-'As (ﷺ), en lui disant: ne faisons-nous pas partie des pauvres parmi les *Mouhajirine*? Abdallah lui dit: «N'as-tu pas une femme auprès de qui tu te réfugies?» Il répondit: si. Abdallah dit: «N'as-tu pas une demeure où tu habites?» L'homme répondit: si! Abdallah dit: «Tu fais alors partie des riches.» Il dit: j'ai aussi un domestique. Abdallah a dit: «Tu fais alors partie des rois!» [39]

Dans le *Sahih* de Boukhari, on a rapporté d'après Ibn Abbas (ﷺ) que le Messager d'Allah (ﷺ) a dit: *«Il y a deux bienfaits sur lesquels beaucoup de gens sont lésés: la santé et le temps libre.»* [40] Ce Hadith signifie que bon nombre de gens négligent de remercier Allah pour ces deux bienfaits, et n'accomplissent pas ce que ces deux bienfaits requièrent.

Dans le *Musned* d'Ahmed, il a été rapporté que le Messager d'Allah (ﷺ) a dit: *«Il n'y a pas de mal dans la richesse pour celui qui*

---

[38] *Michkatou El-Massabih,* vol. 2, p. 656, nº 5196. Le correcteur, cheikh El-Albani, a dit: la chaîne de transmission du Hadith est authentique.

[39] *Sahih* de Mousli, vol. 4, p. 2285, nº 2979.

[40] *Michkatou El-Massabih,* vol. 2, p. 648, nº 5155.

craint Allah (ﷻ). Or, pour celui qui craint Allah, la santé est mieux que la richesse. Et la bonne humeur fait partie des délices.»[41]

Dans certains Hadiths prophétiques, le Messager d'Allah (ﷺ) a mis en évidence un des aspects de l'interrogatoire qu'Allah (ﷻ) fera passer en ce Jour à Ses serviteurs au sujet des délices.

Dans le *Sahih* de Muslim, d'après Abou Houraïra (رضي الله عنه), on a rapporté que le Prophète (ﷺ) a dit: *«Le Seigneur rencontrera le serviteur. Allah dira: ''Ô untel! Ne t'ai-Je pas honoré? Ne t'ai-Je pas rendu chef d'autrui? Ne t'ai-Je pas marié? Ne t'ai-Je pas soumis les chevaux et les chameaux? Ne t'ai-Je pas rendu chef, prenant le quart...?'' «Le serviteur dira: «Si, assurément.» Allah lui dira: ''Pensais-tu Me rencontrer?'' Le serviteur répondra: non. Alors, Allah dira: ''Je t'oublie comme tu M'as oublié.''»*

Puis Allah rencontrera un deuxième serviteur et lui dira: ''*Ô untel! Ne t'ai-Je pas honoré? Ne t'ai-Je pas rendu chef d'autrui? Ne t'ai-Je pas marié? Ne t'ai-Je pas soumis les chevaux et les chameaux? Ne t'ai-Je pas rendu chef, prenant le quart...?'' Il répondra: si, assurément, ô Seigneur! Allah lui dira: ''Pensais-tu Me rencontrer?'' Il dira: non. Alors Allah dira: ''Je t'oublie comme tu M'as oublié!''*

Puis Allah rencontrera un troisième serviteur et lui tiendra le même discours, alors le serviteur dira:ô Seigneur! J'ai eu foi en Toi, en Ton Livre et en Tes Messagers. J'ai prié, j'ai jeûné et j'ai donné l'aumône. Le serviteur se mettra ainsi à faire l'éloge qu'il pourra. C'est alors qu'Allah lui dira: ''*Arrête*''. *Puis, on lui dira: ''Maintenant, nous enverrons un témoin contre toi.'' Le serviteur se demandera qui pourrait bien témoigner contre lui. C'est là qu'Allah lui scellera sa bouche, et que l'on dira à sa cuisse, à sa chair et à ses*

[41] *Michkatou El-Massabih,* vol. 2, p. 676, nº 5290. Le correcteur a attribué ce Hadith à Ibn Majah et a affirmé l'authenticité de la chaîne de transmission.

os de parler. Alors sa cuisse, sa chaire et ses os parleront de ce que le serviteur aura accompli. Et ce, dans le but de couper court à ses excuses par le biais de sa propre personne, car c'est lui l'hypocrite, c'est lui qui encourt la colère d'Allah.» [42]

L'interrogatoire sur les bienfaits divins sera un interrogatoire sur la reconnaissance du serviteur concernant ce qu'Allah (ﷻ) lui a accordé comme bienfaits. S'il est reconnaissant, c'est qu'il a apprécié le bienfait d'Allah (ﷻ) à sa juste valeur. S'il a refusé d'être reconnaissant et qu'il a été ingrat, il encourra la colère d'Allah (ﷻ). Dans le *Sahih* de Muslim, on a rapporté d'après Anas (رضي الله عنه), que le Messager (ﷺ) a dit: *«Allah est, assurément, satisfait de Son serviteur quand il mange un repas et qu'il Le loue pour cela ou quand il boit une gorgée et qu'il Le loue pour cela.»* [43]

4- Les pactes et les engagements

Allah (ﷻ) interrogera les serviteurs sur ce qu'ils ont pris comme engagement vis-à-vis de Lui (ﷻ):

> ﴾Ils avaient certes pris l'engagement envers Allah, qu'ils ne tourneraient pas le dos, et il sera demandé compte de tout engagement vis-à-vis d'Allah.﴿ *[Coran 33: 15]*

Pour tout engagement licite entre les serviteurs, Allah (ﷻ) demandera compte au serviteur s'il s'en était acquitté:

> ﴾Et remplissez l'engagement, car l'on sera interrogé au sujet des engagements.﴿ *[Coran 17: 34]*

---

[42] *Sahih* de Muslim, vol. 4, p. 2280, nº 2968.

[43] *Ibid.*

5- L'ouïe, la vue et le cœur

Allah (ﷻ) interrogera Ses serviteurs au sujet de tout ce qu'ils ont dit. C'est pour cette raison qu'Allah (ﷻ) les a mis en garde contre le fait de proférer des paroles sans connaissance:

﴾Et ne poursuis pas ce dont tu n'as aucune connaissance. L'ouïe, la vue et le cœur: sur tout cela, en vérité, on sera interrogé.﴿ *[Coran 17: 36]*

Qutada a dit: ne dis pas que tu as vu, alors que tu n'as pas vu. Ne dis pas que tu as entendu alors que tu n'as pas entendu, ni que tu as su, alors que tu ne savais pas, car Allah t'interrogera au sujet de tout cela.[44]

Ibn Kathir a dit: ce qui est dit dans le verset signifie qu'Allah (ﷻ) a interdit de proférer une parole sans connaissance, et plus exactement, de conjecturer, c'est-à-dire d'émettre des mauvais soupçons et des présomptions, comme le dit le Très-Haut (ﷻ):

﴾Evitez de trop conjecturer *[sur autrui]*, car une partie des conjectures est péché.﴿ *[Coran 49: 12]*

Dans un Hadith, on a rapporté que le Prophète (ﷺ) a dit: *«Prenez garde de conjecturer* [sur autrui], *car c'est le plus mensonger des récits.»*[45]

Dans les *Sunan* d'Abou Daoud, on a rapporté que le Prophète (ﷺ) a dit: *«Quelle mauvaise monture que celle de l'homme quand il dit: ils ont prétendu...»*[46] Et dans un autre Hadith, le Prophète (ﷺ) a

---

[44] *Tafsir* d'Ibn Kathir, vol. 4, p. 308

[45] C'est-à-dire: du fait que cette conjecture est une suggestion du diable. [*Trad.*] *Sahih Al-Jami'e*, n° 2679.

[46] C'est-à-dire: en employant l'expression ''ils ont prétendu", l'on choisit de suivre un propos aveuglément sans certitude: c'est ainsi que l'on se trompe et que cela engendre le mensonge. [*Trad.*]. Voir ce Hadith dans *Silsilate al-ahâdith assahiha,* n° 866.

dit: *«Le plus énorme des mensonges suscitant l'étonnement est* [la parole de] *l'homme qui dit: j'ai vu* [telle chose] *en rêve, alors qu'il n'en a rien vu.»*[47]

Dans le *Sahih* de Boukhari, on a rapporté que le Prophète (ﷺ) a dit: *«Celui qui raconte un rêve* [en disant j'ai vu ceci et cela] *alors qu'il ment, sera puni en étant châtié jusqu'à ce qu'il parvienne à lier deux petits grains d'orge, mais il n'y parviendra pas.»*[48]

SECTION 5

LA PREMIERE CHOSE POUR LAQUELLE LE SERVITEUR SERA JUGE

La Prière est la première des choses parmi les droits d'Allah (ﷻ) pour laquelle le serviteur sera jugé. Si elle a été accomplie convenablement, le serviteur échappera au châtiment et obtiendra la récompense. Dans le cas contraire, il sera privé de la récompense et tombera dans le châtiment. Dans les *Sunan* de Tirmidhi et dans celui de Nassa'i, on a rapporté qu'Abou Houraïra (رضي الله عنه) a entendu le Messager d'Allah (ﷺ) dire: *«Le Jour de la Résurrection, la première des choses parmi ses actes pour laquelle le serviteur sera jugé, sera sa prière. Si elle a été accomplie convenablement, il échappera au châtiment et obtiendra la récompense. Mais si elle n'a pas été accomplie convenablement, il sera privé de la récompense et tombera dans le châtiment. S'il a réduit ses prières obligatoires, alors le Seigneur (ﷻ) dira: ''Regardez si Mon serviteur a des*

---

[47] Boukhari, n° 7043.

[48] C'est-à-dire: en employant l'expression ''ils ont prétendu", l'on choisit de suivre un propos aveuglément sans certitude: c'est ainsi que l'on se trompe et que cela engendre le mensonge. [Abou Is'haq]. Voir ce Hadith dans *Silsilate al-ahâdith assahiha,* n° 866. *Tafsir* d'Ibn Kathir, vol. 4, p. 308.

prières surérogatoires à son actif, afin de compléter ce qu'il a retranché de ses prières obligatoires''. Puis, le reste de ses actes sera ainsi.» [49]

Dans les *Sunan* d'Abou Daoud, on a rapporté d'après Abou Houraïra (رضي الله عنه) que le Prophète (ﷺ) a dit: *«Le Jour de la Résurrection, la première des choses parmi leurs actes pour laquelle les gens seront jugés, sera la prière. Notre Seigneur (سبحانه وتعالى) dira à Ses Anges: ''Regardez la prière obligatoire de Mon serviteur - l'a-t-il accomplie correctement ou l'a-t-il amoindrie?'' S'il l'a accomplie correctement, on la lui comptera entièrement. Et s'il l'a amoindrie, Allah dira: ''Regardez si Mon serviteur a des prières surérogatoires à son actif.'' S'il en a à son actif, Allah dira: ''Complétez les prières obligatoires de Mon serviteur avec ses prières surérogatoires''. Puis, après cela, on consultera ses autres actes obligatoires.»* [50]

SECTION 6

LES DIFFERENTS COMPTES AVEC QUELQUES EXEMPLES

§ 1er - Les différents comptes

Le compte des serviteurs variera selon les cas. Pour certains, le compte sera pénible: ceux-là sont les mécréants criminels qui ont

---

[49] *Jami'e El-Ossole,* vol. 10, p. 434, n° 7964. Cheikh Al-Albani a attribué ce Hadith à Tirmidhi, Nassâ'i et Ibn Majah, et il l'a authentifié. Voir *Sahih El-Jami'e El-Saghir,* vol. 2, p. 184, n° 2016.

[50] *Jami'e El-Ossole,* vol. 10, p. 435, n° 7965. Dans *Sahih El-Jami'e El-Saghir*, cheikh El-Albani a attribué ce Hadith à Abou Daoud, Nassâ'i, Ahmed et Al-Hâkim, et a dit: ce Hadith est authentique. Voir vol. 2, p. 352, n° 2568.

associé à Allah (ﷻ) ce dont Il n'a fait descendre aucune preuve, qui se sont révoltés contre les Lois d'Allah (ﷻ), et ont démenti les Messagers. Quant à certains ayant désobéi, parmi les croyants monothéistes, ils auront un compte qui s'allongera et sera pénible, à cause de l'importance et de l'énormité de leurs péchés.

En revanche, certains serviteurs rentreront au Paradis sans rendre de compte. Ils sont un petit groupe dont le nombre ne dépassera pas soixante-dix mille. Ils représentent l'élite de cette communauté. Ils sont un groupe de gens dont la foi, la crainte, la piété et l'effort atteignent de hauts sommets. Nous les évoquerons, ainsi que leurs caractéristiques, dans le livre du Paradis et de l'Enfer. Ceux-là, leur Compte ne sera pas approfondi, ni détaillé. Il s'agira seulement d'une exposition de leurs péchés qui seront ensuite pardonnés. Tel est le sens des Paroles du Très-Haut (ﷻ):

﴾Celui qui recevra son livre dans sa main droite, sera soumis à un jugement facile.﴿ *[Coran 84: 7-8]*

Dans le *Sahih* de Boukhari et dans celui de Muslim, on a rapporté d'après Aïcha (qu'Allah l'agrée) que le Messager d'Allah (ﷺ) a dit: *«Pas âme qui soit soumise au Jugement, le Jour de la Résurrection, sans qu'elle périsse.»* Aïcha a dit: ô Messager d'Allah! Allah n'a-t-Il pas dit:

﴾Celui qui recevra son livre en sa main droite, sera soumis à un jugement facile﴿,

le Messager d'Allah (ﷺ) a alors dit: *«Ceci désigne simplement l'exposition* [de leurs œuvres]. *Pas âme qui soit soumise au Jugement, le Jour de la Résurrection, sans qu'elle périsse.»* [51]

---

[51] *Sahih* de Boukhari, livre des *Riqaq,* chapitre de celui qui sera soumis à un jugement approfondi, sera châtié. *Fat'hou El-Bâri*: Vol. 11, p. 400; *Sahih* de Muslim, vol. 4, p. 2204, n° 2876. Les termes de ce Hadith sont ceux qu'a rapportés Boukhari.

Nawawi, en expliquant ce Hadith, a dit: le sens de *«celui qui sera soumis à un jugement approfondi»* est que l'on analysera et détaillera son compte. *Al-Qâdhi* 'Iyadh a dit: sa parole *«sera châtié»* a deux sens. Le premier sens est que l'approfondissement et le détail en eux-mêmes, l'exposition et l'arrêt sur les péchés, sont un châtiment en ce qu'ils contiennent comme blâme et réprimande. Le deuxième sens est que cela conduira au châtiment du Feu. Ce sens est renforcé par la parole du Prophète (ﷺ) dans une autre variante: *«périra»* à la place de *«sera châtié»*.

Puis, Nawawi a dit: le deuxième sens est également juste. Il signifie que la négligence des devoirs l'emporte chez les serviteurs. Celui dont le jugement sera approfondi et à qui l'on ne pardonnera pas périra et ira au Feu. Toutefois, Allah le Très-Haut (ﷻ) pardonne tout péché à qui Il veut, sauf le polythéisme (*chirk*).[52]

Ibn Hajar a commenté l'interprétation de Qortobi disant: ceci désigne simplement l'exposition *[de leurs œuvres]*, en ajoutant les propos suivants: le jugement mentionné dans le verset consiste à exposer au croyant ses actes, jusqu'à ce qu'il reconnaisse la Grâce d'Allah (ﷻ) de lui avoir caché ses péchés dans la vie terrestre et de lui avoir pardonné dans l'Au-delà.[53]

L'Exposition - comme le certifient les Hadiths - est l'exposition des péchés aux croyants afin qu'ils appréhendent l'ampleur du bienfait d'Allah (ﷻ) envers eux, qui se manifeste dans le fait qu'Il les leur a pardonnés.

§ 2 - Des exemples

Des preuves relatives au débat, à l'Exposition et de la réprimande qu'Allah fera à Ses serviteurs, ont été rapportées dans la

---

[52] Explication du *Sahih* de Muslim par Nawawi, vol. 17, p. 208.

[53] *Fat'hou El-Bâri,* vol. 11, p. 402.

Sunna purifiée. Nous allons citer, pour chaque type de compte, trois preuves authentiques de la Sunna.

1- Le débat avec ceux qui agissaient par ostentation

Muslim, Tirmidhi et Nassa'i ont rapporté que Choufay Ibn Mati'-al-Asbahi (qu'Allah lui fasse miséricorde) est entré à Médine, tandis qu'il y avait un homme autour duquel des gens étaient rassemblés. Choufay a demandé: qui est-ce? Ils ont répondu: c'est Abou Houraïra (ﷺ). Choufay a dit: je me suis rapproché jusqu'à ce que je sois assis devant lui. Il rapportait aux gens un Hadith. Quand il a achevé de le rapporter et qu'il est resté seul, je lui ai dit: je te demande en toute vérité et sans mensonge: ne me raconteras-tu pas un Hadith que tu as entendu du Messager d'Allah (ﷺ), que tu as saisi et appris? Alors Abou Houraïra (ﷺ) a dit: je vais le faire, je vais te rapporter un Hadith que le Messager d'Allah (ﷺ) m'a raconté, que j'ai saisi et appris. Puis Abou Houraïra (ﷺ) s'est mis à pleurer au point qu'il faillit perdre connaissance. Nous avons attendu quelques instants puis, il s'est rétabli. Il a dit: je vais te raconter un Hadith que le Messager d'Allah (ﷺ) m'a cité dans cette demeure. Il n'y avait personne d'autre que lui et moi.

Puis, Abou Houraïra s'est de nouveau mis à pleurer de la même manière. Il s'est rétabli et a essuyé son visage. Il a dit: je vais le faire, je vais te rapporter un Hadith que le Messager d'Allah (ﷺ) m'a cité. Lui et moi étions dans cette demeure. Il n'y avait personne d'autre, juste lui et moi. Puis Abou Houraïra (ﷺ) pleura violemment et s'inclina en s'effondrant sur son visage. Je l'ai adossé longuement, puis il a repris connaissance, et il a dit: *«Le Messager d'Allah (ﷺ) m'a raconté qu'Allah, le Jour de la Résurrection, descendra vers Ses serviteurs pour juger entre eux. Chaque nation sera agenouillée. La première personne que l'on appellera, vers Lui, sera un homme qui aura appris entièrement le Coran, puis un homme qui aura été tué dans le chemin d'Allah et un homme très fortuné. Allah dira au lecteur de Coran: ''Ne t'ai-Je pas appris ce qui a été révélé sur Mon Messager?'' Le serviteur dira: assurément, ô Seigneur! Allah dira: ''Qu'as-tu fait de ce que tu as appris?'' Le serviteur dira: je le récitais la nuit en prière et je le récitais le jour. Allah lui dira: ''Tu as menti!'' Et les Anges diront: tu as menti! Allah lui dira: ''Tu voulais plutôt que l'on dise qu'untel est un bon lecteur, et on l'a dit de toi.'' Puis on fera venir l'homme très fortuné: Allah dira: ''Ne t'ai-Je pas rendu riche au point que Je t'ai laissé sans avoir besoin de personne?'' Le serviteur répondra: assurément, ô Seigneur! Allah lui demandera: ''Qu'as-tu fait de ce que Je t'ai accordé?'' Le serviteur répondra: j'entretenais les liens de sang et je faisais l'aumône. Allah lui dira: ''Tu as menti''! Et les Anges diront: tu as menti! Allah lui dira: ''Tu voulais plutôt que l'on dise qu'untel est très généreux, et on l'a dit de toi.''*

Puis on fera venir celui qui a été tué dans le chemin d'Allah. Allah lui dira: ''Pour quelle cause as-tu été tué?'' Le serviteur dira: on m'a ordonné de combattre dans Ton chemin, et j'ai combattu jusqu'à ce qu'on me tue. Allah lui dira: ''Tu as menti!'' Et les Anges diront: tu as menti! Allah lui dira: ''Tu voulais plutôt que l'on dise qu'untel est courageux, et on l'a dit de toi.'' Puis le Messager d'Allah (ﷺ) a frappé mes genoux et a dit: ''Ô Abou Houraïra! Ces trois-là sont les premières créatures d'Allah avec lesquelles le Feu sera attisé le Jour de la Résurrection''.»

Tirmidhi a rapporté que Al-Walid Abou Othmane Al-Madani a dit: 'Okba Ibn Muslim m'a informé que Choufay est celui qui est entré chez Mou'awiya (رضي الله عنه) et qui l'a informé de ce Hadith. Abou Othmane a dit: Al-'Ala Ibn Abi Hakim, le bourreau de Mou'awiya (رضي الله عنه), m'a raconté qu'un homme est entré chez Mou'awiya et l'a informé du Hadith d'Abou Houraïra (رضي الله عنه) et que Mou'awiya (رضي الله عنه) a dit: si on fait cela d'eux, quel sera alors l'état du restant des gens!

Ensuite, Mou'awiya (رضي الله عنه) s'est mis à pleurer fortement au point que nous avons pensé qu'il allait mourir. Nous avons dit: cet homme est venu *[annoncer]* un malheur. Puis Mou'awiya s'est rétabli, a essuyé son visage et a dit: Allah et son Messager (ﷺ) disent la vérité:

> ﴿Ceux qui veulent la vie présente avec sa parure, Nous les rétribuerons exactement selon leurs actions sur terre, sans que rien leur en soit diminué. Ceux-là qui n'ont rien dans l'Au-delà, hormis le Feu. Ce qu'ils auront fait dans la vie terrestre sera un échec, et sera vain ce qu'ils auront fait.﴾
>
> *[Coran 11: 15-16]*

Dans une variante rapportée par Muslim et Nassâ'i, Soulayman Ibn Yassar a dit: les gens se sont dispersés d'autour d'Abou Houraïra (رضي الله عنه), et Natil (c'est-à-dire Ibn Qays Al-Jouzami de Syrie) lui a dit: ô cheikh! Rapporte-nous un Hadith que tu as entendu du Messager d'Allah (ﷺ).

Alors Abou Houraïra (رضي الله عنه) a dit: d'accord. J'ai entendu le Messager d'Allah (ﷺ) dire: *«Le premier des gens que l'on jugera, le Jour de la Résurrection, sera un homme mort en martyr. On le fera venir et on lui fera attester Son bienfait et il l'attestera. Allah dira: ''Qu'en as-tu fait?'' Il répondra: j'ai combattu pour Toi jusqu'à ce que je meure en martyr. Allah dira: ''Tu as menti! Mais tu as combattu pour que l'on dise que tu étais brave, et on l'a dit.'' On ordonnera alors de le prendre et de le traîner sur son visage, jusqu'à ce qu'il soit jeté en Enfer. Puis, l'on fera venir un homme qui a appris la science et qui l'a enseignée, et a récité le Coran. On le fera venir et on lui fera attester Son bienfait et il l'attestera. Allah lui dira: ''Qu'en as-tu fait '' Il dira: j'ai appris la science et je l'ai enseignée, et j'ai récité le Coran pour Toi. Allah dira: ''Tu as menti! Mais tu as plutôt appris la science pour que l'on dise que tu étais un savant, et tu as récité le Coran pour que l'on dise que tu étais un bon lecteur. Et on l'a dit.'' On ordonnera alors de le prendre et de le traîner sur son visage, jusqu'à ce qu'il soit jeté en Enfer. Puis, l'on fera venir un homme qu'Allah a rendu riche et a comblé de toutes sortes de richesses. On lui fera attester Son bienfait, et il l'attestera. Allah dira: ''Qu'en as-tu fait?'' Le serviteur répondra: il n'y a pas une cause pour laquelle Tu aimes qu'on y dépense, que je n'y ai dépensé pour Toi. Allah dira: ''Tu as menti! Mais tu as plutôt agi de la sorte pour que l'on dise que tu étais très généreux. Et on l'a dit.'' On ordonnera alors de le prendre et de le traîner sur son visage, jusqu'à ce qu'il soit jeté en Enfer.»*

2- L'exposition par le Seigneur (ﷻ) à Son serviteur des péchés qu'il a commis

On a rapporté qu'Abdallah Ibn Omar (رضي الله عنه) a entendu le Messager d'Allah (ﷺ) dire: *«Allah fera approcher le croyant, le placera sous Son égide, et le dissimulera: Allah lui dira: ''Reconnais-tu tel péché?Et reconnais-tu tel péché?'' Le croyant dira: oui, ô Seigneur!*

Au fur et à mesure qu'Il lui fera confirmer ses péchés, le croyant verra sa perte proche. Allah dira: ''*Je les ai dissimulés pour toi dans la vie terrestre, et aujourd'hui Je te les pardonne.'' Puis, on lui remettra le livre de ses bonnes actions. Quant aux mécréants et aux hypocrites, les témoins-*[Anges] *diront:* ﴿Voilà ceux qui ont menti contre leur Seigneur. Que la malédiction d'Allah soit sur les [gens] *injustes*﴾.» [54]

Qortobi a dit au sujet de la parole du Prophète (ﷺ): «Le placera sous Son égide»: c'est-à-dire: Sa protection, Sa Douceur et Sa Générosité. Il s'entretiendra avec lui de manière douce, en ayant une discussion confidentielle avec lui. Il lui dira: «Reconnais-tu *[ceci]*?» Le croyant dira: oui, Seigneur, je [le] reconnais. Puis Allah (ﷻ) dira en lui rappelant Ses bienfaits et en manifestant Sa Grâce envers lui:

---

[54] Coran 11: 18. Voir *Sahih* de Boukhari, livre des injustices, chapitre de la parole d'Allah: ﴿Que la malédiction d'Allah soit sur les *[gens]* injustes!﴾ - *Fat'hou El-Bâri,* vol. 5, p. 96. *Sahih* de Muslim, vol. 4, p. 2120, nº 2768.

«Je te les ai dissimulés dans la vie terrestre»: c'est-à-dire: je n'ai pas révélé aux gens tes péchés et, aujourd'hui, Je te les pardonne.[55]

3- Le blâme du Seigneur à l'endroit de Son serviteur pour les péchés et les manquements qu'il a commis

Le Messager d'Allah (ﷺ) nous a exposé le blâme que le Seigneur (ﷻ) adressera à Son serviteur, le Jour de la Résurrection. Dans le *Sahih* de Muslim, on a rapporté qu'Abou Houraïra (رضي الله عنه) a dit: *«Allah, à Lui la puissance et la gloire, dira le Jour de la Résurrection: ô 'fils' d'Adam! Je suis tombé malade et tu ne M'as pas rendu visite? - Seigneur, répondit l'homme, comment Te rendre visite et Tu es le Seigneur des mondes? Ne savais-tu pas que Mon serviteur untel est tombé malade et tu ne lui as pas rendu visite? -Ne savais-tu pas que si tu lui avais rendu visite, tu M'aurais trouvé auprès de lui? Ô 'fils' d'Adam! Je t'ai demandé de la nourriture et tu ne M'as pas donné à manger! - Seigneur, comment je Te donne à manger et Tu es le Seigneur des mondes? - Ne savais-tu pas que Mon serviteur untel t'a demandé à manger et tu ne lui en as pas donné? Et si tu lui avais donné à manger, tu aurais trouvé cela auprès de Moi? Ô 'fils' d'Adam! Je t'ai demandé à boire et tu ne M'as pas abreuvé? - Seigneur, comment je T'abreuve et Tu es le Seigneur des mondes? - Mon serviteur t'a demandé à boire et tu ne l'as pas abreuvé. Ne savais-tu pas que si tu lui avais donné à boire, tu aurais trouvé cela auprès de Moi?»*[56]

---

[55] *At-Tadkiratou,* p. 263.

[56] *Muslim.*

SECTION 7

LA DISTRIBUTION AUX SERVITEURS DE LEURS LIVRES

A l'issue du Compte, on donnera à chaque serviteur son livre qui renferme un registre complet des actes qu'il a accomplis dans la vie terrestre. On remettra ces livres aux serviteurs de diverses façons. Pour le croyant, on lui remettra son livre de face et dans sa main droite, puis il sera soumis à un jugement facile, et retournera réjoui auprès de sa famille au Paradis:

> ﴾Celui qui recevra son livre dans sa main droite, sera soumis à un jugement facile, et retournera réjoui auprès de sa famille.﴿ *[Coran 84: 7-9]*

Quand le croyant prendra connaissance de ce que contient son feuillet comme profession de l'unicité d'Allah (ﷻ) et œuvres pieuses, il se réjouira et sera content. Puis, il déclarera sa réjouissance, et élèvera sa voix:

> ﴾Quant à celui à qui l'on aura remis son livre dans sa main droite, il dira: tenez! Lisez mon livre, j'étais sûr d'y trouver mon compte. Il jouira d'une vie agréable: dans un Jardin haut placé, aux fruits tout accessibles - mangez et buvez agréablement pour ce que vous avez avancé dans les jours passés.﴿ *[Coran 69: 19-24]*

Quant au mécréant, à l'hypocrite et aux gens de l'égarement, ils recevront leurs livres dans la main gauche, et derrière leurs dos. Le mécréant appellera la destruction, le malheur et les calamités sur sa propre personne:

> ﴾Quant à celui qui recevra son livre derrière son dos, il appellera la destruction sur lui-même, et il brûlera dans un feu ardent.﴿ *[Coran 84: 10-12]*

﴾Quant à celui à qui l'on aura remis le livre dans sa main gauche, il dira: hélas pour moi! J'aurais souhaité qu'on ne m'ait pas remis mon livre, et ne pas avoir connu mon compte. Hélas, comme j'aurais souhaité *[qu'en mourant]*, ce fût *[la mort définitive]*! Ma fortune ne m'a servi à rien. Mon autorité est anéantie et m'a quitté! - Saisissez-le! Puis, mettez-lui un carcan; ensuite, brûlez-le dans la Fournaise.﴿
[Coran 69: 25-31]

Et au moment où les livres seront remis aux serviteurs, on dira:

﴾Voilà Notre livre, il parle de vous en toute vérité, car Nous enregistrions ce que vous faisiez.﴿ *[Coran 45: 29]*

SECTION 8

LA DESCRIPTION PAR L'IMAM QORTOBI DE LA SCENE DU COMPTE

Qortobi, en décrivant la scène du Compte, a dit: lorsque les serviteurs seront ressuscités de leurs tombes, qu'ils se dirigeront à l'Emplacement, qu'ils s'y tiendront debout aussi longtemps qu'Allah (ﷻ) voudra, nus et pieds nus, et que viendra le moment du Compte au cours duquel Allah (ﷻ) voudra les juger, Il ordonnera d'amener les livres où les nobles Scribes auront consigné les actes des hommes. Il y en aura qui recevront leurs livres dans leur main droite. Ceux-là seront les bienheureux. Tandis que d'autres recevront leurs livres dans la main gauche ou de derrière leurs dos. Ceux-là sont les malheureux. A ce moment-là, toute personne lira son livre.

A ce sujet, quelqu'un a composé des vers:

Imagine-toi lorsque tu te tiendras debout, le Jour de l'Exposition, tout nu, triste, angoissé, embarrassé et respirant péniblement.

L'Enfer s'attisera de colère et de hargne sur les [gens] désobéissants, et le Seigneur du Trône est en colère:

"Lis lentement ton livre, ô serviteur!

Y vois-tu une lettre qui ne doive pas figurer?"

Quand tu l'auras lu, tu ne nieras pas sa lecture, attestant et reconnaissant tout ce qui s'y trouve.

Le Vénéré a appelé: «Ô Mes Anges, saisissez et emmenez le serviteur désobéissant, au Feu assoiffé!»

C'est Demain que les idolâtres seront dans le Feu où ils brûleront, alors que les croyants seront dans la Demeure de l'Eternité où ils séjourneront.

Imagine-toi, ô mon frère, quand les livres seront déployés et les Balances dressées. C'est alors que l'on t'appellera par ton nom devant toutes les créatures: où est untel, fils d'untel? Approche pour l'exposition devant Allah le Très-Haut (سبحانه وتعالى). Les Anges seront chargés de te prendre, et ils te rapprocheront d'Allah (سبحانه وتعالى). La similitude de certains noms avec le tien et celui de ton père ne les empêchera pas de venir te saisir. Quand tu comprendras que c'est toi que l'appel désigne, voilà que cet appel frappera ton cœur de frayeur. Tu sauras alors que tu es la personne interpellée. Tu te mettras à trembler de tous tes membres. Ils s'agiteront, ton teint changera, ton cœur s'emportera. On te fera marcher entre les rangs jusqu'à ton Seigneur (سبحانه وتعالى) pour l'exposition et tu te tiendras debout devant Lui (سبحانه وتعالى). Les créatures lèveront leurs regards sur toi, et toi, tu te trouveras devant eux. Ton cœur s'emportera et ton effroi s'intensifiera parce que tu sauras ce que l'on veut de toi.

Imagine-toi devant ton Seigneur (سبحانه وتعالى), tenant dans ta main le feuillet consignant tes œuvres, qui n'aura oublié de mentionner ni un malheur que tu avais dissimulé, ni une chose cachée avec laquelle tu t'étais réjoui. Alors toi, tu liras son contenu avec une langue faible et un cœur brisé, tandis que les terreurs t'encercleront par-devant et par-derrière toi. Combien de malheurs avais-tu oublié qu'on te rappellera! Combien de péchés avais-tu cachés qu'on t'exposera!

Combien d'œuvres, dont tu avais pensé qu'elles seraient saines et pures pour toi, qu'on te restituera en cet Emplacement, et qu'on rendra vaines, après que tu as eu grandement espoir en elles! Quel regret pour ton cœur! Quelle désolation pour ce que tu as manqué d'obéissance à ton Seigneur (ﷻ)!

Quant à celui qui recevra son livre par sa main droite, il saura qu'il sera parmi les gens du Paradis. Il dira: ''Lisez mon livre!'' - et quand Allah (ﷻ) l'aura permis, il lira son livre. S'il était un homme de bien, qui invitait à cela et qui l'ordonnait, et que ses disciples abondaient, alors on l'appellerait par son nom et le nom de son père. Il s'avancera jusqu'à ce qu'il s'approche. On lui sortira un livre blanc, où se trouveront des péchés au-dessous et des bonnes actions au-dessus. Il commencera par les péchés: il les lira et s'effraiera. Son visage jaunira et changera de couleur. Puis, quand il parviendra à la fin du livre, il y trouvera: ''Ce sont tes mauvaises actions, et Je te les ai pardonnées''. Après cela, il se réjouira très fortement, puis, il retournera son livre et lira ses bonnes actions, ce qui ne lui apportera que de la gaieté, jusqu'à ce qu'il parvienne à la fin du livre et il y trouvera: ''Ceci sont tes bonnes actions, et elles te sont multipliées''. Alors son visage s'illuminera, et l'on apportera une couronne que l'on placera sur sa tête. On le vêtira de deux *houlla*[57], chacune de ses articulations sera ornée, et il sera agrandi de soixante coudées: la taille d'Adam. On lui dira: va vers tes compagnons, annonce-leur la bonne nouvelle et informe-les qu'il y aura la même chose pour chacun d'entre eux. Quand il s'en retournera, il dira:

﴿Tenez! Lisez mon livre, j'étais sûr d'y trouver mon compte.﴾ *[Coran 69: 19-20]*

Le Très-Haut (ﷻ) dit:

﴿Il jouira d'une vie agréable﴾ *[Coran 69: 21],*

---

[57] C'est un ensemble de deux vêtements dont l'un recouvre l'autre. [*Trad.*]

dont il sera certainement satisfait:

﴾Dans un Jardin haut placé.﴿ *[Coran 69: 22]*

C'est-à-dire qui se trouvera dans le ciel.

﴾Dont les fruits sont tout accessibles.﴿ *[Coran 69: 23]*

Puis il dira à ses compagnons: me connaissez-vous? - Ils diront: la générosité d'Allah (ﷻ) t'a certainement comblé. Qui es-tu? - Il dira: je suis untel, fils d'untel et je vous annonce qu'il y a la même chose pour chacun d'entre vous.

﴾Mangez et buvez agréablement pour ce que vous avez accompli dans les jours passés.﴿ *[Coran 69: 24]*

En revanche, s'il était un homme enraciné dans le mal, qui invitait au mal et qui l'ordonnait, et que ses disciples abondaient, alors on l'appellerait par son nom et le nom de son père. Il s'avancera pour son Compte et on lui sortira un livre noir écrit à l'encre noire. Au-dessous se trouveront ses bonnes actions et au-dessus, ses mauvais actes. Il commencera par les bonnes actions: il les lira et croira qu'il sera sauvé. Mais quand il parviendra à la fin du livre, il y trouvera: ''Ce sont tes bonnes actions et elles ne sont pas acceptées''. Son visage se noircira, sa tristesse s'élèvera et il désespérera d'obtenir quelque bien. Il retournera son livre et se mettra à lire ses mauvais actes, ce qui ne lui augmentera que sa tristesse et la noirceur de son visage. Puis, quand il parviendra à la fin du livre, il y trouvera: ''Ce sont tes mauvais actes, et ils te sont multipliées'' - c'est-à-dire que le châtiment lui sera augmenté, ce qui ne signifie pas que des mauvaises actions qu'il n'avait pas accomplies lui seront rajoutées. Puis il regardera le Feu avec frayeur et ses yeux seront en larmes. Alors, son visage se noircira encore et il sera vêtu de tuniques de goudron. On lui dira: va vers tes compagnons et informe-les qu'il y aura la même chose pour chacun d'entre eux. Il partira et il dira:

﴿Hélas pour moi! J'aurais souhaité qu'on ne m'ait pas remis mon livre, et ne pas avoir connu mon compte. Hélas! Que n'ai-je souhaité être, en mourant, dans le néant irréversible!﴾ *[Coran 69: 25-27]*

﴿Mon autorité est anéantie et m'a quitté.﴾ *[Coran 69: 29]*

Ibn Abbas (رضي الله عنه) a interprété ce verset en disant: c'est-à-dire: mon argument m'a anéanti! C'est alors qu'Allah (سبحانه وتعالى) dira:

﴿Saisissez-le! Puis, mettez-lui un carcan. Ensuite, brûlez-le dans la Fournaise.﴾ *[Coran 69: 30-31]*

C'est-à-dire qu'on le jettera en Enfer afin qu'il y brûle.

﴿Puis, liez-le avec une chaîne de soixante-dix coudées.﴾ *[Coran 69: 32]*

Allah (سبحانه وتعالى) sait mieux ce que désigne la coudée. Al-Hassan et Ibn Abbas (رضي الله عنه) ont dit: «Soixante-dix coudées, d'une coudée qu'aura déterminée le Souverain (سبحانه وتعالى).»

﴿Puis, liez-le.﴾

On a dit: son cou sera lié avec cette chaîne qui l'entraînera. Si un anneau de cette chaîne était déposé sur une montagne, elle fondrait.

Il appellera ses compagnons, et dira: ne reconnaissez-vous pas? - Ils diront: non, mais nous voyons en toi la tristesse, qui es-tu? - Il dira: je suis untel fils d'untel. Pour chacun d'entre vous, il y aura la même chose.

Quant à celui qui recevra son livre par-derrière, on lui déboîtera son épaule gauche afin que sa main puisse se trouver derrière lui, et, avec elle, il saisira son livre. - Moudjahid a dit: on déplacera son visage à l'emplacement de sa nuque et il lira son livre de cette manière.

Imagine-toi si tu étais parmi les gens bien heureux, tu sortirais sûrement vers les créatures avec le visage réjoui. La perfection, la bonté et la beauté seraient établies en toi et ton livre serait en ta main droite. Un Ange te prendrait par tes deux bras et s'écrierait devant les créatures: celui-ci est untel fils d'untel, il sera pleinement heureux, et ne sera plus jamais triste après cela!

En revanche, si tu étais parmi les gens malheureux, ton visage se noircirait, ton livre serait en ta main gauche ou derrière ton dos. Tu invoquerais, alors, le malheur et la destruction sur toi. Un Ange te saisirait par tes deux bras et s'écrierait devant toutes les créatures: n'est-ce pas untel, fils d'untel? N'est-il pas pleinement malheureux? Il ne sera plus jamais heureux après cela!, *conclut Qortobi.* [58]

---

[58] *At-Tadhkira* de Qortobi, p. 255.

CHAPITRE 11

L'APPLICATION DE LA LOI DU TALION ENTRE LES CREATURES

Le Juste Arbitre Suprême (سبحانه وتعالى) vengera l'opprimé de son oppresseur, le Jour de la Résurrection, jusqu'à ce qu'il ne subsiste plus aucune injustice d'une personne envers une autre. Il en sera de même pour les animaux: si deux moutons s'étaient portés des coups, et que l'un était pourvu de cornes et que l'autre s'en était retrouvé dépourvu, ce dernier se vengerait de l'autre.

Dans le *Sahih* de Muslim, on a rapporté d'après Abou Houraïra (رضي الله عنه), que le Messager d'Allah (ﷺ) a dit: *«On rendra, assurément, les droits à ceux à qui ils reviennent, le Jour de la Résurrection, si bien que le mouton sans cornes sera vengé du mouton cornu.»* [1]

Celui qui fait du tort à quelqu'un en lui portant des coups, on se vengera de lui, le Jour de la Résurrection, pour ces coups qu'il lui a portés. Dans le Hadith authentique rapporté d'après Abou Houraïra (رضي الله عنه), par Boukhari dans son livre *Al-Adab Al-Moufrad* et par Beihaqi dans ses *Sunan*, le Messager d'Allah (ﷺ) a dit: *«Celui qui*

---

[1] *Sahih* de Muslim, vol. 4, p. 1997, nº 2582.

frappe injustement avec son fouet, on se vengera de lui, le Jour de la Résurrection.» [2]

Dans *le Mou'jame Kabir* de Tabarani, on a rapporté d'après 'Amar (ﷺ) que le Messager d'Allah (ﷺ) a dit: *«Celui qui frappe son domestique injustement, on se vengera de lui le Jour de la Résurrection.»* La chaîne de transmission de ce Hadith est authentique. [3]

Celui qui lance une accusation d'adultère mensongère envers son domestique, on lui appliquera la peine normalement requise pour ce péché, le Jour de la Résurrection.

Dans le *Sahih* de Muslim, on a rapporté qu'Abou Al-Qassim (ﷺ) a dit: *«Celui qui accuse d'adultère son domestique, se verra appliquer la peine le Jour de la Résurrection, sauf si ce qu'il a dit s'avère juste.»* [4]

§ 1er - Comment se déroulera l'application de la loi du talion le Jour de la Résurrection

Le Jour de la Résurrection, la richesse et le capital de l'homme seront ses bonnes actions. S'il a commis des injustices envers les serviteurs, ceux-ci prendront de ses bonnes actions proportionnellement à l'injustice commise envers eux. Quand il n'aura plus de bonnes actions ou si elles ont été anéanties, on prendra alors leurs péchés, puis, on les lancera sur son dos.

Dans le *Sahih* de Boukhari, on a rapporté d'après Abou Houraïra (ﷺ), que le Messager d'Allah (ﷺ) a dit: *«Celui qui a commis une injustice envers son frère, touchant son honneur ou autre, qu'il s'en acquitte aujourd'hui, avant que n'arrive un jour où il n'y aura plus*

---

[2] *Sahih El-Jami'e El-Saghir,* vol. 5, p. 319, n° 6250.

[3] *Sahih El-Jami'e El-Saghir,* vol. 5, p. 319, n° 6252.

[4] *Sahih* de Muslim, vol. 3, p. 1282, n° 1660.

de dinar, ni de dirham [compensatoire], *car, s'il a à son actif des œuvres pieuses, on les lui prendra proportionnellement à l'ampleur de l'injustice qu'il a commise envers son frère. Et s'il n'a plus de bonnes actions, alors, on prendra les mauvaises actions de son frère et on les lui jettera* [sur le dos].» [5]

Celui à qui les gens prendront ses bonnes actions et à qui ils lanceront leurs mauvaises actions sur son dos, est le failli, comme l'a dénommé le Messager (ﷺ). Dans le *Sahih* de Muslim, on a rapporté d'après Abou Houraïra (رضي الله عنه), que le Messager d'Allah (ﷺ) a dit: «*Savez-vous qui est* al-mouflis *(le failli)*?» -Ils ont dit: le failli, pour nous, est celui qui n'a ni dirham, ni bien. - Il a dit: *«Le failli de ma communauté est celui qui se présentera le Jour de la Résurrection, avec la prière, le jeûne et la* Zakate *tout en ayant insulté untel, porté une fausse accusation d'adultère contre untel, ayant illicitement usurpé le*[s] *bien*[s] *d'untel, ayant fait couler sans droit le sang d'untel ou ayant frappé injustement untel. Alors on donnera une partie de ses bonnes actions à untel, et on donnera une partie de ses bonnes actions à un autre...Puis quand ses bonnes actions se seront épuisées, avant la fin du jugement, on prendra alors de leurs péchés, et on les jettera sur son dos. Puis il sera jeté en Enfer.»* [6]

Pour celui qui meurt alors qu'il avait contracté une dette sans avoir pris de garant autre que lui-même, les propriétaires de cet argent prendront de ses bonnes actions proportionnellement à la somme qu'il leur devait.

Dans les *Sunan* d'Ibn Majah, selon une chaîne de transmission authentique d'après Ibn Omar (رضي الله عنه), on a rapporté que le Messager d'Allah (ﷺ) a dit: *«Celui qui meurt et qui doit un dinar ou un dirham, on prendra de ses bonnes actions pour rembourser sa dette,*

---

[5] *Sahih* de Boukhari, livre des injustices, chapitre de celui qui a commis une injustice envers un homme. *Fat'hou El-Bâri,* vol. 5, p. 101.

[6] *Sahih* de Muslim, vol. 4, p. 1997, nº 2581.

étant donné que là-bas [au Jour de la Résurrection], *il n'y aura ni dinar, ni dirham.»* [7]

S'il y a entre les serviteurs des injustices mutuelles, alors on les vengera les uns des autres. Si l'injustice de l'un équivaut à l'injustice de l'autre, cela est suffisant et il n'y aura ni châtiment, ni récompense pour chacun d'entre eux. S'il subsiste pour certains des droits chez d'autres, alors ceux-là les reprendront.

Dans les *Sunan* de Tirmidhi, on a rapporté d'après Aïcha (qu'Allah l'agrée), qu'un homme s'est assis devant le Messager d'Allah (ﷺ) et a dit: ô Messager d'Allah! J'ai deux domestiques qui me mentent, me trahissent et désobéissent. Alors je les insulte et je les frappe. Quelle est ma position par rapport à eux *[auprès d'Allah]? -* Le Messager (ﷺ) a répondu: *«Au Jour de la Résurrection, on évaluera la valeur de leurs trahisons, mensonges et désobéissances, et celle de la punition que tu leur infligeais. Si celle-ci était proportionnelle à leurs fautes, alors cela serait suffisant et il n'y aurait nulle récompense, ni* [aucun] *châtiment pour toi. Si la punition que tu leur infligeais était inférieure à l'ampleur de leurs fautes, ceci serait un avantage pour toi. Mais si la punition que tu leur infligeais était supérieure à l'ampleur de leurs fautes, ils seraient vengés de toi pour l'excès* [de punitions].» L'homme s'est éloigné, puis il s'est mis à crier et à pleurer. Alors le Messager d'Allah (ﷺ) a dit: *«N'as-tu pas lu la Parole du Très-Haut*:

> ﴿Au Jour de la Résurrection, Nous placerons les Balances exactes. Pas âme qui soit lésée en rien, fût-ce du poids d'un grain de moutarde, que Nous ferons venir. Nous suffisons largement pour dresser les Comptes﴾ [8] *[Coran 21: 47].»*

---

[7] *Sahih El-Jami'e El-Saghir,* vol. 5, p. 537, n° 6432.

[8] Voir *Michkatou El-Massabih,* vol. 3, p. 66, n° 5561 et *Sahih El-Jami'e,* vol. 6, p. 327, n° 7895. Cheikh Al-Albani a attribué ce Hadith à Ahmed et Tirmidhi.

S'il en est ainsi de l'injustice, il est bon que les serviteurs, qui craignent ce jour, essaient de la délaisser et de s'en écarter. Le Messager d'Allah (ﷺ) a déclaré que l'injustice sera des ténèbres (ou constituera des malheurs ou des châtiments), le Jour de la Résurrection. Dans le *Sahih* de Boukhari et dans celui de Muslim, on a rapporté d'après Abdallah Ibn Omar (رضي الله عنه) que le Prophète (ﷺ) a dit: *«L'injustice sera des ténèbres, le Jour de la Résurrection.»* [9]

Dans le *Sahih* de Muslim, on a rapporté d'après Jabir Ibn Abdallah (رضي الله عنه) que le Messager d'Allah (ﷺ) a dit: *«Craignez l'injustice, car l'injustice* [devient] *des ténèbres le Jour de la Résurrection.»* [10]

§ 2 - La gravité de la question du crime de sang

L'une des plus graves affaires aux yeux d'Allah (تعالى) est le versement illicite de sang entre les serviteurs qu'Allah (تعالى) n'a pas ordonné. Dans le Hadith authentique rapporté par Tirmidhi, d'après Ibn Massoud (رضي الله عنه), le Prophète (ﷺ) a dit: *«Un homme viendra saisissant la main d'un autre homme, qui dira: ô Seigneur! Celui-ci m'a tué. Allah dira: ''Pourquoi l'as-tu tué?'' L'homme dira: je l'ai tué afin que la puissance T'appartienne. Allah dira: ''Elle M'appartient effectivement en propre.'' Puis, viendra un homme saisissant la main d'un autre homme, qui dira: ô Seigneur! Celui-ci m'a tué. Allah dira: ''Pourquoi l'as-tu tué?'' L'homme dira: je l'ai tué pour que la puissance appartienne à untel! Allah dira: ''Elle n'appartient nullement à untel.'' Alors l'homme partira avec le péché de l'avoir tué.»* [11]

---

[9] *Sahih* de Boukhari, livre des injustices, chapitre de l'injustice sera ténèbres le Jour de la Résurrection. *Fat'hou El-Bâri,* vol. 5, p. 100 et *Sahih* de Muslim, vol. 4, p. 1969, n° 2579.

[10] *Sahih* de Muslim, vol. 4, p. 1969, n° 2578.

[11] *Sahih El-Jami'e El-Saghir,* vol. 6, p. 324, n° 7885.

Dans les *Sunan* de Tirmidhi, dans celles d'Abou Daoud et dans celles d'Ibn Majah, on a rapporté qu'Ibn Abbas (رضي الله عنه) a dit: le Messager d'Allah (ﷺ) a dit: *«Le Jour de la Résurrection, le tué viendra avec son meurtrier. Il tiendra son toupet et le reste de sa tête dans sa main. Tandis que, de ses veines jugulaires, jaillira du sang, il dira: ô Seigneur! Interroge celui-ci pour quelle raison il m'a tué»; jusqu'à ce qu'il l'approche du Trône.»* [12]

Le crime de sang, de par sa gravité, sera la première chose pour laquelle le jugement sera fait entre les serviteurs.

Boukhari, Muslim, Tirmidhi et Nassa'i ont rapporté d'après Abdallah Ibn Massoud (رضي الله عنه) que le Prophète (ﷺ) a dit: *«Le Jour de la Résurrection, la première chose qui sera tranchée entre les gens sera le crime de sang.»* [13]

Ibn Hajar, en expliquant ce Hadith, a dit: dans le Hadith, apparaît nettement la gravité du versement de sang. Le jugement abordera en premier lieu les affaires graves et la faute n'augmente en gravité qu'en fonction du dommage causé et de la perte subie. Le Hadith informe donc que le meurtre d'un être humain est le crime le plus grave. [14]

Il n'y a aucune contradiction entre ce Hadith-ci et le Hadith disant que la première chose à propos de laquelle le serviteur sera jugé est la prière. Ibn Hajar Al-'Asqalani a dit: ce Hadith ne contredit pas le Hadith du Prophète (ﷺ) rapporté d'après Abou Houraïra (رضي الله عنه) - qui dit: *«La première chose à propos de laquelle le serviteur sera jugé, le Jour de la Résurrection, est la Prière»* (Hadith rapporté par les auteurs des *Sunan*) -, car le premier Hadith se réfère à ce qui se rattache aux relations entre les humains, alors que le deuxième Hadith se réfère à l'adoration vouée au Créateur (سبحانه وتعالى). Nassa'i a

---

[12] *Idem*, n° 7887.

[13] *Jami'e El-Ossole,* vol. 10, p. 436, n° 7968.

[14] *Fat'hou El-Bâri,* vol. 11, p. 397.

rapporté un Hadith d'après Ibn Massoud (ﷺ) regroupant ces deux Hadiths. Les termes de ce Hadith sont les suivants: *«La première chose à propos de laquelle le serviteur sera jugé est sa prière, et la première chose que l'on jugera entre les serviteurs sera le crime de sang.»* [15]

§ 3 - L'application de la loi du talion entre les animaux pour les injustices commises

Ibn Jarir a rapporté dans son *Tafsir*, d'après Abou Houraïra (ﷺ), que le Prophète (ﷺ) a dit: *«Allah tranchera entre Ses créatures: les djinns, les humains, et les animaux. En ce Jour, on vengera le mouton sans corne du mouton cornu. Une fois qu'il ne subsiste plus de charge d'un animal envers un autre, Allah dira: "Soyez poussière". C'est alors que le mécréant dira:*

﴾Hélas pour moi! Comme j'aurais aimé être poussière﴿» [16]

[Coran 78: 40]

Dans une autre variante qu'Ibn Jarir a aussi rapportée, d'après Abou Houraïra (ﷺ) que le Messager d'Allah (ﷺ) a dit: *«Allah rassemblera toutes les créatures, toute bête de somme, tout oiseau, tout homme. Puis, Allah dira aux animaux et aux oiseaux: "Soyez poussière". C'est alors que le mécréant dira*: ﴾Hélas pour moi! Comme j'aurais aimé être poussière﴿.»

Ibn Jarir a aussi rapporté qu'Abdallah Ibn 'Amr (ﷺ) a dit: «Au Jour de la Résurrection, on aplanira la terre en une surface de terre nivelée, et les bêtes de somme, les animaux et les fauves seront rassemblés. Puis, la loi du talion sera appliquée entre les bêtes. On vengera le mouton sans cornes du mouton cornu pour le coup qu'il a reçu. Puis, quand on en aura fini de la loi du talion entre les bêtes,

---

[15] *Fat'hou El-Bâri,* vol. 11, p. 396.

[16] *Silsilate al-ahâdith assahiha,* n° 1966.

Allah leur dira: ''*Soyez poussière*''. C'est alors que le mécréant dira: ﴿Hélas pour moi! Comme j'aurais aimé être poussière﴾.»

Muslim a rapporté, dans son *Sahih*, d'après Abou Houraïra (رضي الله عنه), que le Messager d'Allah (ﷺ) a dit: *«Au jour de la Résurrection, on rendra assurément les droits à ceux à qui ils reviennent, au point qu'un mouton sans cornes sera vengé d'un mouton cornu.»*

Ahmed a rapporté, dans son *Musned*, selon une chaîne de transmission dont les hommes ont été authentifiés par Boukhari et Muslim, d'après Abou Houraïra (رضي الله عنه), que le Prophète (ﷺ) a dit: *«On vengera les créatures entre elles, de même que le mouton sans cornes du mouton cornu, de même que la petite fourmi rouge de la petite fourmi* rouge.»[17]

Dans le *Musned*, on a aussi rapporté d'après Abou Houraïra (رضي الله عنه), que le Prophète (ﷺ) a dit: *«En vérité, par Celui qui tient mon âme en Sa Main, toute chose se disputera, le Jour de la Résurrection, de même que deux moutons qui se sont portés des coups de cornes.»*

Ahmed a aussi rapporté d'après Abou Dherr (رضي الله عنه), selon une chaîne de transmission authentique, que le Messager d'Allah (ﷺ) a vu deux moutons se porter mutuellement des coups de cornes. Il a dit: *«Ô Abou Dherr! Sais-tu pourquoi ils se donnent des coups de cornes*?» - Il a dit: non. - Le Prophète (ﷺ) a dit: *«Mais Allah sait, et Il jugera entre eux.»* [18]

Comment sera appliquée la loi du talion à l'endroit des animaux alors qu'ils ne sont chargés de suivre aucun ordre et de ne s'abstenir d'aucun interdit?

---

[17] *Silsilate al-ahâdith assahiha,* n° 1967.

[18] Cheikh Nasser Eddine El-Albani a fait paraître tous ces Hadiths et a commenté leurs chaînes de transmission dans *Silsilate al-ahâdith assahiha,* vol. 4, pp. 606-611.

Beaucoup de savants ont trouvé peu explicite le propos du Messager d'Allah (ﷺ) au sujet du Rassemblement des animaux et de la Loi du talion qui sera appliquée entre eux.

Nawawi a éclairci ce point dans son livre *Explication du Sahih* de Muslim, et a dit: ceci prouve la réalité du rassemblement et du retour des animaux le Jour de la Résurrection. Les gens qui ont été chargés d'obligations religieuses parmi les humains seront également ramenés. C'est le cas des enfants, ceux qui n'ont pas de raison et ceux à qui l'Appel n'est pas parvenu. Les preuves du Coran et de la Sunna sont évidentes en ce sens. Allah le Très-Haut (ﷻ) dit:

﴾Quand les bêtes sauvages se regrouperont.﴿ *[Coran 81: 5]*

Si un propos divin est rapporté, et que rien n'interdit de le comprendre au premier degré - que ce soit par la raison ou la législation divine - il est obligatoire de le prendre au premier degré. Les savants ont affirmé que la récompense, la rétribution et le châtiment ne sont pas les seules conditions du rassemblement et du retour le Jour de la Résurrection. Quant à la loi du talion entre le mouton sans cornes et le mouton cornu, ceci n'indique pas une loi du talion mettant en cause la charge d'obligations religieuses, car ils ne sont chargés de rien. Il s'agit plutôt d'une loi du talion de confrontation. Allah est le plus Savant, *conclut Nawawi.*

Cheikh Nasser Eddine Al-Albani (qu'Allah lui fasse miséricorde), après avoir mentionné ce paragraphe relatant les propos de Nawawi, a dit: Ibn Al-Malik a cité brièvement les mêmes propos dans son livre *Mabariq Al-Azhar* (vol. 2, p. 293) que le grand savant cheikh 'Ali Al-Qâri' a rapporté d'après lui, dans son livre *Al-Mirqâte* (vol. 4, p. 761): si l'on dit: le mouton n'est chargé d'aucune obligation religieuse, pourquoi appliquer la loi du talion sur lui? - Nous répondons: Allah le Très-Haut (ﷻ) fait parfaitement tout ce qu'Il veut et on ne L'interroge pas sur ce qu'Il fait. Son objectif est d'informer les serviteurs que les droits ne seront pas dissipés, mais qu'on vengera, assurément, l'opprimé de son oppresseur.

Après avoir évoqué les propos d'Ibn Al-Malik, Al-Qâri' a dit: c'est une bonne vue et une orientation convenable, sauf qu'exprimer la sagesse par 'l'objectif' ne convient pas ici. Grosso modo, on peut dire que la question de la loi du talion entre les animaux est une hyperbole montrant la parfaite et totale Justice qui aura lieu entre toutes les personnes chargées d'obligations religieuses. Or, si tel est le cas des animaux qui ne sont chargés d'aucune responsabilité religieuse, quel sera alors le cas de ceux qui sont pourvus de raison parmi les humbles, les nobles, les forts et les faibles!

Puis cheikh Nasser Eddine Al-Albani, immédiatement après avoir cité les propos précédents, a dit: quelle tristesse de voir que certains érudits des gens du *Kalam* (''parathéologie'') ont réfuté tous ces Hadiths par leur propre point de vue *[ra'ï]!* [19] Mais ce qui est le plus surprenant, c'est que le grand savant Al-Aloussi ait lui aussi penché pour cette opinion.

Après avoir cité le Hadith selon Abou Houraïra, dans la version de Muslim et celle d'Ahmed, il a dit lors de son exégèse du verset ﴾Quand les bêtes sauvages se regrouperont.﴿ *[Coran 81: 5], dans son Tafsir Rouh Al-Ma'ani* (vol. 9, p. 306):

''L'imam Al-Ghazali et un groupe de savants ont penché pour dire que ne seront rassemblés que les hommes et les djinns, car les animaux ne sont chargés d'aucune obligation religieuse. Il n'y a pas, sur ce sujet, un texte du Coran ou de la Sunna fiable qui indique le rassemblement d'autres *[créatures]* que les humains et les djinns, parmi les bêtes sauvages. Quant aux Hadiths de Muslim et de Tirmidhi, même s'ils sont authentiques, ils ne font pas ressortir une quelconque interprétation du verset. Il est possible que cela désigne une métonymie de la Justice Totale. C'est vers cette interprétation que je penche, mais je ne considère pas comme erronée la position de

---

[19] Le *ra'ï* c'est se référer à sa propre raison sans revenir auparavant aux Textes du Coran et de la Sunna. [*Trad.*]

ceux qui ont affirmé que les animaux seront rassemblés, car ils possèdent des preuves convenables sur lesquelles on peut se fonder. Allah (ﷻ) est le plus Savant.''

Cheikh Al-Albani a dit: je dis: telles sont ses paroles. Qu'Allah (ﷻ) nous pardonne et lui pardonne! Ces paroles sont très étranges de sa part, car elles sont contraires à ce que nous connaissons de lui, dans son livre cité, et au sérieux qu'il a manifesté dans l'interprétation des versets coraniques, selon la voie des pieux Prédécesseurs *(Salaf)*: sans interprétation, ni négation, au sujet des attributs d'Allah. Qu'est-ce qui a bien pu donc l'induire en erreur, ici, et l'amener à interpréter le Hadith de façon contraire à son sens évident, ce qui l'a incité à dire ceci est une métonymie de la Justice Totale! N'est-ce pas là un démenti du Hadith qui mentionne que le mouton sans cornes sera vengé du mouton cornu! Il a affirmé ceci, en suivant les érudits des gens du *Kalam* (''parathéologie''): ceci est une métonymie!... C'est-à-dire que le mouton sans corne ne sera pas vengé. On ne peut affirmer cela, si l'on s'arrête seulement à la variante rapportée par Muslim. Mais si nous nous penchons pour les autres variantes comme celle d'Abou Houraïra (رضي الله عنه) rapportée par Ahmed, d'Abou Dherr (رضي الله عنه) et d'autres, nous remarquons que les variantes affirment nettement que la loi du talion citée sera une réalité et non une métonymie.

Qu'Allah (ﷻ) fasse miséricorde à l'imam Nawawi qui a dit, dans ses paroles précédemment citées: et si un propos divin est rapporté, et que rien n'interdit de le comprendre au premier degré - que ce soit par la raison ou la législation divine - il est obligatoire de le prendre au premier degré.

Puis cheikh Nasser a dit: je dis: par ces propos, il fait allusion à la réfutation de l'interprétation précédemment citée. De la même manière, les philosophes et beaucoup de gens du *Kalam* - comme les Mou'tazilites et d'autres - ont nié la réalité de la vision par les croyants de leur Seigneur (ﷻ), le Jour de la Résurrection, Son élévation au-dessus de Son Trône, Sa descente chaque soir au ciel de la vie ici-bas, et la venue du Très-Haut (ﷻ) le Jour de la Résurrection, et encore d'autres versets et Hadiths concernant les descriptions d'Allah (ﷻ), en affirmant qu'il s'agit de métaphores.

En résumé, le Rassemblement des animaux et l'application de la loi du talion à leur niveau, est une réalité au sujet de laquelle il n'est pas permis d'affirmer autre chose que leurs sens évidents. Il n'y a donc pas d'erreur dans la position adoptée par la majorité des savants, comme l'a dit Al-Aloussi lui-même, dans un autre passage de son *Tafsir* (vol. 9, p. 281). C'est aussi ce qu'a affirmé Chawkani pour l'interprétation du verset de la sourate n° 81, dans son *Tafsir Fat'hou Al-Qadîr:* (vol. 5, p. 377), en disant: les bêtes sauvages désignent les bêtes féroces qui vivent sur terre. Le sens de «se regrouperont» est: seront ressuscitées jusqu'à ce qu'elles soient vengées les unes des autres, et l'on vengera le mouton sans cornes du mouton cornu.[20]

§ 4 - *Quand la loi du talion sera-t-elle appliquée entre les croyants?*

Dans le *Sahih* de Boukhari, on a rapporté d'après Abou Saïd Al-Khoudri (رضي الله عنه) que le Messager d'Allah (ﷺ) a dit: «*Quand les croyants auront été sauvés de la chute en Enfer* [au cours de leur traversée du Pont], *ils seront retenus sur l'extrémité du Pont contigu au Paradis, entre le Paradis et l'Enfer. Puis, justice sera faite par rapport aux injustices qu'ils ont commises entre eux dans la vie terrestre, jusqu'à ce qu'ils soient purifiés et épurés de leurs péchés. C'est alors qu'on leur permettra d'entrer au Paradis. Par Celui qui tient l'âme de Mohammed en Sa Main, l'habitation de chacun d'entre eux au Paradis sera plus connue que son habitation de la vie ici-bas.*»[21]

---

[20] *Silsilate al-ahâdith assahiha* de cheikh Nasser Eddine El-Albani, vol. 4, p. 612.

[21] *Sahih* de Boukhari, livre des injustices, chapitre de la vengeance des injustices. *Fat'hou El-Bâri,* vol. 5, p. 96.

CHAPITRE 12

LA BALANCE

§ 1er - Définition de la Balance

La Balance qui servira à peser les œuvres des serviteurs sera placée à la fin de ce Jour. Qortobi a dit: ''Quand on aura fini de dresser les comptes, on pèsera les actes, car la pesée est destinée à la Rétribution. Il est donc nécessaire qu'elle se passe après le Compte, car le Compte sert à l'estimation des œuvres, et la pesée sert à faire apparaître la quantité des œuvres du serviteur, afin que la Rétribution se fasse en fonction de ce Compte.'' [1]

Nous avons des textes qui montrent que la Balance est une Balance réelle, que nul ne peut évaluer, sauf Allah le Très-Haut (ﷻ). Al-Hâkim a rapporté, d'après Selmène (رضي الله عنه), que le Prophète (ﷺ) a dit: *«On placera la Balance le Jour de la Résurrection. Si l'on y pesait les cieux et la terre, elle les contiendrait sûrement. Les Anges ont demandé: ô Seigneur! Pour qui est destinée la pesée? - Allah le Très-Haut leur a répondu: ''Pour qui Je désire de Mes créatures!'' Alors les Anges ont dit: Gloire à Toi! Nous ne T'avons pas adoré de la façon la plus parfaite que Tu mérites.»* [2]

---

[1] *At-Tadhkira* de Qortobi, p. 309.

[2] *Silsilate al-ahâdith assahiha,* vol. 2, p. 656, nº 941.

Cette Balance est précise: ni rajout, ni oubli:

﴿Nous placerons les Balances exactes, au Jour de la Résurrection. Pas âme qui soit lésée en rien, fût-ce du poids d'un grain de moutarde que Nous ferons venir. Nous suffisons largement pour dresser les comptes.﴾

[Coran 21: 47]

Les gens de Science ont divergé au sujet du nombre de Balances: y en a t-il une ou plusieurs? Certains d'entre eux, qui pensent qu'il y aura une balance pour chaque personne ou une balance pour chaque œuvre, se sont basés sur la Parole du Très-Haut (ﷻ):

﴿Et Nous placerons les Balances exactes, au Jour de la Résurrection.﴾ *[Coran 21: 47]*

D'autres ont plutôt pensé qu'il n'y aura qu'une seule balance, et que le pluriel dans le verset est seulement mis par rapport au nombre des œuvres ou des personnes.

Ibn Hajar a donné le point de vue le plus probable, après avoir cité la divergence entre les savants: ceci ne comporte pas d'ambiguïté, malgré la multitude de ceux dont on pèsera les œuvres, car les situations de la Résurrection ne sont pas semblables aux situations de la vie ici-bas.[3]

Safaarini a cité les propos d'Al-Hassan Al-Basri: pour chaque personne chargée d'obligations religieuses, il y aura une balance.

Certains ont dit: il est plus juste de parler de plusieurs balances, le Jour de la Résurrection, et non d'une seule, d'après les Paroles du Très-Haut (ﷻ):

﴿Nous placerons les Balances.﴾ *[Coran 21: 47]*

﴿Quant à celui dont les Balances seront lourdes.﴾

[Coran 101: 6]

---

[3] *Fat'hou El-Bâri*, vol. 3, p. 537.

Puis, Safaarini a dit: sur cette base, l'on n'écarte pas que le fait que, pour les actes du cœur, il y aura une balance, que pour les actes des membres il y aura une autre balance, et que pour toutes les paroles proférées, il y en aura une également. Ibn 'Atiya a évoqué ceci et a dit: bien que les gens divergent, et qu'il y ait une pesée propre pour chacune de ces catégories, il n'y aura qu'une Balance. Certains ont dit, *poursuit Safaarini*, que la Balance dans le noble verset a été mise au pluriel, pour rendre compte de la multitude de ceux dont les actes seront pesés. C'est une bonne interprétation.[4]

§ 2 - La Balance selon les Gens de la Sunna et de la Communauté

La Balance selon les gens de la Sunna et de la Communauté (*ahl-as-sunna oual-djama'a*) est une balance réelle où seront pesées les œuvres des serviteurs. Seuls les Mou'tazilites et une fraction des gens de la Sunna et de la Communauté ont contredit cette vision.

Ibn Hajar a dit: Abou Is'haq Az-Zajjaj a dit que les gens de la Sunna et de la Communauté sont unanimes sur la foi en la Balance, sur le fait que les œuvres des serviteurs y seront pesées le Jour de la Résurrection, et que la Balance comporte une aiguille et deux plateaux qui pencheront d'un côté ou de l'autre, selon les œuvres.

Les Mou'tazilites ont nié la réalité de la Balance en disant: cette image exprime la Justice. Ils sont en contradiction avec le Coran et la Sunna, car Allah a déclaré qu'Il placera les Balances pour peser les œuvres, afin que les serviteurs voient, par eux-mêmes, leurs œuvres dans le but de témoigner contre eux-mêmes.

Ibn Fourak a dit: les Mou'tazilites ont nié l'existence de la Balance. Selon eux, il est impossible de peser les sens (l'ouïe, la vue, etc.) car ils ne sont pas concrets en eux-mêmes.

---

4 *Lawami'e El-Anwar El-Bahiya,* vol. 2, p. 186.

Ibn Fourak a continué, en disant: certains des gens du *Kalam* (''parathéologie'') ont rapporté, d'après Ibn Abbas, qu'Allah le Très-Haut changera les sens en un corps concret qu'Il pèsera, *conclut Ibn Fourak.*

Certains pieux Prédécesseurs (*Salaf*) ont dit que le sens de la Balance est la Justice et le Jugement. Tabari a attribué ces propos à Moudjahid. Le point de vue le plus probable est celui pour lequel la majorité des savants ont opté. En plus, lorsque l'on a évoqué la Balance auprès d'Al-Hassan Al-Basri, il a dit: elle comporte une aiguille et deux plateaux.[5]

Qortobi a attribué l'explication de la Balance par la Justice à Moudjahid, Dhahâk et Al-A'meche.[6]

Il se peut que ces savants aient interprété la Balance par la Justice, d'après les Paroles du Très-Haut (ﷻ):

> ﴿Et quant au ciel, Il l'a élevé bien haut, et Il a établi la balance, afin que vous ne transgressiez pas dans la pesée: donnez le poids exact et ne faussez pas la pesée.﴾
>
> *[Coran 55: 7-9]*

La balance, dans ces versets, désigne la Justice, car Allah (ﷻ) ordonne à Ses serviteurs de pratiquer la justice entre eux. Quant à la Balance qui sera placée le Jour de la Résurrection, les Hadiths l'évoquant sont mutawatir. Il s'agit bien d'une Balance réelle. De plus, c'est ce qui apparaît dans le Coran.[7]

L'imam Ahmed a réfuté les propos de ceux qui nient la réalité de la Balance, à cause de la mention qu'Allah (ﷻ) a faite de la balance dans Ses paroles:

---

[5] *Fat'hou El-Bâri,* vol. 13, p. 538.

[6] *At-Tadhkira,* p. 313.

[7] *Nihaya* d'Ibn Kathir, vol. 2, p. 34.

﴾Nous placerons les Balances exactes au Jour de la Résurrection.﴿ *[Coran 21: 47]*

En plus, le Prophète (ﷺ) a évoqué la Balance le Jour de la Résurrection. Et celui qui réfute les propos du Prophète (ﷺ) réfute donc la parole d'Allah (ﷻ).[8]

Ibn Taymiyah a pris le Coran et la Sunna comme argument pour affirmer que la Balance ne désigne pas la Justice, mais qu'elle est une balance réelle où l'on pèsera les œuvres.

Il a dit: la Balance est ce avec quoi l'on pèsera les œuvres. Elle ne désigne pas la justice: cela a été confirmé dans le Coran et la Sunna, comme dans les Paroles du Très-Haut (ﷻ):

﴾Ceux dont les Balances seront lourdes.﴿ *[Coran 23: 102]*

﴾Et ceux dont les Balances seront légères.﴿ *[Coran 23: 103]*

﴾Nous placerons les Balances exactes au Jour de la Résurrection.﴿ *[Coran 21: 47]*

Dans le *Sahih* de Boukhari et dans celui de Muslim, on a rapporté que le Prophète (ﷺ) a dit: «[Il y a] *deux paroles faciles pour la langue, lourdes dans la Balance et aimées du Miséricordieux: gloire à Allah et louange à Lui, et gloire à Allah le Très Grand.*» Aussi, le Prophète (ﷺ), en parlant des jambes de Abdallah Ibn Massoud (رضي الله عنه), a dit: «*Elles sont plus lourdes dans la Balance que le Mont d'Ouhoud* [près de Médine].»

Dans les *Sunan* de Tirmidhi et d'autres, on a rapporté du *Hadith Al-Bitaqa* (le Hadith de la Carte), authentifié par Tirmidhi, Al-Hâkim et d'autres, que l'on viendra avec un homme *[au Jour de la Résurrection]* et on lui déploiera 99 registres. Chaque registre est d'une longueur interminable, à perte de vue. On les placera sur un plateau et l'on viendra avec une carte où est inscrit le témoignage

---

8 *Fat'hou El-Bâri,* vol. 13, p. 538.

qu'il n'y a de divinité qu'Allah. Le Prophète (ﷺ) a dit: *«Les registres se sont avérés légers et la carte s'est avérée lourde* [et a fait pencher la Balance].» Ce Hadith et ceux qui lui ressemblent, font partie des preuves évidentes selon lesquelles les œuvres seront pesées sur des balances qui indiqueront le fait que les bonnes œuvres l'emportent sur les mauvaises ou le contraire: c'est ainsi qu'elle montrera la justice. Le but de la Pesée est donc la Justice, tout comme les balances de la vie ici-bas.

Quant au «comment» de ces Balances, il relève de la Science de l'Inconnaissable.[9]

Qortobi a réfuté les propos de ceux qui ont renié la Balance, et qui ont interprété les textes évoquant la Balance de façon symbolique, après les avoir débarrassés de leur vrai sens apparent.

Il a dit: nos savants ont dit que s'il était permis de déplacer le sens apparent de la Balance selon ce qu'ils ont cité, il aurait été permis aussi de déplacer le sens apparent du Pont en disant qu'il désignerait la religion de Vérité, que le Paradis et l'Enfer désigneraient les gaietés et les tristesses destinées aux âmes sans leurs corps, que les diables et les djinns désigneraient les comportements blâmables et que les Anges désigneraient les forces louables. Or, tout ceci est faux, car c'est réfuter le Message avec lequel le Prophète véridique (ﷺ) est venu. Dans le *Sahih* de Boukhari et dans celui de Muslim, il a été indiqué que l'on remettra au serviteur son feuillet de bonnes actions. En plus, ce passage: *«On lui sortira une carte»* indique qu'il s'agit d'une Balance réelle, et que ce qui sera pesé, ce seront les feuillets consignant les œuvres, comme nous l'avons mis en évidence. Le succès vient d'Allah (ﷻ).[10]

---

[9] *Majmou'e El-Fatawa* de *cheikh Al-Islam,* vol. 4, p. 302.

[10] *At-Tadhkira* de Qortobi, p. 314.

§ 3 - Que pèsera-t-on sur la Balance?

Les gens de Science ont plusieurs points de vue quant à ce qui sera pesé en ce Jour:

1- Ce qui sera pesé en ce Jour, ce seront les œuvres elles-mêmes. Elles seront présentées sous forme concrète et placée dans la Balance. Cela est indiqué, par le Hadith d'Abou Houraïra (رضي الله عنه), rapporté dans le *Sahih* de Boukhari, où il est cité que le Messager d'Allah (ﷺ) a dit: «[Il y a] *deux paroles qui sont aimées du Miséricordieux, faciles pour la langue et lourdes dans la Balance: gloire à Allah et louange à Lui, gloire à Allah le Très-Grand.*» [11]

De nombreux textes ont indiqué qu'au Jour de la Résurrection, les œuvres viendront sous une forme dont Allah (تبارك وتعالى) est le plus connaisseur. Parmi cela, la venue du Coran intercédant pour ses lecteurs qui appliquaient ses prescriptions, le Jour de la Résurrection: les sourates *Al-Baqara* (sourate 2) et *Al-'Imrane* (sourate 3) viendront comme étant deux nuages ou deux nuées ou deux groupes d'oiseaux en rangs, qui plaideront en faveur de leurs lecteurs qui appliquaient leurs prescriptions.

Dans le *Sahih* de Muslim, on a rapporté qu'Abou Oumama (رضي الله عنه) a entendu le Messager d'Allah (ﷺ) dire: «*Lisez le Coran car il viendra le Jour de la Résurrection intercéder pour ses lecteurs. Lisez les deux très lumineuses* [12]: la sourate Al-Baqara *et la sourate* Al-'Imrane, *car elles viendront le Jour de la Résurrection sous la forme de deux nuages ou de deux nuées ou de deux groupes d'oiseaux en rangs, plaidant en faveur de leurs lecteurs.*» [13]

---

[11] *Sahih* de Boukhari, livre de l'Unicité, chapite: ﴾*Nous placerons les balances exactes le Jour de la Résurrection*﴿ [Coran 21: 47]. *Fat'hou El-Bâri*, vol. 13, p. 537.

[12] Les deux très-lumineuses: le Prophète a dénommé ainsi ces deux sourates pour la lumière et la guidée qu'elles renferment, et en raison de l'immense récompense pour leur lecture. [*Trad.*]

[13] *Michkatou El-Massabih,* vol. 1, p. 656, n° 2120.

Muslim a rapporté également que Nawas Ibn Sam'ane (ﷺ) a dit: «J'ai entendu le Messager d'Allah (ﷺ) dire: «*On fera venir, le Jour de la Résurrection, le Coran et ses lecteurs qui appliquaient ses prescriptions. Les sourates* Al-Baqara *et* Al-'Imrane *les précéderont sous la forme de deux nuages ayant entre eux une lumière ou comme deux groupes d'oiseaux en rangs, plaidant en faveur de leurs lecteurs.»* [14]

L'hypothèse qu'Ibn Hajar Al-'Asqalani a fait prévaloir et soutenue est qu'on pèsera les œuvres. Il a dit: la vérité est que les œuvres seront pesées. Abou Daoud et Tirmidhi ont rapporté un Hadith d'après Abou Ad-Darda' (ﷺ), et qu'Ibn Hibbane a authentifié, où il a mentionné que le Prophète (ﷺ) a dit: *«Le Jour de la Résurrection, il n'y aura pas une chose plus lourde dans la balance du croyant que le bon comportement.»* [15]

2- Ce qui sera pesé ce sera la personne elle-même qui a agi. Les textes ont indiqué que les serviteurs seront pesés le Jour de la Résurrection. Ils seront soit lourds, soit légers, dans la Balance, selon la quantité de leur foi et non selon leur corpulence et la quantité de leur chair et de leur graisse.

Dans le *Sahih* de Boukhari, on a rapporté d'après Abou Houraïra (ﷺ), que le Messager d'Allah (ﷺ) a dit: *«Un homme énorme et gros viendra le Jour de la Résurrection. Il ne pèsera auprès d'Allah, même pas le poids d'une aile de moustique.»* Puis le Prophète (ﷺ) a dit: *«Et lisez*:

> ﴾Nous ne leur assignerons pas de poids, au Jour de la Résurrection﴿» [16] *[Coran 18: 105]*

---

[14] *Idem*, nº 2121.

[15] Hadith authentique. Voir *Bahjatou En-Nâdhirine,* nº 626. [*Trad.*]

[16] *Sahih* de Boukhari,: livre de l'interprétation du Coran, chapitre de l'interprétation de la sourate *Al-Kahf* [Coran, 18]. *Fat'hou El-Bâri,* vol. 8, p. 426, nº 4729.

L'on fera venir un homme maigre et faible, dont les jambes fines pèseront le poids des montagnes. Ahmed, dans son *Musned*, a rapporté d'après Ibn Houbeyche qu'Ibn Massoud (ﷺ) avait des jambes si maigres, qu'un vent l'a fait vaciller, et que les gens se sont mis à rire de lui. Alors le Messager d'Allah (ﷺ) a dit: «*De quoi riez-vous*?» - Ils ont dit: ô Prophète d'Allah! C'est à cause de la maigreur de ses jambes! - Le Prophète (ﷺ) a dit: «*Par Celui qui tient mon âme en Sa Main, elles sont plus lourdes dans la Balance que le Mont Ouhoud!*»

Ibn Kathir a dit: Ahmed a été le seul à rapporter ce Hadith. La chaîne de transmission est bonne et renforcée. [17]

Quoi de plus sublime que ce que le poète a composé:

Tu vois l'homme si maigre, et tu le mésestimes,
Alors que ses vêtements sont ceux d'un lion.
Quant à l'homme bien portant, tu le surestimes
Et quand tu le mets à l'épreuve,
Tu te rends compte que ton jugement a été faussé.

3- Ce qui sera pesé, ce seront seulement les feuillets consignant les actes. Tirmidhi, a rapporté dans ses *Sunan* d'après Abdallah Ibn 'Amr Ibn Al-'As (ﷺ): le Messager d'Allah (ﷺ) a dit: «*Le Jour de la Résurrection, Allah choisira un homme de ma communauté devant toutes les créatures. On lui déploiera quatre-vingt-dix-neuf registres. Chaque registre est d'une longueur interminable, à perte de vue. Puis Allah dira: ''Nies-tu quelque chose de ce qui est inscrit? Mes nobles Scribes gardiens t'ont-ils lésé?'' Il répondra: non, ô Seigneur! Allah lui dira: ''As-tu une excuse?'' Le serviteur dira: non, ô Seigneur! Allah le Très-Haut dira: ''Bien au contraire, tu as plutôt une bonne action auprès de Nous. Aujourd'hui il n'y a pas*

---

[17] *Nihaya* d'Ibn Kathir, vol. 2, p. 29. Ce Hadith a été authentifié par cheikh Mouqbel Ibn Hadi El-Wadi'i dans son livre *El-Jami'e Es-Sahih mimma layssa fi As-Sahihayn,* vol. 1, p. 381. [*Trad.*]

d'injustice.'' Alors, on sortira une carte où est inscrit: ''Je témoigne qu'il n'y a de divinité qu'Allah et que Mohammed est Son serviteur et Messager.'' Allah dira: ''Assiste à ta pesée.'' Le serviteur dira: quelle peut être la valeur de cette seule carte à côté de ces registres, ô Seigneur? Allah dira: ''Tu ne seras point lésé.'' On placera les registres sur un plateau et la carte sur un plateau. C'est alors que les registres s'avéreront légers et la carte s'avérera lourde [en faisant pencher la Balance], *car rien ne sera plus lourd à côté du nom d'Allah.»* [18]

Qortobi a penché pour cette hypothèse. Il a dit: il est vrai que les Balances s'alourdiront ou bien elles s'allégeront en fonction des livres où sont consignées les œuvres... Ibn Omar (رضي الله عنه) a dit: «On pèsera les feuillets consignant les œuvres.»

Si cela est confirmé, alors les feuillets sont des corps, et Allah (تعالى) fera pencher l'un des deux plateaux, afin d'indiquer si le serviteur ira soit au Paradis, soit en Enfer, en fonction de la multitude de ses œuvres. [19]

Safârini a dit: la vérité est que ce qui sera pesé, ce seront les feuillets consignant les œuvres.

Ibn Abdelberr, Qortobi et d'autres l'ont authentifié. Le cheikh Mar'i l'a aussi approuvé dans son livre *Bahja*. La majorité des exégètes du Coran a penché pour cette interprétation. Ibn 'Atiya l'a cité d'après Abou Al-Ma'ali... [20]

Il se peut qu'en vérité l'on pèse à la fois la personne qui a agi, ses œuvres, et les feuillets consignant ses œuvres. Les textes que nous

---

[18] *Jami'e El-Ossole,* vol. 10, p. 459, n° 7981. Le correcteur de ce livre, cheikh Abdelqadir El-Arnaote, a authentifié la chaîne de transmission de ce Hadith qui a été rapporté par Ibn Majah, Ibn Hiban dans son *Sahih*, Al-Hâkim, Beihaqi et d'autres.

[19] *At-Tadhkira,* p. 313.

[20] *Lawami'e El-Anwar El-Bahiya,* vol. 2, p. 187.

avons exposés indiquent que chacune de ces trois choses sera pesée. En plus, les textes authentiques n'ont pas exclu la pesée de l'un des éléments. Le regroupement des textes appelle donc l'hypothèse de la pesée des trois choses citées toutes ensemble.

C'est ce que le cheikh Hâfidh Al-Hakami (qu'Allah lui fasse miséricorde) a retenu comme étant le point de vue le plus probable. Il a dit: ce qui apparaît des Textes - et Allah (ﷻ) est le plus Savant - c'est que la personne qui a agi, ses œuvres et son feuillet consignant ses œuvres seront pesés, car les Hadiths qui éclairent le contenu du Coran, ont cité tout cela. Aucun texte n'annule l'autre.

Ceci est également indiqué par le Hadith rapporté par Ahmed, d'après Abdallah Ibn 'Amr Ibn Al-'As (رضي الله عنه), concernant l'histoire du Compagnon de la carte, où il est mentionné que le Messager d'Allah (ﷺ) a dit: *«On placera les Balances le Jour de la Résurrection. Puis, on fera venir un homme qu'on placera sur un plateau, ainsi que ce qu'on a dénombré contre lui. C'est alors que la Balance penchera contre lui et qu'on l'emmènera au Feu. Puis, lorsqu'il tournera les dos, voilà qu'un crieur du Miséricordieux (ﷻ) dira: ''Ne vous empressez pas, il lui en reste!''*

On apportera alors une carte, où il est inscrit: *''Il n'y a de divinité qu'Allah''*, *que l'on placera avec l'Homme sur le plateau, jusqu'à ce que la Balance penche de son côté.»*

Ceci indique donc que le serviteur, ses bonnes actions et le feuillet de ses bonnes actions seront placés sur un plateau, et que ses mauvaises actions et le feuillet de ses mauvaises actions seront placés dans l'autre. Tel est l'aboutissement de la confrontation des différents Hadiths concernant la Pesée. La louange et la Grâce sont à Allah (ﷻ). [21]

---

[21] *Ma'arij El-Qaboul,* vol. 2, p. 272.

§ 4 - Les œuvres qui pèseront lourd dans la Balance

Ce que l'on placera de plus lourd, dans la Balance, sera le bon comportement du serviteur. D'après Abou Ad-Darda' (رضي الله عنه), le Prophète (ﷺ) a dit: *«Ce que l'on posera de plus lourd, dans la Balance du serviteur le Jour de la Résurrection, sera le bon comportement. Certes, Allah déteste* [l'homme aux propos] *grossiers et de bas* [étage].*»* Ce Hadith a été rapporté par Tirmidhi qui a dit: ce Hadith est bon et authentique. Abou Daoud en a rapporté seulement la première partie.[22]

Dans le *Sahih* de Boukhari, dans celui de Muslim et dans les *Sunan* de Tirmidhi, on a rapporté d'après Abou Houraïra (رضي الله عنه), que le Prophète (ﷺ) a dit: *«*[Il y a] *deux paroles faciles pour la langue, lourdes dans la Balance et aimées du Miséricordieux: Gloire à Allah et Louange à Lui, et Gloire à Allah le Très-Grand.»*[23]

Dans le *Sahih* de Muslim, on a rapporté d'après Abou Malik Al-Ach'ari (رضي الله عنه), que le Messager d'Allah (ﷺ) a dit: *«La purification est la moitié de la foi,* Louange à Allah *remplit la Balance, et* Gloire à Allah *et* Louange à Allah *remplissent ce qu'il y a entre le ciel et la terre.»*[24]

Boukhari, Nassa'i et Ahmed ont rapporté d'après Abou Houraïra (رضي الله عنه), que le Prophète (ﷺ) a dit: *«Celui qui fait sacrifice d'un cheval pour la cause d'Allah, sincèrement pour Allah et croyant à Sa promesse de la récompense, alors le rassasiement de son cheval-ci, l'apaisement de sa soif, son excrément et son urine seront des bonnes actions dans sa Balance, le Jour de la Résurrection.»*[25]

---

[22] *Michkatou El-Massabih,* vol. 2, p. 630, n° 5081.

[23] *Jami'e El-Ossole,* vol. 4, p. 397, n° 2462.

[24] *Sahih* de Muslim, vol. 1, p. 203, n° 223.

[25] *Sahih El-Jami'e El-Saghir,* vol. 5, p. 229, n° 5843.

CHAPITRE 13

LE BASSIN

Allah (سبحانه وتعالى) honorera Son serviteur et Messager Mohammed (ﷺ) dans le Grand Emplacement en lui donnant un Bassin de vaste étendue, dont l'eau est plus blanche que le lait et plus douce que le miel, et dont l'odeur est meilleure que le musc. Ses cruchons sont au nombre des étoiles du ciel. L'excellente eau de ce Bassin proviendra du fleuve Al-Kawthar, qui a été donné au Messager d'Allah (ﷺ) au Paradis. La communauté de l'Elu (ﷺ) s'en abreuvera. Quant à celui qui en boira une gorgée, il n'aura plus jamais soif après cela.

Les gens de Science ont divergé au sujet de son emplacement.

Al-Ghazali et Qortobi ont dit que le Bassin se situe avant la traversée du Pont, dans les Arènes de la Résurrection. Ils ont pris comme argument le fait que l'on acheminera quelques-uns de ses buveurs en Enfer, or si le Bassin se trouvait après le Pont, ils n'auraient pas pu y accéder. [1]

Ibn Hajar est disposé à accepter l'opinion de Boukhari au sujet du Bassin, selon laquelle le Bassin se situerait après le Pont. Ceci

---

1 *At-Tadhkira,* p. 302.

2 *Fat'hou El-Bâri,* p. vol. 11, p. 466.

parce qu'il a rapporté les Hadiths concernant le Bassin, après les Hadiths concernant l'Intercession et le Dressage du Pont.[2]

Cependant, Qortobi a opté pour l'explication la plus probable. Ibn Hajar a recueilli les arguments des deux groupes dans son précieux livre *Fat'hou El-Bâri.*[3]

SECTION PREMIERE

LES HADITHS RAPPORTES A PROPOS DU BASSIN

Les Hadiths qui ont été rapportés à propos du Bassin sont *mutawatir*. Le caractère *mutawatir* des Hadiths concernant le Bassin ne fait pas de doute pour les gens de la science du Hadith. Plus de cinquante Compagnons ont rapporté d'après le Messager d'Allah (ﷺ) des Hadiths concernant le Bassin. Ibn Hajar a cité les noms des Compagnons qui les ont rapportés.[4]

Nous allons, dans cette section, citer quelques Hadiths qu'Al-Khatib Tabrizi a mentionnés dans son livre *Michkatou-al-Massabih.*[5]

1- D'après Abdallah Ibn 'Amr (رضي الله عنه), le Messager d'Allah (ﷺ) a dit: «*Mon Bassin a une longueur d'un mois, ses côtés sont égaux, son eau est plus blanche que le lait, son odeur est meilleure que celle du musc, et ses cruchons sont au nombre des étoiles du ciel. Celui qui s'en abreuvera n'aura plus jamais soif.*» Rapporté par Boukhari et Muslim.

---

[3] *Ibid.*

[4] *Fat'hou El-Bâri,* vol. 11, p. 468.

[5] *Michkatou-al-Massabih*, vol. 3, p. 68.

2- D'après Abou Houraïra (رضي الله عنه), le Messager d'Allah (ﷺ) a dit: *«Mon Bassin a une distance plus grande que celle qui existe entre Eilat* [ville de Jordanie] *et Aden* [ville du Yémen]. *Sa blancheur* [celle de l'eau] *est certainement plus blanche que la neige et plus douce que le miel mélangé au lait. Ses récipients sont plus nombreux que les étoiles. Et, certes, j'empêcherai des gens d'en boire comme l'homme empêche les chameaux d'autrui de boire de son bassin.»* Les Compagnons ont dit: ô Messager d'Allah! Nous reconnaîtras-tu en ce Jour? Le Prophète (ﷺ) a dit: *«Oui, car vous aurez une marque que les autres communautés n'auront pas. Vous viendrez à moi, en ayant des lumières sur vos visages et sur les membres de vos corps, laissées par les traces des ablutions.»* Rapporté par Muslim.

3- Dans une variante rapportée par Muslim d'après Anas (رضي الله عنه), il est mentionné que le Messager d'Allah (ﷺ) a dit: *«Tu verras des cruches en or et en argent, au nombre des étoiles du ciel.»*

4- Dans une autre variante, également rapportée par Muslim d'après Thawbane (رضي الله عنه), qui a dit: on a posé au Messager d'Allah (ﷺ) une question au sujet de sa boisson, et il a répondu: *«Elle est plus blanche que le lait et plus douce que le miel qu'on verse et qui coule. Il y aura deux gouttières* [déversant de l'eau] *du Paradis, remplissant et rajoutant l'eau du Bassin. L'une est en or et l'autre en argent.»*

SECTION 2

CEUX QUI SERONT ABREUVES DU BASSIN, ET CEUX QUI EN SERONT CHASSéS

De nombreux Hadiths ont été rapportés, où le Messager (ﷺ) a évoqué quels seront ceux qui s'abreuveront de son Bassin et ceux à

---

[6] *Jami'e El-Ossole*, vol. 1, p. 468.

qui l'on interdira d'en boire. Nous allons, dans cette section, citer quelques Hadiths mentionnés par Ibn Al-Athir, dans son livre *Jami'e El-Ossole*.[6]

1- Boukhari et Muslim ont rapporté d'après Abdallah Ibn Massoud (رضي الله عنه), que le Messager d'Allah (ﷺ) a dit: «*Je vous devancerai au Bassin, et certainement des hommes d'entre vous me seront envoyés. Puis, quand je me précipiterai vers eux pour les en abreuver, c'est alors que, devant moi, on les écartera de moi de manière rapide. Je dirai: ''Ô Seigneur! Mes Compagnons!'' - On me répondra: tu ne sais certainement pas ce qu'ils ont généré* [comme mauvaises innovations] *après toi!*»

2- Boukhari et Muslim ont, aussi, rapporté d'après Anas Ibn Malik (رضي الله عنه), que le Messager d'Allah (ﷺ) a dit: «*Certainement des hommes qui ont été mes Compagnons parviendront au Bassin. Quand je les verrai et qu'on les rapprochera de moi, ils s'éloigneront rapidement de ma personne. Alors, je dirai certainement: ''Ô Seigneur! Mes* [chers] *petits Compagnons! Mes* [chers] *petits Compagnons!'' - On me dira assurément: tu ne sais certainement pas ce qu'ils ont généré* [comme mauvaises innovations] *après toi.*»

Dans une autre variante: «*Certainement des gens de ma communauté parviendront à moi...* - les mêmes propos que le Hadith précédent, sauf qu'à la fin c'est:... *Alors je dirai: ''Loin, loin de moi ceux qui ont changé après moi!''*.» Rapporté par Boukhari et Muslim.

3- Boukhari et Muslim ont rapporté d'après Abou Hazim (qu'Allah lui fasse miséricorde), que Sahl Ibn Sa'd (رضي الله عنه) a entendu le Prophète (ﷺ) dire: «*Je vous devancerai au Bassin. Celui qui y arrivera boira, et celui qui boira n'aura plus jamais soif. Certainement des gens que je reconnaîtrai, et qui me reconnaîtront, parviendront à moi. Puis on s'interposera entre moi et eux.*»

Abou Hazim a dit: m'entendant leur raconter ce Hadith, An-Nou'mane Ibn Abi 'Ayache a dit alors: est-ce de cette manière, que tu as entendu Sahl (رضي الله عنه) raconter ce Hadith? J'ai répondu: oui. Il a dit: je témoigne quant à moi avoir entendu Abou Saïd Al-Khoudri (رضي الله عنه) rajouter ceci: «Le Prophète (ﷺ) dira: ''*Ils sont de ma communauté*!'' - *On dira: ''tu ne sais pas ce qu'ils ont généré* [comme mauvaises innovations] *après toi!'' - Alors je dirai: ''Loin, loin de moi, celui qui a changé après moi!''.*» Rapporté par Boukhari et Muslim.

4- Boukhari et Muslim ont rapporté d'après Abou Houraïra (رضي الله عنه), que le Messager d'Allah (ﷺ) a dit: *«Un groupe de mes Compagnons* - ou il a dit: *de ma communauté - qui sera repoussé et chassé du Bassin arriverons vers moi, le Jour de la Résurrection. Alors je dirai: ''Ô Seigneur! Mes Compagnons!'' - Il dira: ''Tu ne sais rien de ce qu'ils ont généré* [comme mauvaises innovations] *après toi: ils ont retourné le dos''.»* Rapporté par Boukhari et Muslim.

Dans le *Sahih* de Boukhari, on a rapporté que le Messager d'Allah (ﷺ) a dit: *«Tandis que je serai debout auprès du Bassin, voilà* [que viendra] *un groupe. Quand je les reconnaîtrai, voilà que surgira un homme qui s'interposera entre moi et eux, et dira: venez ici! Je demanderai: ''Pour aller où?'' Il dira: par Allah, pour aller en Enfer! Je dirai: ''Qu'ont-ils?'' Il dira: ils ont retourné le dos. Puis, voilà que viendra un autre groupe. Quand je les reconnaîtrai, voilà qu'un homme s'interposera entre eux et moi et dira: «Venez ici!» Je dirai: «Pour aller où?» Il dira: «Par Allah, pour aller en Enfer!» Je dirai: ''Qu'ont-ils?'' Il dira: ils ont retourné le dos. Je n'en verrai, parmi eux, que très peu qui seront sauvés.»*

Dans le *Sahih* de Muslim, on a rapporté que le Messager d'Allah (ﷺ) a dit: *«Ma communauté me parviendra au Bassin, et j'en chasserai des gens, comme l'homme chasse les chameaux d'un autre* [homme pour les éloigner] *de ses chameaux.»* Les Compagnons ont dit: ô Prophète d'Allah! Nous reconnaîtras-tu? - Il a répondu: *«Oui, car vous aurez une marque que les autres communautés n'auront pas. Vous viendrez avec des lumières sur vos visages et sur les membres de vos corps, laissées par les traces des ablutions. Puis, l'on empêchera, certainement, un groupe parmi vous de venir vers moi, et ces gens-là ne viendront pas. Je dirai: ''Ô Seigneur! Ceux-là sont mes Compagnons!'' Viendra alors un Ange qui dira: sais-tu ce qu'ils ont généré* [comme mauvaises innovations] *après toi''.*»

Dans une autre variante: «*Mon Bassin est d'une distance plus grande que celle qui existe entre Eilat et Aden. Sa blancheur est certainement plus blanche que la neige et plus douce que le miel mélangé au lait. Ses cruchons sont plus nombreux que les étoiles. Et, certes, j'empêcherai des gens d'en boire comme l'homme empêche les chameaux d'autrui de boire de son bassin.*» Les Compagnons ont dit: ô Messager d'Allah! Nous reconnaîtras-tu en ce Jour? Le Prophète (ﷺ) a dit: «*Oui, car vous aurez une marque que les autres communautés n'auront pas. Vous viendrez à moi, en ayant des lumières sur vos visages et sur les membres de vos corps, laissées par les traces des ablutions.*»

Qortobi a mentionné quelques-uns des Hadiths, que nous avons cités, dans son livre *At-Tadhkira*, puis il a dit: nos savants - qu'Allah leur fasse tous miséricorde - ont dit: tous ceux qui ont abjuré la religion d'Allah ou qui y ont introduit ce qui ne plaît pas à Allah et ce qu'Il n'a pas permis, seront chassés et éloignés du Bassin. Ceux qui seront le plus expulsés seront ceux qui sont allés à l'encontre de la communauté musulmane, et qui se sont écartés de leur chemin: comme les Kharijites, selon la diversité de leurs sectes, les Rafidites, selon la diversité de leur égarement, et les Mou'tazilites, selon leurs genres de passions. Tous ceux-là sont ceux qui ont changé.

De même seront chassés ceux qui ont commis des excès dans l'injustice, dans la tyrannie, dans l'effacement de la Vérité, dans la tuerie des gens de la Vérité et leur humiliation, ainsi que ceux qui commettaient les grands péchés en public, ceux qui méprisaient les péchés, ainsi que les groupes de gens de l'égarement, des passions et des innovations.

Il se peut que *[les gens]* soient repoussés du Bassin immédiatement, et, il se peut aussi que certains s'approchent du Bassin après avoir été graciés, seulement si leur innovation se situait au niveau de leurs actes, et non au niveau de leurs croyances. Si tel est le cas, le Prophète (ﷺ) les reconnaîtra à la lumière qu'ils auront sur leurs visages et sur les membres de leurs corps - laissée par les traces des ablutions, et il leur dira (ﷺ): *«Loin de moi!»*

En revanche, s'ils étaient parmi les hypocrites du temps du Messager (ﷺ), qui ont feint d'avoir la foi, et qui ont caché leur mécréance, on agirait avec eux selon ce qu'ils faisaient paraître d'eux, puis, on leur ôtera ce voile, et le Prophète (ﷺ) leur dira: *«Loin de moi! Loin de moi!»*

Ensuite restera éternellement en Enfer quiconque aura renié et traité de mensonge la Vérité, ne possédant pas dans son cœur le poids d'un grain de moutarde de foi, *conclut Qortobi.* [7]

---

[7] *At-Tadhkira,* p. 306.

CHAPITRE 14

LE RASSEMBLEMENT POUR LA DEMEURE ETERNELLE: LE PARADIS OU L'ENFER

SECTION PREMIERE

ON DEMANDERA A CHAQUE COMMUNAUTE DE SUIVRE LA DIVINITE QU'ELLE A ADOREE

A l'issue de ce Jour, les serviteurs seront rassemblés soit au Paradis, soit en Enfer: ce sont les demeures ultimes que tout serviteur rejoindra. Le Messager d'Allah (ﷺ) nous a informés que l'on demandera à chaque communauté de suivre la divinité qu'elle adorait, à la fin de ce Jour: ainsi, celui qui adorait le soleil suivra le soleil; celui qui adorait la lune, suivra la lune; ceux qui ont adoré les idoles, on leur présentera leurs divinités qui marcheront devant eux et ils les suivront; de même, ceux qui ont adoré Pharaon le suivront. Puis, ces fausses divinités tomberont en Enfer, et alors leurs adorateurs tomberont, après elles, en Enfer, conformément à la description faite par le Très-Haut du cas de Pharaon:

﴾Il précédera son peuple, au Jour de la Résurrection. Il les mènera à l'aiguade du Feu, et quelle détestable aiguade!﴿ *[Coran 11: 98]*

Ensuite, il ne restera que les croyants et les gens du Livre. Parmi les croyants, se trouveront les hypocrites qui étaient avec eux dans la vie terrestre. Leur Seigneur (ﷻ) viendra à eux et leur demandera: «Qu'attendez-vous?» - Ils diront: nous attendons notre Seigneur. Ils Le reconnaîtront par Sa Jambe, lorsqu'Il la leur découvrira. A ce moment-là, ils se jetteront prosternés devant Lui (ﷻ), exception faite des hypocrites qui ne le pourront pas:

﴾Le Jour où la Jambe sera dévoilée, et où ils seront appelés à la prosternation, mais ils ne le pourront pas.﴿ *[Coran 68: 42]*

Puis, les croyants suivront leur Seigneur (ﷻ), et l'on dressera le Pont. On donnera aux croyants leurs lumières. Ils traverseront le Pont, la lumière des hypocrites s'éteindra, et on leur dira: «Retournez en arrière, et cherchez une lumière!» On les séparera *[des croyants]* par un mur ayant une porte dont l'intérieur contient la miséricorde, et dont la face apparente présente devant elle le châtiment. Les serviteurs traverseront le Pont, en se hâtant en fonction de l'importance de leur foi et de leurs œuvres pieuses.

Muslim a rapporté, dans son *Sahih*, d'après Abou Saïd Al-Khoudri (رضي الله عنه), que le Prophète (ﷺ) a dit: *«Le Jour de la Résurrection, un crieur appellera: ''Que chaque nation suive ce qu'elle a adoré!'' Alors, il ne restera aucune personne parmi ceux qui ont adoré un autre qu'Allah le Très-Haut, parmi les idoles et les pierres dressées, qui ne tombera pas en Enfer, jusqu'à ce qu'il ne reste que ceux qui ont adoré Allah, aussi bien les bienfaiteurs que les libertins, ainsi que les gens du Livre.*

Puis on appellera les juifs et on leur demandera: ''Qu'adoriez-vous?'' Ils diront: nous adorions 'Ouzaïr, le fils d'Allah'. On dira: ''Vous avez menti! Allah n'a ni pris de compagne, ni d'enfant. Que désirez-vous?'' Ils diront: ô notre Seigneur! Nous sommes assoiffés. Abreuve-nous! Alors on leur indiquera [l'Enfer]: *''Ne vous abreuverez-vous pas* [de feu]*?''*

Ainsi, ils seront rassemblés en Enfer qui ressemblera à un mirage dont les vagues se brisent. Puis ils tomberont en Enfer. Ensuite, on appellera les chrétiens et on leur dira: ''Qu'adoriez-vous?'' Ils diront: nous adorions le Messie 'le fils d'Allah'! On leur dira: ''Vous avez menti! Allah n'a ni pris de compagne, ni d'enfant!...Que désirez-vous?'' Ils diront: nous avons soif, ô notre Seigneur, abreuve-nous!

Le Messager (ﷺ) a encore dit: *«Alors on leur indiquera* [l'Enfer]: *''Ne vous abreuverez-vous pas?'' Ainsi, ils seront rassemblés dans le feu de la Géhenne qui ressemble à un mirage dont les vagues se brisent. Puis, ils tomberont en Enfer. Quand il ne restera que ceux qui auront adoré Allah le Très-Haut, parmi les gens, aussi bien pieux que désobéissants, le Seigneur de l'univers (ﷻ) viendra à eux sous la forme la plus proche qu'ils aient connue de Lui. Il dira: ''Qu'attendez-vous? Que chaque nation suive ce qu'elle a adoré!'' Ils diront: ô notre Seigneur! Nous nous sommes séparés des gens dans la vie terrestre, tandis que nous avions besoin d'eux, alors comment nous lierions-nous à eux. Allah dira: ''Je suis votre Seigneur.'' Ils diront: nous nous réfugions auprès d'Allah contre toi, nous n'associons rien à Allah* - paroles répétées deux ou trois fois - *à tel point que certains risquent de se renverser. Allah dira alors: ''Y aurait-il entre Lui et vous un signe par lequel vous Le reconnaîtriez?'' Ils diront: oui. C'est alors que la Jambe sera dévoilée. Il ne restera pas un individu qui se prosternait pour Allah, de son propre gré, à qui Allah ne permettra de se prosterne. Aussi, ne restera-t-il pas un individu qui se prosternait en guise de protection et d'ostentation, à qui Allah ne transformera les vertèbres de son dos en une seule* [vertèbre]: *chaque fois qu'il voudra se prosterner, il tombera sur sa nuque. Puis, les croyants relèveront la tête alors qu'Allah prendra la forme sur laquelle ils L'ont vu la première fois. Il dira: "Je suis votre Seigneur". - Ils diront: Tu es effectivement notre Seigneur. Puis on étendra le Pont au-dessus de l'Enfer. La permission sera donnée d'intercéder, alors l'on intercédera. Ils diront: ô Allah, préserve! Préserve!. Quelqu'un a dit: ô Messager d'Allah! Qu'est-ce que le Pont? Il a répondu: "C'est un endroit où les pieds glisseront, trébucheront et ne pourront se stabiliser. Des crochets et des épines en fer s'y trouveront. Il y aura un chardon que l'on appelle Sa'dane, comme celui qui pousse dans la contrée de Najd* [est d'Arabie]. *Les croyants traverseront à la vitesse d'un clin d'œil, d'autres à la vitesse de l'éclair, du vent, de l'oiseau, et des chevaux et chameaux rapides au galop. L'*[homme] *sauvé sera hors de danger, l'*[homme] *égratigné sera libéré et celui qui sera violemment renversé et poussé sera dans le feu de l'Enfer.»* [1]

Muslim a aussi rapporté qu'Abou Houraïra (رضي الله عنه), concernant la description de la traversée du Pont, a dit: le Messager d'Allah (ﷺ) a dit: *«On enverra le Dépôt et le lien de sang, qui se tiendront sur les deux côtés du Pont: un à droite et l'autre à gauche. Le premier d'entre vous traversera comme l'éclair.»*

Abou Houraïra (رضي الله عنه) a dit: que je ne donne pour toi mon père et ma mère, de quelle façon comme l'éclair? Il (ﷺ) a répondu: *«Ne voyez-vous pas l'éclair comme il arrive et repart en un clin d'œil? Puis il y en aura qui traverseront à la vitesse du vent, puis à celle d'un oiseau, puis à l'allure des hommes quand ils courent. Leurs vitesses de traversée seront déterminées par les œuvres qu'ils ont accomplies - votre Prophète se tiendra debout sur le Pont et dira: "Ô Seigneur! Préserve, préserve!" - et l'on arrivera au point que les œuvres des serviteurs les rendront incapables* [de poursuivre la traversée], *et au point que l'homme ne pourra se déplacer qu'en*

---

[1] *Sahih* de Muslim, livre de la Foi, chapitre de la connaissance de la manière dont on verra Allah, vol. 1, p. 167, n° 183.

rampant. Sur les côtés du Pont se trouveront des crochets suspendus, à qui il a été ordonné de saisir ce qui leur a été ordonné de saisir. Celui qui sera égratigné [par les crochets] *sera sauvé, et celui qui sera violemment renversé et poussé sera dans le Feu.»*[2]

Muslim a également rapporté, dans son *Sahih*, qu'Abou Zoubeir a entendu Jabir Ibn Abdallah (رضي الله عنه) se faire interroger au sujet du «passage par l'Enfer». Celui-ci a dit: «Nous serons le Jour de la Résurrection sur un tas au-dessus des gens. On appellera progressivement les nations avec leurs idoles et ce qu'elles adoraient. Puis, notre Seigneur viendra à nous après cela et dira: ''Qui regardez-vous?'' Ils diront: nous regardons notre Seigneur. Puis Il dira: ''Je suis votre Seigneur.'' Ils diront: jusqu'à ce que nous Te voyions! Alors, Il apparaîtra à eux en riant.

Il a enchaîné: Allah partira avec eux, et ils Le suivront. Alors on donnera à chaque homme d'entre eux, hypocrite ou croyant, une lumière. Puis ils suivront Allah. Et sur le Pont de l'Enfer, se trouveront des crochets et des épines en fer, qui prendront ceux qu'Allah voudra. Puis, la lumière des hypocrites s'éteindra. Les croyants seront sauvés: le premier groupe de croyants auront des visages comme la pleine lune. Ils seront soixante-dix mille qui n'auront aucun compte à rendre. Puis, ceux qui les suivront auront les visages illuminés comme l'étoile la plus lumineuse dans le ciel...»[3]

Boukhari et Muslim ont rapporté, dans leurs *Sahih*, d'après Abou Houraïra (رضي الله عنه), que le Messager d'Allah (ﷺ) a dit aux Compagnons quand ils lui ont posé une question au sujet de la vue d'Allah: *«Trouvez-vous quelque mal à observer l'astre lunaire en pleine lune, dans un ciel sans nuage?»* - Ils ont répondu: non, ô

---

[2] *Sahih* de Muslim, livre de la Foi, chapitre de celui, parmi les gens du Paradis, qui est au plus bas degré, vol. 1, p. 187, n° 195.

[3] *Sahih* de Muslim: livre de la Foi, chapitre de celui, parmi les gens du Paradis, qui est au plus bas degré, vol. 1, p. 175, n° 191.

Messager d'Allah! - Il a dit: «*Parce que vous Le verrez ainsi le Jour de la Résurrection. Allah rassemblera les gens et dira: ''Que celui qui a adoré quoi que ce soit, suive ce qu'il a adoré''. Alors suivra le soleil celui qui l'a adoré, suivra la lune celui qui l'a adorée, et suivra les* tâghoûte [despotismes] *celui qui les a adorés. Il restera cette communauté avec ses hypocrites. Allah viendra à eux sous une autre image que celle qu'ils ont connue de Lui, et Il dira: ''Je suis votre Seigneur.'' Ils diront: nous nous réfugions auprès d'Allah contre toi. Ainsi sera notre situation jusqu'à ce que notre Seigneur vienne à nous. Et quand notre Seigneur viendra à nous, nous Le reconnaîtrons.*

Et Allah viendra à eux sous la forme qu'ils ont connue de Lui. Il dira: ''Je suis votre Seigneur.'' Ils diront: tu es effectivement notre Seigneur. Puis ils Le suivront et l'on étendra le Pont au-dessus de l'Enfer.»

Ensuite, le Messager d'Allah (ﷺ) a dit: «*Je serai le premier à le traverser. Ce jour-là, l'invocation des Messagers sera: ''Ô Seigneur! Préserve! Préserve!'' Il y aura des crochets comme des épines de chardon. N'avez-vous jamais vu les épines de chardon?*» Les Compagnons ont dit: assurément, ô Messager d'Allah! Il a alors dit: «*Elles seront comme les épines de chardon sauf que nul n'en connaît les vraies dimensions, sauf Allah. Elles saisiront les gens en fonction de leurs actes. Parmi les croyants, il y en aura qui seront préservés grâce à leurs bonnes œuvres, et il y en aura qui se feront écorcher par les crochets puis ils seront sauvés...*»[4]

Ces textes authentiques, clairs et évidents, mettent en relief plusieurs points importants. Ces textes ont fait mention du

---

[4] *Sahih* de Boukhari, livre des *Riqaq,* chapitre: le ''*Sirate*'' est le Pont de l'Enfer. *Fat'hou El-Bâri,* vol. 11, p. 444; *Sahih* de Muslim, livre de la foi, chapitre de la connaissance de la manière dont on verra Allah, vol. 1, p. 163, nº 182. Les termes de ce Hadith sont ceux que Boukhari a rapportés.

rassemblement des mécréants en Enfer, du parcours des croyants sur le Pont pour aller au Paradis, et du fait qu'on débarrassera la communauté des croyants de ses hypocrites. Les textes ont également évoqué, de manière générale, le sens du passage par l'Enfer qu'Allah (ﷻ) dont Allah a fait mention dans Sa parole:

﴾Il n'y a personne parmi vous qui ne passe pas par *[l'Enfer]*.﴿ *[Coran 19: 71]*

Nous traiterons de ces sujets en les développant brièvement dans ce qui suit.

SECTION 2

LE RASSEMBLEMENT DES MECREANTS EN ENFER

De nombreux textes qui ont été rapportés nous décrivent de quelle manière se fera le rassemblement des mécréants en Enfer, lorsqu'ils rejoindront les divinités qu'ils adoraient.

1- Ils seront rassemblés comme des troupeaux d'animaux, groupe par groupe. Ils seront poussés d'un coup violent. On criera sur eux de tous côtés, comme le fait le berger avec ses vaches et ses moutons:

﴾Et ceux qui avaient mécru seront conduits par groupes en Enfer.﴿ *[Coran 39: 71]*

﴾Le jour où ils seront brutalement poussés au feu de l'Enfer.﴿ *[Coran 52: 13]*

﴾Et le jour où les ennemis d'Allah seront rassemblés en masse vers le Feu... Puis on les poussera *[dans sa direction]*.﴿ *[Coran 41: 19]*

Le sens de *«on les poussera»* est: ils les rassembleront. Les gardiens de l'Enfer les rassembleront du premier au dernier, de la même manière que les humains quand ils agissent avec les animaux.

2- Ces textes montrent qu'ils seront rassemblés au Feu sur leurs visages; ils ne se déplaceront pas sur leurs pieds, comme quand ils marchaient dans la vie terrestre. Allah le Très-Haut (سُبْحَانَهُ وَتَعَالَى) dit:

﴾Ceux qui seront rassemblés *[traînés]* sur leurs visages vers l'Enfer, ceux-là seront dans la pire des situations, et les plus égarés hors du droit chemin.﴿ *[Coran 25: 34]*

Boukhari et Muslim ont rapporté d'après Anas Ibn Malik (رَضِيَ اللهُ عَنْهُ), qu'un homme a dit: ô Messager d'Allah! Comment le mécréant sera-t-il «rassemblé sur son visage», le Jour de la Résurrection?

Le Prophète (ﷺ) a répondu: *«Celui qui l'a fait marcher sur ses deux pieds dans la vie terrestre, n'est-Il pas capable de le faire se déplacer sur son visage, le Jour de la Résurrection*?» Puis, Qutada a dit: bien sûr que si! Par la puissance de notre Seigneur!

Outre leur rassemblement sur leurs visages, qui les mettra dans une position ignoble, les mécréants seront, le Jour de la Résurrection, aveugles: ils ne verront pas; ils seront muets: ils ne parleront pas; et ils seront sourds: ils n'entendront pas:

﴾Nous les rassemblerons *[traînés]* sur leurs visages, aveugles, muets, et sourds. L'Enfer sera leur demeure, et chaque fois que son feu s'affaiblit, Nous leur accroîtrons la flamme ardente.﴿ *[Coran 17: 97]*

3- Leur malheur augmentera quand ils rencontreront leurs fausses divinités, leurs alliés et leurs adeptes:

﴾Rassemblez les *[gens]* injustes et leurs épouses et tout ce qu'ils adoraient, en dehors d'Allah. Puis, conduisez-les au chemin de la Fournaise.﴿ *[Coran 37: 22-23]*

4- Aussi, seront-ils vaincus, maîtrisés, avilis et humiliés:

﴿Dis à ceux qui ne croient pas: vous serez vaincus, et vous serez rassemblés vers l'Enfer. Et quel mauvais endroit pour se reposer!﴾ *[Coran 3: 12]*

5- Avant qu'ils ne parviennent en Enfer, les bruits de la Géhenne frapperont leurs ouïes et rempliront leurs cœurs d'effroi:

﴿Lorsque de loin elle les verra, ils entendront sa fureur et ses pétillements.﴾ *[Coran 25: 12]*

6- Lorsqu'ils parviendront en Enfer, ils contempleront son terrible spectacle. Alors, ils regretteront et souhaiteront revenir à la vie ici-bas, afin qu'ils puissent croire:

﴿Si tu les voyais quand ils seront placés devant le Feu, ils diront alors: hélas! Si nous pouvions être renvoyés *[sur terre]*, nous ne traiterions pas de mensonges les versets de notre Seigneur, et nous serions du nombre des croyants.﴾ *[Coran 6: 27]*

Mais ils ne trouveront pas d'échappatoire à l'Enfer:

﴿Et les criminels verront le Feu, ils seront alors convaincus qu'ils y tomberont, et n'y trouveront pas d'échappatoire.﴾ *[Coran 18: 53]*

7- A ce moment-là, on leur ordonnera d'entrer en Enfer. Le Contraignant *[Allah]* sera en colère contre les *[gens]* avilis, les perdants:

﴿Entrez donc par les portes de l'Enfer pour y demeurer éternellement. Combien est mauvaise la demeure des orgueilleux!﴾ *[Coran 16: 29]*

Nul, parmi les djinns et les hommes, ne sera sauvé de l'Enfer, sauf les gens pieux qui ont eu foi en Allah (ﷻ), qui ont déclaré véridiques les Messagers, et qui ont suivi ce qui a été descendu sur eux de la part de leur Seigneur (ﷻ):

﴾Par ton Seigneur! Assurément, Nous les rassemblerons, eux et les diables. Puis, Nous les placerons autour de l'Enfer, agenouillés. Ensuite, Nous arracherons de chaque groupe, ceux d'entre eux qui étaient les plus obstinés contre le Tout- Miséricordieux. Puis, Nous sommes le Meilleur à savoir ceux qui méritent le plus d'y être brûlés. Il n'y a personne parmi vous qui ne passe pas par *[l'Enfer]*: car *[il s'agit là]* pour ton Seigneur d'une sentence irrévocable. Ensuite, Nous délivrerons ceux qui étaient pieux, et Nous y laisserons les *[gens]* injustes agenouillés.﴿ *[Coran 19: 68-72]*

Sayid Qotb a dit au sujet de l'interprétation de ces versets: Allah (ﷻ) jure par Lui-même, et c'est là le serment le plus grand et le plus vénérable, qu'ils seront tous rassemblés après la mort; c'est une affaire réglée:

﴾Par ton Seigneur! Assurément, Nous les rassemblerons.﴿ *[Coran 19: 68]*

Ils ne seront pas seuls:

﴾Nous les rassemblerons, eux et les diables.﴿ *[Coran 19: 68]*

Ils seront avec les diables, sur le même pied d'égalité. Les diables qui inspiraient *[ce qui est]* répréhensible, ceux avec qui ils avaient une relation de suiveurs et de suivis, de menés et de meneurs... Ici, Allah (ﷻ) donne une image concrète de leur agenouillement autour de l'Enfer, un agenouillement plein d'ignominie et d'opprobre:

﴾Nous les placerons autour de l'Enfer, agenouillés.﴿ *[Coran 19: 68]*

C'est un tableau épouvantable. Ces groupes de gens indénombrables seront rassemblés et placés autour de l'Enfer, agenouillés. Ils assisteront à ses supplices terribles. Sa chaleur les brûlera. Ils s'attendront à chaque instant à être pris pour être jetés dans le Feu. Ils seront agenouillés, avilis et effrayés... C'est une scène humiliante pour les tyrans et ceux qui enflaient d'orgueil. Puis, suit la scène où l'on verra arrachés de ce groupe ceux qui étaient les plus obstinés et les plus tyranniques:

> ﴾Ensuite, Nous arracherons de chaque groupe ceux d'entre eux qui étaient les plus obstinés contre le Tout-Miséricordieux.﴿ *[Coran 19: 69]*

Cette parole exprime une certaine violence, et dépeint la vivacité et la terreur qui accompagneront cette action. Puis, vient l'image de leur éjection en Enfer, le dernier mouvement qui clôt cette vision.

Allah (ﷻ) sait mieux qui mérite le plus d'y être brûlé, car l'on ne prendra pas une personne au hasard dans ces masses indénombrables dont Allah a dénombré les éléments un par un:

> ﴾Puis Nous sommes Le Meilleur à savoir ceux qui méritent le plus d'y être brûlés.﴿ *[Coran 19: 70]*

Ceux-là sont choisis pour être les premiers à être jetés dans le Feu, *conclut Sayid Qotb.*[5]

Quant au verset suivant:

> ﴾Et il n'y a personne parmi vous qui ne passe pas par *[l'Enfer]...*﴿ *[Coran 19: 71]*

... Il a modifié les états des gens vertueux, il leur a fait passer des nuits, éveillés, et a troublé leur heureuse manière de vivre. Il les a empêchés de rire et de jouir de ce qu'ils désiraient.

Ibn Kathir a relaté qu'Abou Mayssara, lorsqu'il allait au lit, disait: comme j'aurais aimé que ma mère ne m'ait jamais enfanté! Puis, il se mettait à pleurer. Une fois, on lui a demandé: qu'est-ce qui te fait pleurer, ô Abou Mayssara? Il a répondu: Allah nous a informés que nous y passerons *[en Enfer]*. Et Il ne nous a pas informés que nous en serons écartés.

---

[5] *Adhilâl*, 4/2317.

Abdallah Ibn Al-Moubarak a rapporté qu'Al-Hassan Al-Basri a dit: un homme a dit à son frère: on t'a prévenu de ton passage en Enfer? - Il a répondu: oui. - L'autre a dit: on t'a prévenu que tu serais écarté de l'Enfer? - Il a répondu: non. - L'homme a dit: à quoi bon rire, dès lors? Puis Al-Hassan a dit: on ne l'a plus vu rire jusqu'à ce qu'Allah le rappelle à Lui.

Ibn Abbas (رضي الله عنه) a dit à un homme qu'il côtoyait: quant à toi et moi, ô Abou Rachid! Nous passerons par l'Enfer. Médite donc si nous en serons écartés ou non?[6]

SECTION 3

LA TRAVERSEE DU PONT PAR LES CROYANTS ET LE FAIT QUE LES CROYANTS SERONT DEBARRASSES DES HYPOCRITES

Quand on emmènera les mécréants athées et les polythéistes égarés à la demeure de la perdition, l'Enfer où ils brûleront - et quelle mauvaise demeure! - les croyants monothéistes qui ont suivi les Messagers resteront encore dans les arènes de la Résurrection. Parmi eux, il y aura les pécheurs et les hypocrites. Ils seront couverts de ténèbres avant de traverser le Pont, comme ceci est indiqué dans le Hadith rapporté par Muslim dans son *Sahih*, d'après Aïcha qui a dit: on a interrogé le Messager (صلى الله عليه وسلم): *«Où seront les gens le jour où la terre sera remplacée par une autre terre, de même que les* cieux?» - Il a répondu: *«Ils seront dans l'obscurité qui précède le Pont.»*

Le commentateur de *Al-'Aqida At-Tahawiya* a dit: à cet emplacement, les hypocrites seront séparés des croyants et ils

[6] *Tafsir* d'Ibn Kathir, vol. 4, p. 476.

resteront en arrière. Les croyants les précéderont, puis on interposera, entre eux, un mur qui les empêchera de rejoindre les croyants.

Beihaqi a rapporté, selon une chaîne de transmission remontant de lui jusqu'à Masrouq, que ce dernier a rapporté d'après Abdallah (رضي الله عنه), en disant: *«Allah rassemblera les gens le Jour de la Résurrection», jusqu'à ce qu'il ait dit: «Parmi eux, il y en aura un à qui l'on donnera une lumière de la taille d'une montagne qu'il tiendra entre ses mains, un autre à qui l'on donnera une lumière d'une taille supérieure à cela, un autre encore à qui l'on donnera une lumière de la taille d'un dattier qu'il tiendra dans sa main droite, et un autre enfin à qui l'on donnera une lumière d'une taille inférieure à cela, qu'il tiendra dans sa main droite, jusqu'au dernier à qui l'on donnera sa lumière sur l'orteil de son pied: une fois elle s'allumera, une fois elle s'éteindra, et quand la lumière sera allumée, il avancera, et quand elle s'éteindra, il s'arrêtera.»*

Puis, il a dit: *«Il traversera le Pont, tout comme les autres traverseront. Le Pont est comme la lame d'un sabre. C'est un endroit où les pieds glisseront, trébucheront et ne se stabiliseront pas. On leur dira: avancez selon l'ampleur de vos lumières! Certains traverseront à la vitesse de l'étoile filante, d'autres à la vitesse du vent, d'autres en un clin d'œil, d'autres à la vitesse d'un homme vigoureux hâtant le pas, en fonction de l'importance de leurs œuvres, jusqu'à ce que traverse celui à qui l'on a donné sa lumière sur l'orteil de son pied: une main cédera et l'autre se suspendra, un pied cédera et l'autre se suspendra. Le feu touchera leurs flancs, puis ils seront préservés* [de tomber en Enfer]. *Et lorsqu'ils en auront été préservés, ils diront: Louange à Allah qui nous a sauvés de toi* [de l'Enfer], *après qu'Il t'eût montré à nos regards. Il nous a certainement donné ce qu'Il n'a donné à personne.»* [7]

---

[7] Cheikh Nasser Eddine El-Albani a dit: ce Hadith est authentique. Il a été rapporté par Al-Hâkim. Je pense que Beihaqi l'a rapporté par son biais.=

Allah (ﷻ) nous a décrit la scène de la traversée des croyants du Pont:

﴾Le Jour où tu verras les croyants et les croyantes, leur lumière courant devant eux et à leur droite, *[on leur dira]*: voici une bonne nouvelle pour vous, aujourd'hui: des Jardins sous lesquels coulent les ruisseaux pour y demeurer éternellement. Tel est l'énorme succès! Le Jour où les hypocrites, hommes et femmes, diront à ceux qui croient: attendez que nous empruntions de votre lumière. Il sera dit: revenez en arrière et cherchez de la lumière! C'est alors qu'on élèvera, entre eux, un mur ayant une porte dont l'intérieur renferme la miséricorde et dont la face apparente présente devant elle le châtiment. N'étions-nous pas avec vous?, leur crieront-ils. Oui, répondront *[les croyants]*, mais vous vous êtes laissés tenter, vous avez comploté et vous avez douté, et de vains espoirs vous ont trompés, jusqu'à ce que vînt l'ordre d'Allah. Et le séducteur *[le diable]* vous a trompés au sujet d'Allah. Aujourd'hui donc, on n'acceptera de rançon ni de vous, ni de ceux qui ont mécru. Votre asile sera le Feu: c'est lui qui est votre compagnon inséparable. Et quelle mauvaise destination!﴿ *[Coran 57: 12-15]*

Allah (ﷻ) nous apprend donc que l'on donnera aux croyants et aux croyantes - qui ont été illuminés par cette grande religion dans la vie terrestre et qui ont vécu dans sa lumière - une lumière, le Jour de la Résurrection, qui leur montrera le chemin pour parvenir aux Jardins des Délices. Allah (ﷻ) leur fera éviter les trébuchements et les glissements à cet endroit glissant, trébuchant et où les pieds ne se stabiliseront pas. Là-bas, on leur annoncera la bonne nouvelle des

---

=Al-Hâkim a dit: ce Hadith est authentique, selon les conditions de Boukhari et Muslim. Dhahabi l'a approuvé. Voir *Ta'liq 'ala Charh Al-'Aqida At-Tahawiya,* p. 470. Voir ce Hadith dans *Sahih Targhib wa Tarhib,* n° 3591.

Jardins des Délices, qui seront interdits aux hypocrites qui prétendaient être avec les croyants et faire partie de leur groupe dans le bas monde. Mais en vérité, ils n'étaient pas avec eux, n'ont pas été éclairés par la guidance des croyants et n'ont pas suivi leur chemin de lumière, tout comme ils ont interdit à leurs âmes, dans la vie terrestre, la lumière du Sublime Coran.

Les hypocrites demanderont aux gens de la foi de les attendre afin qu'ils puissent être illuminés de leurs lumières. Or, là-bas, ils seront trahis comme ils ont trahi les croyants dans la vie terrestre. On leur dira: «Retournez en arrière et cherchez une lumière!»

C'est ainsi que les hypocrites retourneront en arrière, et que les croyants avanceront droit devant eux. Quand les deux groupes seront séparés, Allah (ﷻ) dressera entre eux un mur ayant une porte dont l'intérieur contient la miséricorde, et dont la face extérieure a devant elle le châtiment du Feu. La destination des croyants et des croyantes sera le Paradis, et celle des hypocrites, femmes et hommes, sera l'Enfer.

Allah (ﷻ) a déclaré que l'invocation des croyants, lorsque leur lumière courra devant eux et à leurs droites, sera: «Ô Seigneur! Parfais-nous notre lumière.» Le Très-Haut (ﷻ) a effectivement dit:

> ﴿Le jour où Allah épargnera l'ignominie au Prophète et à ceux qui croient avec lui, leur lumière courra devant eux et à leurs droites. Ils diront: Seigneur! Parfais-nous notre lumière et pardonne-nous, car Tu es Omnipotent.﴾
>
> *[Coran 66: 8]*

Moudjahid, Dhahâk, Al-Hassen Al-Basri et d'autres ont dit: ceci sera dit par les croyants, le Jour de la Résurrection, lorsqu'ils verront la lumière des hypocrites s'éteindre. [8]

---

[8] *Tafsir* d'Ibn Kathir, vol. 7, p. 61.

SECTION 4

SEULS LES CROYANTS TRAVERSERONT LE PONT - ET NULLEMENT LES POLYTHEISTES

Les Hadiths que nous avons cités ont indiqué que les communautés mécréantes suivront les fausses divinités qu'elles ont adorées. Ces divinités les conduiront en Enfer. Puis, il restera les croyants et les hypocrites. Le Pont sera dressé pour ceux-là.

Je n'ai pas remarqué, dans les livres des savants, que l'un d'eux ait mis l'accent sur ce que nous venons d'établir, à savoir que le Pont sera destiné uniquement aux croyants, et non aux mécréants polythéistes et athées, excepté Ibn Rajab Al-Hanbali - qu'Allah lui fasse miséricorde - qui, dans son livre *Takhwif mi an-Nar*, a dit: sachez que les gens se divisent en plusieurs catégories: le croyant qui adore Allah l'Unique (سبحانه وتعالى), sans rien Lui associer, et le païen qui adore, avec Allah (سبحانه وتعالى), quelqu'un d'autre. Quant aux païens, ils ne traverseront pas le Pont, mais ils seront jetés en Enfer avant que le Pont ne soit dressé.[9]

Puis il a cité quelques Hadiths, que nous avons exposés ici. Parmi ces Hadiths, se trouve le Hadith d'Abou Saïd Al-Khoudri (رضي الله عنه) rapporté par Boukhari et Muslim. Puis, il a dit: ce Hadith est explicite en ce qui concerne tous ceux qui ont manifesté une quelconque adoration pour *[être vénéré]* autre qu'Allah (سبحانه وتعالى), comme l'adoration de Jésus ou de 'Ouzaïr chez les gens du Livre. Ils rejoindront les païens pour être jetés en Enfer avant l'établissement du Pont. Tous les païens, qu'ils soient adorateurs d'idoles, du soleil, de la lune ou fassent partie des autres types de polythéistes, suivront ce qu'ils adoraient dans la vie terrestre. Ils seront alors emmenés au Feu,

---

[9] *Takhwif min an-Nar,* p. 187.

précédés de ce qu'ils adoraient. Le Coran a évoqué ce fait à travers la Parole du Très-Haut (ﷻ), au sujet de Pharaon:

﴾Il précédera son peuple, au Jour de la Résurrection, et il les mènera à l'aiguade du Feu. Et quelle détestable aiguade!﴿
[Coran 11: 98]

Quant à ceux qui, parmi les gens du Livre, ont adoré les serviteurs d'Allah, le messie Jésus et Ouzaïr, et qui seront restés en arrière avec les autres gens des religions affiliées aux Prophètes, ils seront, après les païens, emmenés au Feu.

On a rapporté, dans un autre Hadith, que ceux qui ont adoré le messie Jésus suivront le diable qui prendra l'image de celui-ci, de même pour ceux qui ont adoré 'Ouzaïr. Dans le Hadith de la Trompe, il est évoqué que c'est un Ange qui prendra, pour eux, l'image du messie et un autre Ange l'image de 'Ouzaïr. Puis, il ne restera, après cela, que ceux qui ont manifesté l'adoration unique à Allah (ﷻ), sincèrement ou hypocritement, de cette nation-ci et des autres. Puis, l'on distinguera les hypocrites des croyants du fait qu'ils ne pourront se prosterner. Ils se distingueront d'eux aussi par la lumière qu'on distribuera aux croyants, *conclut Ibn Rajab,* avec ce point de vue pertinent - qu'Allah lui fasse miséricorde. [10]

SECTION 5

LA SIGNIFICATION DU PASSAGE PAR L'ENFER

Certains savants ont affirmé que le passage par l'Enfer, annoncé dans les Paroles du Très-Haut (ﷻ):

---

[10] *Idem,* p. 188.

> ﴿Il n'y a personne parmi vous qui ne passe pas par *[l'Enfer]*, car *[il s'agit là]* pour ton Seigneur d'une sentence irrévocable.﴾ *[Coran 19: 71]*,

signifie l'entrée en Enfer. Tel est l'avis d'Ibn Abbas (رضي الله عنه).[11]

Ibn Abbas (رضي الله عنه) a argumenté cet avis par la Parole du Très-Haut (سبحانه وتعالى), au sujet du Pharaon:

> ﴿Il précédera son peuple, au Jour de la Résurrection. Il les mènera à l'aiguade du Feu.﴾ *[Coran 11: 98]*

> ﴿Et Nous pousserons les criminels en Enfer comme *[un troupeau]* à l'abreuvoir.﴾ *[Coran 19: 86]*

> ﴿Si ceux-là étaient vraiment des divinités, ils n'y entreraient pas.﴾ *[Coran 21: 99]*

Muslim Al-A'war a rapporté que Moudjahid a dit, au sujet de la Parole du Très-Haut (سبحانه وتعالى) ﴿Il n'y a personne parmi vous, qui ne passe pas par *[l'Enfer]*﴾: c'est-à-dire: y pénétrera.[12]

Certains savants ont estimé que le sens de l'expression «passage par l'Enfer» est la traversée sur le Pont.

Le commentateur de *Al-'Aqida At-Tahawiya* a dit: les exégètes du Coran ont divergé sur le sens du Passage évoqué dans la Parole du Très-Haut (سبحانه وتعالى): ﴿Il n'y a personne parmi vous, qui ne passe pas par *[l'Enfer]*.﴾

Quel est son sens? Le sens le plus apparent et le plus probable est qu'il s'agit de la traversée du Pont, car Allah le Très-Haut (سبحانه وتعالى) dit:

> ﴿Ensuite, Nous délivrerons ceux qui étaient pieux et Nous y laisserons les *[gens]* injustes agenouillés.﴾ *[Coran 19: 72]*

Dans le *Sahih* de Boukhari, on a rapporté que le Prophète (ﷺ) a dit: *«Par Celui qui tient mon âme en Sa Main, il n'y a personne ayant*

---

[11] *Idem,* p. 200.

[12] *Ibid.*

prêté serment sous l'arbre, qui entre en Enfer.» Hafsa (qu'Allah l'agrée) a dit: j'ai dit: ô Messager d'Allah! Allah n'a-t-Il pas dit:

﴿Il n'y a personne parmi vous qui ne passe pas par *[l'Enfer]?*﴾ *[Coran 19: 71]*

Le Prophète (ﷺ) a dit: *«N'as-tu pas entendu qu'Il a dit:*

﴿Ensuite, Nous délivrerons ceux qui étaient pieux et Nous y laisserons les [gens] *injustes agenouillés.*﴾» *[Coran 19: 72]*

Le Prophète (ﷺ) a ainsi indiqué que le Passage par l'Enfer ne signifiait pas automatiquement l'entrée en Enfer: être délivré du malheur ne nécessite pas qu'on en soit atteint, mais cela nécessite plutôt d'obtenir le moyen de l'éviter. Par exemple, celui que des ennemis veulent assassiner sans y parvenir, on dit: ''Allah l'a délivré de ses ennemis''. Sur ce sujet, Allah le Très-Haut dit:

﴿Et quand vint Notre ordre, Nous sauvâmes Houd.﴾ *[Coran 11: 58]*

﴿Puis, lorsque vint Notre ordre, Nous sauvâmes Sâlih.﴾ *[Coran 11: 66]*

﴿Lorsque vint Notre ordre, Nous sauvâmes Chou'aïb.﴾ *[Coran 11: 94]*

Le châtiment ne les a pas atteints, mais il a atteint les mécréants de leurs peuples. Si Allah (ﷻ) ne leur avait pas spécifié d'obtenir le moyen de se sauver, ils auraient été atteints par ce qui a atteint les autres. Il en est de même pour celui qui passera par l'Enfer: il passera sur le Pont qui est suspendu au-dessus de l'Enfer, puis Allah (ﷻ) sauvera ceux qui étaient pieux, et y laissera les gens injustes agenouillés. Le Prophète (ﷺ) nous a expliqué, dans le Hadith de Jabir, déjà cité, que le passage signifiait le passage sur le Pont, *conclut le commentateur de la d'*Al-'Aqida At-Tahawiya. [13]

---

[13] Explication d'*Al-'Aqida At-Tahawiya*, p. 471.

La vérité est que le Passage par l'Enfer sous-entend deux passages:

1- Le passage des mécréants, habitants de l'Enfer: ce passage signifie leur entrée en Enfer - sans aucun doute -, comme Allah le Très-Haut (ﷻ) l'a spécifié au sujet du cas de Pharaon:

﴿Il précédera son peuple, au Jour de la Résurrection. Il les mènera à l'aiguade du Feu. Et quelle détestable aiguade!﴾
[Coran 11: 98]

C'est-à-dire: quelle mauvaise entrée pour celui qui y entrera!

2- Le deuxième passage en Enfer désigne le passage des croyants monothéistes, c'est-à-dire la traversée du Pont comme cela a été exposé dans les Hadiths.

SECTION 6

LA REALITE DU PONT ET LA CROYANCE DES *GENS DE LA SUNNA ET DE LA COMMUNAUTE* EN CE QUI LE CONCERNE

Safaarini a dit: *As-Sirate,* le pont, dans la langue arabe, désigne le chemin évident. C'est ce qui a inspiré les paroles de Jarir:

Le commandeur des croyants reste sur le droit chemin
Lorsque les chemins deviennent tortueux

Dans la législation, *As-Sirate* désigne le Pont qui sera étendu au-dessus de la partie principale de l'Enfer, où passeront les premiers et les derniers. C'est un Pont entre le Paradis et l'Enfer. [14]

---

[14] *Lawami'e El-Anwar El-Bahiya,* vol. 2, p. 189.

Le commentateur d'*Al-'Aqida At-Tahawiyya* a exposé sa croyance au sujet du Pont décrit dans les Hadiths, et a dit: nous croyons à l'existence du Pont. C'est un Pont qui sera dressé au-dessus de l'Enfer, quand les gens auront quitté l'Emplacement et seront parvenus dans l'obscurité avant le Pont, comme l'a dit Aïcha (qu'Allah l'agrée): le Messager d'Allah (ﷺ) a été interrogé: où seront les gens, le Jour où la terre sera changée en une autre terre, de même que les cieux? Il a répondu: *«Dans l'obscurité avant le Pont.»* [15]

Safaarini - qu'Allah le Très-Haut lui fasse miséricorde - a détaillé les prises de position des différentes sectes au sujet du Pont: est-ce un Pont réel ou une métaphore? Puis, il a établi l'avis des partisans de la Vérité selon ce que les textes ont dit au sujet du Pont. Il a dit: dans l'ensemble, tous les savants s'accordent pour affirmer l'existence du Pont. Cependant, les partisans de la Vérité affirment son existence selon son sens manifeste: il s'agit bien d'un pont qui sera étendu au-dessus de la partie principale de l'Enfer, plus tranchant que la lame du sabre et plus fin que le cheveu.

Or, *continue Safaarini, Al-Qâdhi* Abdeljabbar le *Mou'tazilite,* a nié son sens manifeste, comme beaucoup de ses adeptes, en prétendant qu'il est impossible de le traverser, car si sa traversée est possible, elle renferme un châtiment, or il n'y a pas de châtiment pour les croyants et les gens vertueux le Jour de la Résurrection: le Pont signifie donc seulement le chemin menant au Paradis, qui est indiqué par la Parole du Très-Haut (ﷻ):

﴿Il les guidera et améliorera leur condition.﴾ *[Coran 47: 5]*

... Quant au chemin menant en Enfer, il est mentionné dans la Parole du Très-Haut (ﷻ):

﴿Puis conduisez-les au chemin de la Fournaise.﴾

[Coran 37: 23]

---

[15] Explication d'*Al-'Aqida At-Tahawiya,* p. 469.

Parmi eux, il y en a qui ont modifié le sens du Pont, en l'interprétant comme le symbole des preuves évidentes, des choses licites et des actes mauvais à propos desquels les serviteurs seront interrogés, et pour lesquels ils seront réprimandés. Mais tout cela est faux et n'est que fantasmes, étant donné qu'il est obligatoire de garder le sens littéral des textes.

Traverser le Pont n'est pas plus étonnant que de voguer sur l'eau ou de voler dans les airs ou encore de se tenir debout en ces lieux.

A la question du rassemblement du mécréant sur son visage, le Prophète (ﷺ) a répondu que la puissance d'Allah (ﷻ) est apte à réaliser cela. Al-Qarafi a nié l'existence réelle du Pont qui serait plus fin que le cheveu et plus tranchant que l'épée. Son cheikh Al-'Izz Ibn Abdessalam l'a précédé dans cette pensée. Mais la vérité est que l'existence du Pont a été confirmée par les Hadiths authentiques.

Il doit donc être accepté selon son sens apparent et sans interprétation, comme ceci a été confirmé dans le *Sahih* de Boukhari, dans celui de Muslim, dans les *Musned*, dans les *Sunan* et dans les autres *Sahih*, où l'on peut déduire sans peine qu'il est question d'un Pont étendu au-dessus de la partie principale de l'Enfer par où toutes les créatures passeront différemment, *conclut Safaarini.* [16]

Qortobi a cité l'opinion de ceux qui affirment que le Pont est une métaphore, ceux qui interprètent les textes clairs.

Il a dit: certains de ceux qui se sont penchés sur l'étude des Hadiths décrivant le Pont comme étant plus fin que le cheveu et plus tranchant que le sabre, ont affirmé que ces descriptions se rapportent à la difficulté et à la facilité de son passage, proportionnellement à l'obéissance et aux péchés des hommes. Nul, sauf Allah le Très-Haut (ﷻ) n'en connaît les limites, car c'est quelque chose de dissimulé et d'équivoque. De tout temps, la coutume des Arabes a été de présenter

---

[16] *Lawami'e El-Anwar El-Bahiya,* vol. 2, p. 192.

une chose dissimulée et équivoque en employant l'idée de finesse. Le Prophète (ﷺ) a donc utilisé une comparaison en parlant de la finesse du cheveu. Quant au sens de sa parole: *«plus tranchant que le sabre»*, cela désigne la rapidité des Anges à exécuter l'ordre d'Allah, c'est-à-dire que l'ordre subtil provenant d'Allah et destiné aux Anges qui doivent faire traverser les gens sur le Pont, est comparable au maniement de la lame du sabre: ils agiront rapidement et se plieront à Son obéissance à laquelle ils ne peuvent se dérober, comme lorsqu'un soldat, avec sa force, applique la lame du sabre sur un objet: rien ne peut y résister.

Si l'on persiste à dire que le Pont en lui-même est plus tranchant que l'épée et plus fin que le cheveu, c'est une hypothèse à écarter, étant donné les descriptions qui en ont été données: les Anges se tiendront sur ses côtés, il y aura des crochets et des épines en fer, celui qui passera dessus tombera à plat ventre, d'autres glisseront, puis se relèveront, et il y en a d'autres à qui sera donné une lumière de la taille de leurs pieds. Ces descriptions indiquent donc que ceux qui passeront sur le Pont pourront poser le pied sur un lieu concret. Or, il est connu que la finesse du cheveu ne peut supporter tout cela, *poursuit Qortobi.* [17]

Puis, Qortobi a réfuté leurs propos en disant: ce qu'a affirmé cet interlocuteur est réfutable, d'après les Hadiths que nous avons cités. En plus, la foi nous oblige à croire à la réalité de ce Pont. Celui qui peut maintenir l'oiseau dans les airs est capable de maintenir le croyant sur ce Pont, en le faisant courir ou marcher. L'on ne peut dévier de la réalité vers la métaphore, uniquement en cas d'impossibilité. Or, il n'y a là aucune impossibilité concernant les Hadiths ayant mentionné la question du Pont et qui ont été authentifiés quant à leur transmission par des imams dont sont décrits la piété, le souci de se tenir éloignés des actes mauvais, et le bon

---

[17] *At-Tadhkira*, p. 332.

comportement. Et celui qu'Allah (ﷻ) prive de lumière, n'a aucune lumière. [18]

SECTION 7

MEDITATION SUR L'EPREUVE DU PASSAGE SUR LE PONT

Qortobi a dit: médite maintenant la frayeur qui atteindra ton cœur et ton âme, lorsque tu verras le Pont si fin et si étroit, que ton regard se penchera sur la noirceur du feu de la Géhenne sous le Pont et que ton ouïe sera frappée par le gémissement du feu et sa rage. C'est alors que tu seras contraint de marcher sur le Pont, malgré ton faible état, les troubles de ton cœur, les tremblements de tes pieds, sans compter la charge des fardeaux pesant sur ton dos, une charge qui t'empêcherait déjà de marcher sur une étendue de terre normale: qu'en sera-il donc sur le fil du Pont?

Comment seras-tu lorsque tu poseras un de tes pieds dessus? Tu sentiras sa finesse et tu seras contraint de lever le deuxième pied, tandis que les créatures, devant toi, glisseront et trébucheront, et que les gardiens de l'Enfer les saisiront avec les crochets. Tu observeras alors la manière avec laquelle leurs têtes seront renversées dans le Feu, leurs jambes en l'air: quel spectacle atroce! Quelle difficile ascension! Et quel étroit passage! [19]

Qortobi a également ajouté: imagine-toi, ô mon frère, lorsque tu seras sur le Pont et que tu regarderas l'Enfer, en dessous de toi, noir et ténébreux, son feu s'embrasant et ses flammes s'élevant. Tantôt tu marcheras, tantôt tu ramperas... [20]

---

[18] *Idem,* p. 333.
[19] *At-Tadhkira,* p. 332.
[20] *Idem,* p. 330

Dans un élan poétique, quelqu'un a dit: mon âme a refusé de se repentir, et quel sera mon stratagème lorsque les serviteurs comparaîtront devant le Plein de Noblesse, et qu'ils se lèveront de leurs tombes, ivres, avec leurs fardeaux de la taille des montagnes. Le Pont a été dressé pour qu'ils le traversent, et certains d'entre eux seront renversés sur la gauche. Et certains d'entre eux se dirigeront vers les Jardins d'Eden où les accueilleront leurs nouvelles mariées, parfumées de musc et d'ambre. Le Prédominant dira: *«Ô Mon* [serviteur] *Rapproché, Je t'ai pardonné tes péchés, ne te fais plus de soucis.»*

Dans le même style littéraire, un autre a dit: lorsque le Pont a été étendu sur l'Enfer, il a eu le dessus sur les *[gens]* désobéissants et il s'est allongé. Un groupe de gens en Enfer: à eux le malheur, un groupe de gens au Paradis: à eux le repos. La vérité est apparue, le caché est dévoilé, le malheur s'est prolongé, et la plainte s'y est ralliée.

GLOSSAIRE [1]

Ahl-es-Sunna-wa-Al-Jama'a **أَهْل السُّنَّة وَ الجَمَاعَة:**

Cette expression désigne: les Compagnons (qu'Allah les agrée), les *Tabi'i* - leurs successeurs - (qu'Allah leur fasse miséricorde), et ceux de la génération suivante, ainsi que ceux qui ont adopté leur chemin en empruntant leur voie, parmi les imams de la guidance [2] et ceux qui les suivent parmi le restant des savants. De ce groupe, l'on exclut toutes les sectes et tous les groupes innovateurs, ainsi que les gens qui suivent leurs passions. Ici, le terme Sunna s'oppose à l'innovation, et *Jama'a* (union) à la désunion.

Athar **أَثَر**: dans le langage courant, cela désigne l'information, l'indice, la trace.[3]

Par convention, les savants du Hadith utilisent le terme *athar* pour désigner ce que l'on rapporte du Prophète (ﷺ) et des Compagnons.[4]

---

[1] Les recherches de ce Glossaire sont les recherches personnelles du traducteur.

[2] Comme *cheikh Al-Islam* Ibn Taymiya, son élève Ibn Al-Qayim, l'imam Dhahabi, l'imam Tabari, Ibn Kathir, et encore bien d'autres grands savants...

[3] *Lissanou-Al-'Arab,* vol. 4, p. 6.

[4] *Tadrib Ar-Rawi*: p. 183.

Quant aux jurisconsultes, ils utilisent le terme *athar* uniquement pour désigner ce que l'on rapporte des Compagnons en matière de parole, d'acte et d'approbation de leur part face aux actes accomplis par les *Tabi'i*, en leur présence.[5] [Un *Tabi'i*: c'est un homme parmi la génération de ceux qui ont rencontré un Compagnon du Prophète (ﷺ) et qui sont morts musulmans].

Barzakh بَرْزَخ: dans le langage courant, ce mot désigne la barrière, l'obstacle entre deux choses.

Conventionnellement: c'est le ''séjour'' où demeurent les morts jusqu'à la résurrection:

Châhid (témoin) شَاهِد: se dit d'un Hadith émanant d'un Compagnon, selon une certaine chaîne de transmission, qui est en accord, par le sens et l'expression ou par le sens seulement, avec un autre Hadith émanant d'un autre Compagnon selon une autre chaîne de transmission.[6]

Mawqouf مَوْقُوف: dans le langage ce mot signifie: arrêté.

Dans la convention du Hadith: ce sont les paroles, actes, signes d'approbations émanant de Compagnons qui ont été rapportés, sans que la chaîne de transmission remonte jusqu'au Prophète (ﷺ).[7]

Moudh'tarib مُضْطَرِب: dans le langage ce mot signifie troublé, confus. Dans la convention du Hadith: c'est le Hadith qui a été rapporté par un ou plusieurs rapporteur(s), selon différentes voies dont les rapporteurs des chaînes de transmission s'équivalent au niveau de la fiabilité. Malgré tout, il est impossible de faire prévaloir une variante sur l'autre, ni de les cumuler.

---

5 *Taqyid-Al-Idah:* p. 51.

6 Tiré de *Tayssir Moustalah Al-Hadith*: p. 140.

7 *Tadrib Ar-Rawi*, vol. 1, p. 183 et *Al-Ba'ith Al-Hathith,* p. 45.

Le caractère *moudh'tarib* d'un Hadith peut se situer au niveau de la chaîne de transmission ou du texte du Hadith.[8]

Moutâbi' مُتَابِع (coïncident): se dit d'un Hadith rapporté par un certain rapporteur selon une chaîne de transmission, correspondant par le sens et les expressions, ou par le sens seulement, à un autre Hadith rapporté par un rapporteur différent, d'après le même Compagnon, selon la même chaîne de transmission. Ces rapporteurs se situent au même niveau de cette chaîne de transmission.[9]

Moutawâtir مُتَوَاتِر: dans le langage ordinaire, ce terme exprime la succession et l'enchaînement.

Conventionnellement, ce terme s'utilise pour un Hadith regroupant les quatre conditions suivantes:

* Un très grand nombre de personnes relatant la même information, étant donné que la logique empêche de penser qu'un très grand nombre de gens, s'étant concerté ou non, puisse mentir.

* Ils rapportent cette information d'après une autre multitude de personnes, et ce, à chaque niveau de la chaîne de transmission, du début à la fin.

* L'information qu'ils relatent se base sur l'un des cinq sens, c'est-à-dire la vue, l'ouïe, l'odorat, le toucher.

* On ajoute à cela que leur information communique un savoir.[10]

Oulouhia تَوْحِيد الأُلُوهِيَّة (Unicité de la Divinité): c'est rendre Allah unique par l'adoration, quelle qu'elle soit, apparente ou cachée,

---

8 *Tadrib Ar-Rawi,* vol. 1, p. 262 et *'Ouloum-Al-Hadith,* p. 84.

9 Tiré de *Tayssir Moustalah,* p. 140.

10 Explications tirées de *Noukat 'ala Nouzha en-Nazar fi Tawdih Noukhba Al-Fikr* de cheikh 'Ali Hassen Al-Halabi, p. 56.

en parole ou en acte, et rejeter toute adoration vouée à autre qu'Allah, comme le Très-Haut dit:

﴾Et ton Seigneur a décrété: «N'adorez que Lui».﴿ *[Coran 17: 23]*

﴾Adorez Allah et ne Lui donnez aucun associé.﴿ *[Coran 4: 36]*

﴾*Certes, c'est Moi Allah: point de divinité autre que Moi, adore-Moi donc.*﴿ *[Coran 20: 14]*

Kalam كَلَام: dans le langage ce mot signifie discours, langage, parler... Les gens du *Kalam* sont ceux qui établissent les différents points de la croyance ou du moins certains d'entre eux, par le biais des preuves rationnelles, sans se référer aux Textes du Coran et de la Sunna: c'est-à-dire qu'ils mettent en avant leur raison par rapport au Coran et à la Sunna. Les gens du *Kalam* (''parathéologie'') englobent plusieurs sectes: les *Jahmites*, les *Mu'tazilites*, les *Matouridites...*

Rouboubia تَوْحِيد الرُّبُوبِيَة (Unicité de la Seigneurie): c'est déclarer de manière catégorique qu'Allah est, de toutes choses, le Seigneur, le Roi, le Créateur, Celui qui les administre, Celui qui en dispose à Sa guise, qu'Il n'a jamais eu de protecteur de l'humiliation, ni d'associé dans la Royauté, que nul ne repousse Son ordre, ne s'oppose à Son jugement, ne va à Son encontre, et qu'Il n'a ni semblable, ni homonyme, ni ne récuse en quoi que ce soit les qualités de Sa Seigneurie. Le Très-Haut dit:

﴾*Il est le Seigneur des cieux et de la terre, et de tout ce qui est entre eux.*﴿ *[Coran 19: 65]*

﴾Dis: qui est le Seigneur des cieux et de la terre? Dis: Allah. Dis: et prendrez-vous en dehors de Lui des maîtres qui ne détiennent pour eux-mêmes ni bien, ni mal?﴿ *[Coran 13: 16]*

﴾Et dis: Louange à Allah qui ne S'est jamais attribué d'enfant, qui n'a point d'associé dans la Royauté, et qui n'a jamais eu de protecteur de l'humiliation.﴾ *[Coran 17: 111]*

﴿ٱلۡحَمۡدُ لِلَّهِ رَبِّ ٱلۡعَٰلَمِينَ ٢﴾

﴾Louange à Allah, Seigneur de l'Univers.﴿ *[Coran 1: 1]*

TABLE DES MATIERES

PREFACE 5

AVANT-PROPOS: 9

DEFINITION DE LA GRANDE RESURRECTION 9

CHAPITRE PREMIER

LES NOMS DU JOUR DE LA RESURRECTION *11*

Les noms les plus célèbres de ce Jour *12*

1- Le Jour de la Résurrection *(yawm Al-qiyama)* *12*

2- Le Jour Dernier *(Al-yawm Al-akhir)* *12*

3- L'Heure *(As-Sa'a)* *13*

4- Le jour de la Résurrection *(Yawm Al-ba'th)* *14*

5- Le Jour de la Sortie *(Yawm Al-khourouj)* *14*

6- Le Fracas *(Al-Qari'a)* *15*

7- Le Jour de la Décision *(Yawm Al-Fasl)* *15*

8- Le Jour de la Rétribution *(Yawm Ed-dine)* *16*

9- Le Cri *(As-Saakha)* *16*

10- Le Grand Cataclysme *(At-Tâmmatou Al-koubra)* *17*

11- Le Jour du Regret *(Yawm Al-Hasra)* *18*

12- L'Enveloppante *(Yawm Al-Ghâchiya)* *19*

13- Le Jour de l'Eternité *(Yawm Al-Khouloud)* *19*

14- Le Jour des Comptes *(Yawm Al-Hissâb)* *20*

15- L'Evénement *(Al-Waaqi'a)* *20*

16- Le Jour de la Menace *(Yawm Al-wa'îd)* *20*

17- Le Jour qui approche *(Yawm Al-Azifa)* 21

18- Le Jour du Rassemblement *(yawm Al-jam'i)* 21

19- Celle *[l'Heure] qui montre la Vérité (Al-Haaqqa)* 22

20- Le Jour de la Rencontre 23

21- Le Jour de l'Appel Mutuel *(Yawm At-Tanâdî)* 23

22- Le Jour de la Grande Perte (*Yawm At-Taghâboun)* 24

23 - Le Jour de la Plaidoirie 24

Le secret de la multitude de ses noms 25

CHAPITRE 2

L'ANEANTISSEMENT DES VIVANTS 27

SECTION PREMIERE

LE SOUFFLE DANS LA TROMPE 27

SECTION 2

LA TROMPE DANS LAQUELLE L'ON SOUFFLERA 29

SECTION 3

CELUI QUI SOUFFLERA DANS LA TROMPE 31

SECTION 4

LE JOUR OU L'ON SOUFFLERA 33

SECTION 5

COMBIEN DE FOIS SOUFFLERA-T-ON DANS LA TROMPE? 34

SECTION 6

CEUX QUI NE SERONT PAS FOUDROYES... 39

CHAPITRE 3

LA RESURRECTION 49

SECTION PREMIERE

DEFINITION DE LA RESURRECTION 49

SECTION 2

LA RESURRECTION EST UNE CREATION NOUVELLE 52

SECTION 3
LA PREMIERE CREATURE DONT
LA TOMBE SERA OUVERTE *54*

SECTION 4
LE RASSEMBLEMENT DE TOUTES LES CREATURES... *55*

SECTION 5
LA DESCRIPTION DU RASSEMBLEMENT
DES SERVITEURS *57*

SECTION 6
L'HABILLEMENT DES SERVITEURS
LE JOUR DU RETOUR *61*

CHAPITRE 4
LA TERRE OU AURA LIEU LE RASSEMBLEMENT *63*

CHAPITRE 5
CEUX QUI DEMENTENT LA RESURRECTION
ET LES PREUVES DE SON AVENEMENT *67*

SECTION PREMIERE
CEUX QUI NIENT LA RESURRECTION *67*

SECTION 2 *71*
LES PREUVES DE LA RESURRECTION *71*

CHAPITRE 6
LE JOUR DE LA RESURRECTION
TEL QU'IL EST ANNONCE... *91*

SECTION PREMIERE
L'ACCORD UNANIME DES PROPHETES
CONCERNANT LE JOUR DERNIER *91*

SECTION 2
EXAMEN DES TEXTES RELATIFS AU JOUR
DERNIER DANS LES LIVRES ANTERIEURS *97*

CHAPITRE 7

LES TERREURS DU JOUR DE LA RESURRECTION *101*

SECTION PREMIERE

LES PREUVES CERTIFIANT L'AMPLEUR DES TERREURS DE CE JOUR *101*

SECTION 2

QUELQUES ASPECTS MARQUANTS DE LA FRAYEUR... *107*

§ 1er - La prise de la terre et le pliage du ciel *107*

§ 2 - La pulvérisation de la terre et la destruction des montagnes *109*

§ 3 - Le bouleversement et l'embrasement des mers *111*

§ 4 - L'agitation et la rupture du ciel *112*

§ 5 - L'obscurcissement du soleil, l'éclipse de la lune et la dispersion des étoiles *113*

§ 6 - L'interprétation de l'imam Qortobi des Textes décrivant les cataclysmes de la Résurrection *114*

§ 7 - Propos d'Al-Mouhâssebi au sujet de la description des frayeurs de ce Jour *121*

CHAPITRE 8

LA SITUATION DES HOMMES AU JOUR DE LA RESURRECTION *129*

SECTION PREMIERE

LA SITUATION DES MECREANTS *129*

§ 1er - Leur avilissement, leur humiliation, leur regret et leur désespoir *129*

§ 2 - L'anéantissement de leurs actes *136*

§ 3 - La dispute des gens de l'Enfer *140*

SECTION 2

LA SITUATION DES GENS DESOBEISSANTS PARMI LES CROYANTS *156*

§ 1er - Ceux qui ne s'acquittaient pas de la *Zakate* *157*

§ 2 - Les orgueilleux *159*

§ 3 - Les péchés pour lesquels Allah (ﷻ) n'adressera pas la Parole à leurs auteurs et ne les purifiera pas *160*

§ 4 - Les riches qui "jouissent" des bienfaits de la vie *165*

§ 5 - Le scandale de la perfidie *167*

§ 6 - Le vol du butin *168*

§ 7 - Le spoliateur de terre *171*

§ 8 - Celui qui a deux visages *171*

§ 9 - Le chef qui se détourne de ses administrés *172*

§ 10 - Celui qui mendie alors qu'il a ce qui lui suffit *172*

§ 11 - Celui qui crache en direction de la *Qibla* *173*

§ 12 - Celui qui prétend avoir fait un songe *174*

SECTION 3
LA SITUATION DES GENS PIEUX *174*

§ 1er - Les hommes seront effrayés le Jour de la Résurrection, à l'exception des gens pieux *174*

§ 2 - Ceux qu'Allah (ﷻ) abritera sous Son Ombre *177*

§ 3 - Ceux qui secourent leurs frères nécessiteux *180*

§ 4 - Ceux qui facilitent les choses à ceux qui sont dans la difficulté *181*

§ 5 - Ceux qui sont justes dans leurs jugements, dans leurs familles et envers leurs administrés *182*

§ 6 - Les martyrs et les sentinelles *182*

§ 7 - Ceux qui dominent leur colère *184*

§ 8 - L'affranchissement d'esclaves musulmans *185*

§ 9 - Le mérite des muezzins *190*

§ 10 - Ceux qui vieillissent en restant musulmans jusqu'à ce qu'apparaisse un cheveu (*et/ou* poil) blanc *190*

§ 11 - Le mérite des ablutions *192*

CHAPITRE 9

L'INTERCESSION 195

SECTION PREMIERE

LES HADITHS DE L'INTERCESSION 197

SECTION 2

LE BIEN-FONDE DU RECOURS AUX HADITHS A PROPOS DE LA GRANDE INTERCESSION 209

SECTION 3

LES TYPES D'INTERCESSION ACCEPTEE L'INTERCESSION REFUSEE 216

CHAPITRE 10

LE COMPTE ET LA RETRIBUTION 219

PREAMBULE

DEFINITION DU COMPTE ET DE LA RETRIBUTION 219

SECTION PREMIERE

LA SCENE DU REGLEMENT DES COMPTES 220

SECTION 2

LES MECREANTS SERONT-ILS INTERROGES? ET POURQUOI? 222

SECTION 3

LES BASES SUR LESQUELLES LES SERVITEURS SERONT JUGES 231

SECTION 4

SUR QUOI LES SERVITEURS SERONT INTERROGES 247

1- La mécréance et le polythéisme 247

2- Ce que l'Homme a fait dans sa vie terrestre 248

3- Les délices dont il aura joui 250

4- Les pactes et les engagements 253

5- L'ouïe, la vue et le cœur 254

SECTION 5

LA PREMIERE CHOSE POUR LAQUELLE LE SERVITEUR SERA JUGE *255*

SECTION 6

LES DIFFERENTS COMPTES AVEC QUELQUES EXEMPLES *256*

§ 1er - Les différents comptes *256*

§ 2 - Des exemples *258*

1- Le débat avec ceux qui agissaient par ostentation *259*

2- L'exposition par le Seigneur (ﷻ) à Son serviteur des péchés qu'il a commis *262*

3- Le blâme du Seigneur à l'endroit de Son serviteur pour les péchés et les manquements qu'il a commis *263*

SECTION 7

LA DISTRIBUTION AUX SERVITEURS DE LEURS LIVRES *264*

SECTION 8

LA DESCRIPTION PAR L'IMAM QORTOBI DE LA SCENE DU COMPTE *265*

CHAPITRE 11

L'APPLICATION DE LA LOI DU TALION ENTRE LES CREATURES *271*

§ 1er - Comment se déroulera l'application de la loi du talion le Jour de la Résurrection *272*

§ 2 - La gravité de la question du crime de sang *275*

§ 3 - L'application de la loi du talion entre les animaux pour les injustices commises *277*

§ 4 - Quand la loi du talion sera-t-elle appliquée entre les croyants? *282*

CHAPITRE 12

LA BALANCE *283*

§ 1er - Définition de la Balance *283*

§ 2 - La Balance selon les *Gens de la Sunna et de la Communauté* *285*

§ 3 - Que pèsera-t-on sur la Balance? *289*

§ 4 - Les œuvres qui pèseront lourd dans la Balance *294*

CHAPITRE 13

LE BASSIN *295*

SECTION PREMIERE

LES HADITHS RAPPORTES A PROPOS DU BASSIN *296*

SECTION 2

CEUX QUI SERONT ABREUVES DU BASSIN,
ET CEUX QUI EN SERONT CHASSES *297*

CHAPITRE 14

LE RASSEMBLEMENT POUR LA DEMEURE ETERNELLE:
LE PARADIS OU L'ENFER *303*

SECTION PREMIERE

ON DEMANDERA A CHAQUE COMMUNAUTE DE
SUIVRE LA DIVINITE QU'ELLE A ADOREE *303*

SECTION 2

LE RASSEMBLEMENT DES MECREANTS EN ENFER *309*

SECTION 3

LA TRAVERSEE DU PONT PAR LES CROYANTS ET LE
FAIT QUE LES CROYANTS SERONT DEBARRASSES
DES HYPOCRITES *314*

SECTION 4

SEULS LES CROYANTS TRAVERSERONT LE PONT -
ET NULLEMENT LES POLYTHEISTES *318*

SECTION 5

LA SIGNIFICATION DU PASSAGE PAR L'ENFER *319*

SECTION 6

LA REALITE DU PONT ET LA CROYANCE
DES *GENS DE LA SUNNA ET DE LA COMMUNAUTE*
EN CE QUI LE CONCERNE *322*

SECTION 7
MEDITATION SUR L'EPREUVE DU PASSAGE SUR LE PONT *326*

GLOSSAIRE *329*

TABLE DES MATIERES *335*